总编手记

版面背后的故事

梁衡 著

新闻四部曲之四

AN EDITOR'S NOTES

STORIES BEHIND NEWS STORIES

中国人民大学出版社
·北京·

图1 2000—2006年作者任《人民日报》副总编。

图2

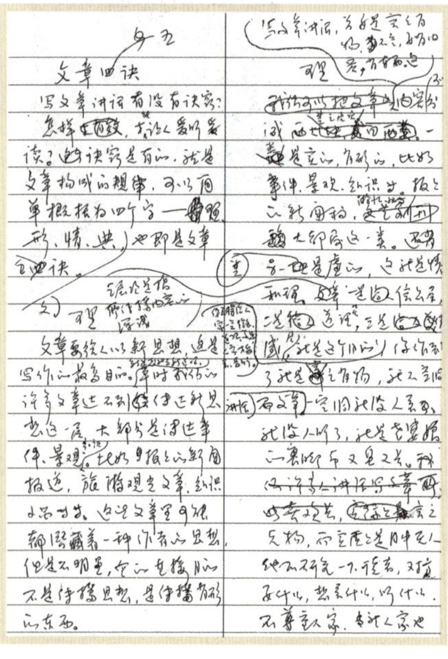

图3

2001年10月在鲁迅文学院讲授《文章五诀》，这是作者在报社任内较重要的一部学术著作。后摘发于2003年1月10日《人民日报》，全文收入《梁衡文集》第二卷《为文之道》。

图4

图5　2001年3月率《人民日报》代表团访问越南《人民报》。

图6　2002年8月率团访问北欧，采访丹麦首相拉穆尔森。

图7 2004年8月在大渡河采访，后在《人民日报》发表《大渡河上三首歌》。

图8 2002年在杭州采访民间艺术。

图9　2006年4月出版《红色经典》，在该书出版座谈会上。

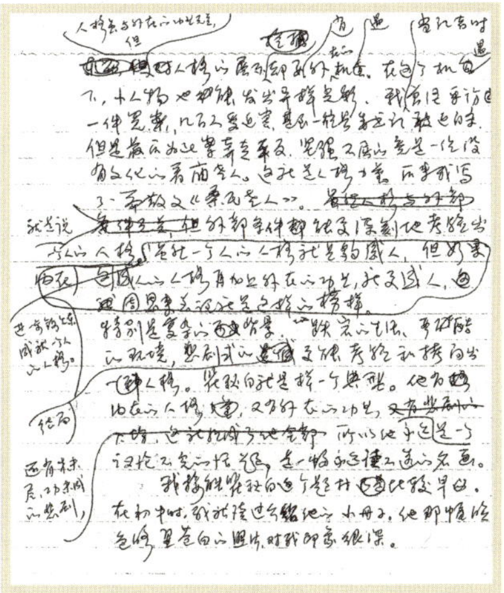

图10

图11

《觅渡，觅渡，渡何处？》一文入选中学课本，并刻碑于瞿秋白纪念馆前。图为采写手稿和碑文。

图12　2008年在医院看望季羡林先生。

图13　为季羡林先生策划并写跋的“季羡林自选集”出版。参加北京书市首发式，做客电台新闻直播并签名。

图14　2009年8月在内蒙古考察。

图15　2009年5月在江苏江都钢管工厂采访。

图16　2009年3月出席第十一届全国人大第二次会议。

图17　2009年11月在江西讲授“新闻与政治”。

总　序

从大学毕业到退休，我这一生的公务年龄都是在新闻这个平台上度过的。全部时间中正好有一半是做新闻业务，一半是做新闻管理。而且是干几年业务，又做几年管理，再回归业务，两面体验，交错而行。县委宣传部干事、省报驻县记者、省委宣传部干事、中央报纸驻省记者、国家新闻出版署官员、《人民日报》副总编。管过人，也被人管。新闻人如我这样的夹馅面包，并不多见。其中甘苦只有自知。就是退休之后，也还在大学带博士生，在为报纸写文章，总之是没有离开新闻业务。此生难脱新闻的干系了。

我大学学的专业并不是新闻。一个外行，一步步走入新闻殿堂。我总觉得自己是个外来户，一方面心存怯懦，如履薄冰，小心观察，谨慎体悟，孜孜以求。另一方面，没有旧框子、旧规矩，常有奇想，时有新论。我有一个顽固的习惯，不论是从事管理工作、新闻写作还是文学创作，都不盲目跟行前车之辙，总想在实践的同时弄清它的理论根据，走自己的路。我把这比作“打着灯笼走路”。

中国古代的学术研究有一个好的传统，就是联系实际探求理论。但这个理论绝不枯燥，探求的过程也不艰涩，是寓研究于体味、把玩、欣赏之中。这就是诗话、词话、笔记这一支。这有点类似现代西方的案例教学，但现在的教学有事，有理，却少有其美。中国画的教学作品叫“课徒稿”(比现在电脑课件要早好多年)，是教师边画边讲演示技法的手稿，有其法，有其理，却又一样地美。有的简直成了传世名作，如著名的《芥子园画谱》。鲁迅小时候，在私塾里除学正课外还偷偷地临它，可见其吸引力，至少说明它不枯涩。这大概就是列宁说的笑谈真理。我从小就喜欢诗话、笔记体的学术书，后来做了新闻，便以这种方式边实践边探寻新闻写作和管理的原理。积以时日，当我告别新闻平台时便有了现在这个“新闻四部曲”。它不是作品集，是作品加剖析；也不是回忆录，是回忆加反思。它是我自己几十年在新闻之路上使用过来的一盏照路的灯笼，或一根跋涉用的拐杖。

“四部曲”其实是我一生所亲历的四种新闻业务人身份的忠实记录。

第一部《记者札记：没有新闻的角落》，是我 1978 年到 1987 年在《光明日报》驻基层记者站期间新闻作品的自我剖析。本来记者你我，大同小异，并无可记之处。但这里有两点特殊。一是，这九年正是中国经“文革”大乱之后的一个复兴转折期。这些文字中所记的人物、事件、思想都已超出新闻而有了时代印痕，对研究那一时期社会可资参考。二是，以个人而言，可以看出一个小记者的成长过程。九年来我以大报记者身份沉在最基层，初出茅庐，含辛茹苦，格外小心，因之也有一些特殊的收获。这期间曾获得“全国好新闻奖”“青年文学奖”“全国优秀科普作品奖”，还有四篇作品入选中小学语文教材，有作品入选大学新闻教材。这本书原名《没有新闻的角落》，本意是一个记者在不大出新闻的地方，如何抓到新闻，有所作为。该书 1990 年 7 月由山西书海出版社初版，后又经新华出版社、人民出版社先后再版、重印 14 次，影响过一代新闻人。书中归纳出的一些新闻法则、警句也广为流传，如“记者出门跌一跤，也抓一把土”“三点一线采访法”等。

第二部《评委笔记：新闻绿叶的脉络》，是我在新闻出版署工作期间担任各种新闻奖项评委时的随笔。时间约是 1987 年到 2000 年。当时的管理工作分两条线，一是报纸的行政管理，二是报纸内容的质量管理。为配合行政管理，我每年都要主持和组织各种新闻作品评奖。没有哪一个新闻人不梦想得奖、一稿成名的。评奖过程，最能看出作者的拳路和作品的写作脉络。但过去人们较多地关注得奖名次，而忽略了作品上榜或落榜的理由。这是新闻研究中的一大空白，也是纯新闻院校或一个新闻单位自身难以做到的。必须有一个机构能统筹全国和各方之力。我有幸参与其中。评奖过程，其实就是对作品的解剖，是案例教学，是大赛后的复盘，是“顺瓜摸藤”逆求新闻原理和新闻写作方法。工作之便，我保存了大量送评原稿，这本研究笔记就是一一辨析作品的得失，它们上榜、落榜的原因，并尽量上探其源，分别归纳为采访、写作、原理等八个方面。该书原名《新闻绿叶的脉络》，1995 年 5 月由新华出版社出版，先后五次再版、重印。这次略有补充修订。

第三部《署长笔记：新闻原理的思考》，是我在新闻出版署期间的工作记录和全局性的理论、政策思考笔记，包括一些重要的职务性讲话、调研报告、案例资料。当年机构初立，百废待兴，这是一份摸索求真的探路实录。1987 年国家组建新闻出版署，我从基层记者站直接调到国家机关。时间跨度是 1987 年到 2000 年，曾先后任研究室主任、司长、副署长，从事新闻出版的行政管理。在这之前，国家没有专门的新闻出版研究机构。理论思维的习惯使我在管理之余读书、调研，探求一些新闻出版的原理，所以当初这本书 1996 年 8 月由人民出版社首次出版时就定名为《新闻原理的思考》。该书先后四次再版、重印，书中提出了一些重要原理，如新闻的新定义、报纸的四个属性等。

第四部《总编手记：版面背后的故事》，是 2000 年到 2006 年底我在《人民日报》任副总编期间的策划和改稿记录，及退休后为报纸写的少量时评。说是记录，但不是流水账，重在展示思考和操作过程。同是研究怎样写稿，但该书与《记者札记》《评委笔记》的角度完全不同。首先，它强调站在全局看一点，一稿牵全局，特别是头条稿的编排使用。实际上是讲怎样当总编。虽然是一个具体改稿过程，但心里总是想着整张报纸，想着新闻与社会。其次，由于负有领导之责，所以由稿及人，也总是着眼于队伍素质的提高，间或还有一些尖锐批评。让部下难堪、哭鼻子的事也曾有过。另外，书中文章不只是改稿，更多的时候是选题、策划、版面、新闻思想等宏观层面的运筹。书中内容大都是在夜班审稿、编前会定稿、出报后评稿时的批语、发言，间有一些编报背后的故事。这些文章大都在业务研究刊物上发表过。这本书 2008 年由中国人民大学出版社初版，先后四次再版、重印。这次出版时为体例统一加了一个副题《版面背后的故事》。

本来在2008年时中国人民大学出版社曾将《记者札记》《评委笔记》《总编手记》作为“跟梁衡学新闻书系”出版，现都已售罄。当时主要考虑《署长笔记》偏重宏观理论和管理，未收入丛书。随着时间推移，《署长笔记》的史料和理论价值愈加显现，所以这次便合收为一套完整的“新闻四部曲”，以备学者和一般读者查用。

这套丛书，时间跨度从1978年到2018年，客观上记录了我国改革开放后新闻业发展过程中的一个侧面，也记录了一个新闻人的成长。这是一件没有刻意包装，甚至没有特别打磨的产品。四本书严格保持原来的时空背景，只是修订时为论证方便，使用了后来见报的个别例子，这是需要提醒读者的。之所以这样，是想保持一点原生态，为新闻史和研究工作者留一点资料，同时也是敞开心扉与同行切磋交流。

感谢我的母校中国人民大学的出版社能出版这套体例特别的书，愿读者能够喜欢。

梁衡

2018年5月10日

新闻人的思想火把（代序）

“新闻四部曲”可以看作是梁衡先生的新闻传记，《总编手记：版面背后的故事》则是他新闻人生中四分之一的断代史。

我很幸运，见证了梁总新闻生涯的重要一程，我们在人民日报社大院里一起共事7年。作为部下，对梁总除了深深的敬意，还有一份浓浓的师生情——在那段日子里，谁没有经过他的耳提面命？现在已经是局级以上的干部中，当年因他的批评、退稿而抹眼泪的也大有人在。但又有谁没有从他那里获得过难忘的教益？

记得梁总是秋天退休的，开会宣布的那天，他坦然说道“我心里像这秋色一样宁静，有一种交替换季的欣喜”。这句告别语，让我记忆犹新。报社大院的四季轮回，自此不再有梁总的身影，但之后编稿出报的日日夜夜，又总觉得他如在身旁。

7年前，我接任评论部主任后，不止一次地跟评论员说，党报写言论不能有横气霸气，你们去好好学一下梁总的那一篇《“要”字牌言论》。

又记起两年前，2015年2月19日，正是大年初一，忽接梁总的电话，说他“忍不住”写了一篇时评，题目叫《为什么不能用诗做报告》。起因是网上一则新闻。某市一个区人大常委会主任做的工作报告，竟是一首6 000字的“五言长诗”，代表们也居然一致举手通过。而且该主任用“诗”做报告，这已是第二回了。两年来，上级人大、同级党委也无一人发话纠正。梁总忍不住出手，他从形式与内容的对立统一，分析了这种“诗报告”，如何有悖“形式伦理”，是典型的官员作秀。他借用马克思的那句名言，说这“惊人的一跳”，摔坏的不是形式，而是形式的拥有者自己。最后指出，“此举也反映了我们政治的不成熟”。

我看罢暗暗叫好，但又有些犯难，说别忘了今天是大年初一呀。梁总笑道，“是忘了放假，看来今天的爆竹声中，也只有我们师徒二人忧国忧民了”。三天后，大年初三，我值夜班，正好有版，又想起这篇文章。已经过 11 点了，我拨通梁总电话，商议最后定稿。折腾了一晚，却版面撞车，还是没有发出去。又拖了一天，稿子总算见报。不想，反响强烈，还引发了一场关于“官场作秀”的讨论，第二年该文即获首届鲁迅杂文奖金奖。大年初一写稿，半夜三更对稿，这个故事，颇能体现梁总的风格，“忧心为政，真情为文”。这时他早已不在其位，却还是初心不改。

现在梁总的许多话，已成为新闻圈里的流行语。如“记者出门跌一跤，也抓一把土”，“评论是报纸的宝塔尖”，“画版先找眼，眼睛对焦点”，“未成稿时题为梁，成稿之后题为眼”，等等。这些道理我们新闻人人人心上有，却只有他才妙笔点睛上升为“公式、定理”。前几天看到微信朋友圈里传一张照片，原来是 11 年前梁总谈业务的一篇文章《编稿应多用刻刀，少用锉刀》，被制成一块整版，挂在一个报社编辑部的墙上。文中那句不能“把尖锐的观点磨成正确的废话”，至今仍然振聋发聩。

现在这本《总编手记：版面背后的故事》已经是第三次修订了，在它初版和再版时，就是我手头的工具书，小纸条竟随手夹满了书缝。许多名言警句也成了我传承薪火，指导年轻编辑的口头语。10 多年了，“何故旧物到此时，处处仍发新青春”。我觉得真正耐读的不只是这本书，更是梁总这个人。

仔细琢磨，梁总不同于他人处有四。

一是精研业务。论身份，梁总先为国家新闻出版署副署长，后为《人民日报》副总编，是正宗的高干了。但他不以官为官，反以官而无学为耻。他曾有诗言：“文章千古事，纱帽一时新。君看青史上，官身有几人。”他还为我们评论版专门写过一篇文章《居官无官官之事》。这是引古人的一句话，就是说做官的人不要太把官当回事。在任上，他强调以稿为本，带领大家认真办报。一次值夜班，他发现一篇稿缺少“新闻眼”，就半夜三更打电话追到银川、找到南京、问到南宁，转遍大半个中国。这种痴劲，谁能有之？居新闻官而又这样痴于稿，敬于业者，谁能有之？古人云，“性痴，则其志凝，故书痴者文必工，艺痴者技必良，世之落拓而无成者，皆自谓不痴者也”。梁总能成为新闻大家和文章大家，就是因了这种不为官身所累，孜孜而求业务的精神。这在当今官场和业务场中真是难能可贵了。

二是精研理论。他自喻“打着灯笼走路”，决不盲从。自入新闻行以来他从未停止过思考。他在《谈经典》一文中说，实践并不能指导实践，只有理论才能指导实践。他提出名记者的 4 条标准，其中一条就是要有理论著作。新闻是“火花”而非“火光”，消息要“七分肉三分骨”，新闻与文学的 12 个区别，文章的“三层五决”，等等。梁总提出的一系列理论，何止是“灯笼”，已成为新闻人照路的思想火把。需要特别感谢梁总的是，他的不少思考，当时就化为我们评论版上的精彩文章。他不分管评论，却与评论部结下了不解缘——自他调入报社至今，仅给“人民论坛”一个专栏，就写了 34 篇文章，为历任老总之最。当然，他也没少给其他版写文章。比如，虽不分管文艺部，却给副刊写了许多好稿。

三是苦心积累。行内常说，新闻是易碎品，甚至新闻无学。但是你捧读《总编手记：版面背后的故事》，却能感到它沉甸甸的，绝对经得起岁月的打磨。我和梁总一样同是从冷僻的专业拐入新闻口的，他学的是档案，我学的是古典文献。我感叹，梁总能将档案研究的方法用于新闻，将十几年前的版面、文章、标题，宝之无佚，边工作，边研究，理论与实践双丰收，实在令人佩服。说到这里，我真有点自惭不如，“忘了初心”，废了旧功。不徒这本《总编手记：版面背后的故事》，“新闻四部曲”中的前三本也是他几十年来，于记者、评委、署长等不同位置上的思考结晶。

四是赤子之心。梁总在社内分管的最重头工作是记者管理。但是，我们今天看到的这本书中，除对记者的业务指导外，还有大量的编辑、策划、版面、夜班，甚至还有发行方面的内容，无所不谈，且资料满满。他又从新闻而辐射到政治、社会，如提醒官员答记者问时的“14 个不要”，痛斥文化贴牌无异于自杀，甚至屡屡上书中央建言献策，书生报国之心跃然纸上。他在《用其力还是用其心》中写道，“用其公心，忧国忧民、不以权谋私；用其诚心，不弄虚作假、招摇撞骗；用其忠心，负责敬业、恪尽职守”，这里说的是用干部，又何尝不是谈人格呢？王国维说词以境界为上，“有境界则自成高格”，功夫在诗外，梁总的这种境界早已超出新闻之外。

正如梁总退休时感叹的四季轮回，现在我这个小兵也开始过着梁总当年那种改稿、熬夜、签大样的日子。长夜青灯，忽想起一个典故，当年桓温征蜀，见武侯时小吏，问：“诸葛丞相今与谁比？”小吏答：“诸葛在时，亦不觉异。自公去后，不见其比。”梁总在时，耳提面命，亦不觉有异。梁总退后，怅然若失。

好在有这本书，会相伴我们走过新闻人生的四季。

卢新宁

2018 年 6 月 8 日

作者序

这本书2008年初版，2013年修订，这次算是第三版了。在“新闻四部曲”套书中排行第四。

一般读者看报，见到的是印好的报纸，就是记者也只知道自己的初稿和见报稿。至于新闻院校的师生，更是远离新闻流程。那么，稿子进了编辑部，特别是进了夜班室是怎样运作的呢？值班总编手握稿件的生杀大权，是怎样生杀予夺的？遥夜青灯下，他怎样运筹帷幄？国内这方面的新闻教材、研究读物不多。本书想以实例形式来补这个空白。

我是2000年调入《人民日报》的，到2006年底退休，这是我新闻生涯的最后一站。以前的经历是一线记者或新闻管理岗位，其心得体会已反映在“四部曲”的前三本书中。这第四阶段的人生平台是在编辑部内策划、指挥、改稿、值夜班、签大样，同时还要为报纸写稿，主要是时评或上夜班时的即兴编后、短评。

当大样到了总编手里时，已是报纸出炉的最后一道程序。总编就像一个大厨，原料备齐，等他做最后的烹调，尽量要色香味俱全。当然这道菜首先要安全、有营养，更不能有问题，让人吃了反胃。读者如食客，只看到桌面上的出锅菜，其实背后摘叶、洗净、刀工、调味、火候是一个复杂的过程。这中间自然还有人的故事，酸甜苦辣，吃苦熬夜，撤版换稿，有喜有怨。所以这本书就定名为《总编手记：版面背后的故事》。但主要还是说业务，故事中的业务。这篇稿为什么上头条、为什么撤下来，这个版怎么定，这个标题怎么拟，等等。总之是棋手复盘，魔术师亮箱底，把版面背后的运作亮给读者看。

这次三版主要是补充了一些新稿，与二版相比，大约调整了三分之一的章节，新加“文化篇”一节。为增加学术性与业务示范还收了几篇与本书有关的文章以为附录。

当本书修订到了尾声时，《人民日报》副总编卢新宁来电，寻问十年前的一篇稿子。我说你正好撞在枪口上，就把她捉来为这个修订版写了一篇序。甚是感谢。

她是我当年的部下，现在后浪推前浪，青出于蓝而胜于蓝了。新闻事业正是这样。

梁衡

2018 年 5 月 20 日

目　录

明理篇

写作篇

编辑篇

策划篇

记者篇

夜班篇

标题篇

政治篇

文化篇

故事篇

时评篇

明 理 篇

报纸的主体是新闻，本质是信息

新闻界有一个较流行的定义：新闻是新近发生的事实的报道。我给出一个新定义：新闻是受众所关心的新近发生的事实的信息传播。这里特别强调受众是否关心。一些会议、例行的领导视察、工作会谈等，有多少受众关心？古老的美学有一个新的发展分支，叫接受美学，美不美，还要看接受者的认同度。新闻要研究受众关心什么。

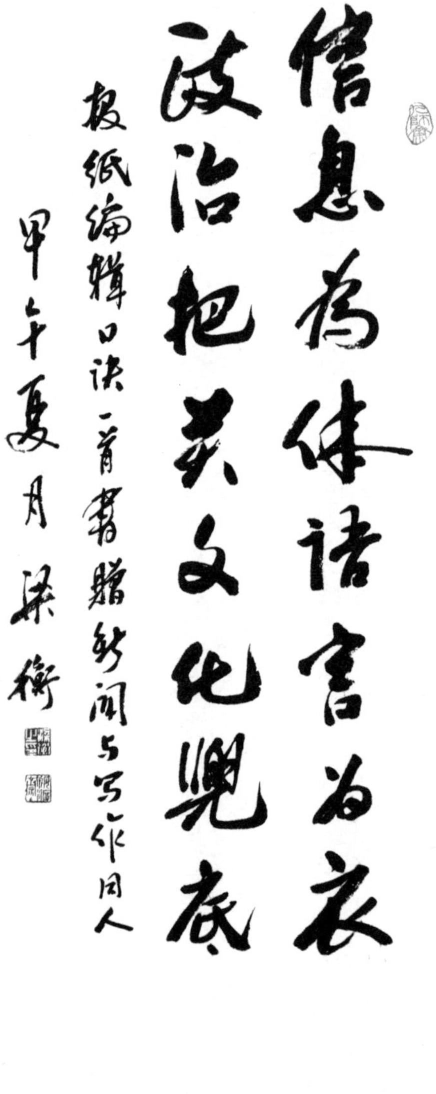

要把扩大信息源，开辟读者群作为第一任务。有了这个保证，报纸就好看了。

近些年，报纸纷纷扩版，版面的增加，保证了量的扩充。要利用这种机会，提供更多的信息。我始终认为“报纸的主体是新闻，本质是信息”。当然，每个部分都很重要。如评论重要，这是机关报的优势；广告重要，因为它是报社收入的生命线；专版重要，要靠它联系有关部门；副刊重要，没有它报纸不好看。但试想：如果一张报纸其他方面都有，唯独没有新闻，还会有人看吗？说到底，报纸的本质是信息，这符合新闻规律。

而在信息方面，要讲一个“多”字，要为读者提供更多的信息，否则是对读者的不负责任。在保证信息量上，要坚持一个原则：大闻大报，小闻小报，方方面面，不留死角。比如人民日报社教科文部，教、科、文、卫、体、人口、环境等领域不能留死角，发生新闻，要立即反映。这样，我们多反映一个面，就会扩大一个读者群；少反映一个面，就会失去一批读者。每一个面，也有层次，比如教育就有高教、职教、普教等，细化到一个层次，就会带来一个稳定的读者群，为他们所认可。如体育，多一个项目，那个项目的爱好者就会与我们密切一点。扩充信息源，努力做好，这是报纸的基础。

2004 年 6 月 23 日凌晨，签完当晚大样，又回头扫视一遍，发现这天从头版到 16 版，没有一个头条是硬新闻。16 个版，只有 1、2、4、12，4 块版的头条署消息电头。这 4 条中，1 版、2 版是工作消息，4 版是外事会见，12 版说的是聂卫平赢了一盘棋（还不是决赛）。由此可以看出我们报纸的信息含量亟待提高，特别是受众关心的信息偏少。报纸的主体是消息，消息缺少必然会失去读者。“三贴近”主要是提供读者关心的信息。是没有消息吗？不是，如这几天铁路铺进西藏就是大新闻。我们每个专业编辑部联系着几个、几十个国家部委，每天总会有新闻。但是，常发的稿，上各版头条的多是综合、通讯、专访等。恐怕还是要从编辑指导思想和习惯上找找原因。

［附］

2004年6月23日《人民日报》各版头条

1版：“信用湖北”催生信用经济（坚持求真务实　促进全面发展）

2版：档案部门搭建政策信息桥梁

3版：共同推进新世纪的亚洲合作（温家宝）

4版：温家宝会见美国客人

5版：随着“太空船一号”的成功首航，专家们相信——10万美元就能飞出地球（专访）

6版：有效把住信贷投放“闸门”（加强和改善宏观调控访谈）

7版：坚定目标　巩固成果　积极斡旋　稳步推进

8版：广告

9版：叩问中国演出市场

10版：奋斗何止到离休

11版：沙地深处的寄宿制学校（走进西部校园）

12版：围棋名人战聂卫平再逞威

13版：夯实法律监督的基础（新视点）

14版：确保耕地保有量不减少耕地质量不下降

15版：中国需要什么“征信”

16版：广告

（2004年6月23日）

（说明：本书所收稿件大多标注了写作时间或发表时间，有几篇查不到时间的只好阙如。有的文字与发表时稍有不同。）

稿件的生命力在于它的政治生命力

一张报纸，作为大众传媒，它反映着全社会的舆论民情，记录着社会发展的大事。虽然每天也会登些各类其他的信息、花边新闻，但真正能牵动最多人心的还是上升到政治这一层面的事件。政治是什么？政治是某一时期某一范围的最大之事，是关系全局影响久远的事。所谓政治家办报，就是从全局的、历史的、本质的角度来报道新闻、分析形势、引导舆论。许多著名的政治家本身就是著名的报人，而许多著名的报人都具有政治家的思维和眼光。作为一名记者只有抓到一篇能够影响全社会、影响最大多数受众的稿件，甚至影响历史的稿件，才算是抓到了最有生命力的稿件。一篇这样的稿件，顶得过百篇、千篇奇闻、趣闻之类的小新闻。

书法家写字，讲究笔走中锋。虽然也会用到偏锋、逆锋、飞白等笔，但最基本的、支撑这一艺术的是中锋。同理，记者观察社会，先要分清社会发展的主流和支流。我们可以把主流称作“永恒的主题”。比如，爱国主义、社会道德、民主与法制、经济建设、环境保护与可持续发展、党的建设等。任何一个社会各发展时期又都有其阶段性的任务，我们可以称之为“阶段性话题”，即支流。如经济建设这个大主题中就有加入世贸、国企改革、农民增收、西部大开发、循环经济等阶段性话题；环境保护与可持续发展中就有退耕还林、还草，防止沙漠化等阶段性话题。

记者在每日每时令人眼花缭乱的信息中，首先要抓住两题：永恒主题和阶段性话题。阶段性话题是永恒主题的进一步具体化，这就像学生答卷，把握住了总的方向，起码不会跑题。但是光有这一点还不够，还要再具体一步。新闻不是文件，它是以事件为载体，以受众为对象，寻求有一定信息冲击波和影响力的文体。它要求在体现主题时，必得有一个有个性的事件为载体。

事实上围绕主题，生活中有两类事件。一是程序性事件，如各种工作会议、考察访问、春种秋收、节日慰问等。我们可以称之为日常话题。严格说，这类日常话题中许多不是新闻，当然也就更易碎。第二类是重大事件，包括突发事件。这种事情最具影响性，因为它有冲击力。但是，只有当这事件与时代主题，即永恒主题合拍时，它才有意义，它才能超越“日常话题”进入“阶段性话题”，甚至成为彪炳史册的“永恒话题”。这样的稿件才不易碎。

记者的稿件要有生命力，说到底是围绕时代主题去捕捉一个典型的事件。先收事件的冲击之效，再求其内涵和思想的长久释放，求那个坐标点的永恒。一般来讲，符合这个条件的事件就肯定具有这个时代的政治含义，有了足够的政治分量。因此在记者的采访本里，永远是首选那些关系到时代变革，同时也关系到受众最大利益的大事。只有实在找不到这种事件时，他才笔走偏锋退而选取一些小事，去写奇闻、趣闻、花絮之类的稿子。

（2002 年 4 月 12 日）

遭遇“盲稿”，半夜三更找“眼睛”

诗有诗眼，文有文眼，消息也有它的眼，这就是新闻眼。新闻眼就是一条新闻中必不可少的关键的要素。

在夜班看稿，常发现已上了大样的稿子还没有“眼睛”。没有办法，只好半夜三更打电话去找“眼睛”。《人民日报》2000 年 9 月 17 日头版《冷冷热热中英街》，是说 20 年来沙头角的变化。标题是“冷冷热热”，但原文只写了“冷”，没有“热”，构不成完整的主题。只好打电话到深圳，补充了“中英街已开辟为爱国主义教育基地”的素材。

《人民日报》2000 年 9 月 18 日头版《清华大学专家教授团访问宁夏》，这条小消息的“眼”在于清华这所著名高校的书记、校长亲自带教授团到宁夏与自治区区委书记、主席、厅局长会谈。作为中国文化发达的标志的一所最著名学府的领导人到尚缺少文化的西北省区与其领导人举行第一次“校—区”级的东西部高级会谈和协作，这是新闻眼所在。原稿没有突出这一点，没有强调“校—区”两级高层领导身份。谈判的内容、工作时间也不详。当时已是 17 日深夜，只好打电话到银川补充。

《人民日报》2000 年 9 月 20 日头版《转基因杂交棉“南抗 3 号”试验成功》是说一种新品种棉花试种效果好，增产 20%，最后一句“9 月初，明年示范推广的 6 万公斤‘南抗 3 号’已订购一空”。这里缺了最关键的两个字：“种子”。订购的是种子还是棉花？如果是棉花，怎么是明年？难道是期货？如果是种子，6 万公斤是个大数，有这么多？这时已是后半夜一点多钟，为了准确，只好叫醒记者部值班主任，他也不敢确定，又给远在南京的记者打电话，才确定是“种子”，便依此定稿。

同日同版还有一条《老英雄住进新房子》。说广西一位曾在青藏高原筑路的老英雄退伍后在乡里居功不傲，带领乡亲建设新农村。市里拨专款为他建了新房。这里关键一处是：这几年别人有了新房，为什么他没有新房？读者定会提这个问题。这时已是夜里 11 点，电话打到南宁，记者也说不清，他又从南宁把电话打到河池地区英雄所在的县，才知道过去几次要帮他建房，他艰苦惯了，不要。这样政府才下决心，无论如何要给老英雄盖座房。

《人民日报》2000 年 9 月 25 日 2 版消息《全国农作物品种改良速度加快》，原副题是《主要农作物品种到本世纪末将更换一遍》，只说了品种更换的截止时间，是从何时算起呢？是从新中国成立算起，50 年更换一遍，还是改革开放后算起，22 年换了一遍？记者大谈种子田如何壮观好看，又说在河南开会，就是“故意”不说开会的时间。幸亏在同一版的大样上找到一条同一内容的消息，才知道是最近 5 年内的事，只好搬出惯用的拿手戏——“含糊”，将时间改为“记者在不久前召开的会上获悉”，把两条消息捏在一起又另外做了一个副题：《主要农作物品种 5 年基本更换一遍》。这回倒是没有打电话到千里之外，而是挑灯细找，就在版面上觅缝钻隙，总算找回了“眼睛”。

这四篇稿子都是数百字小稿，所缺的关键字大多也只是两三个。但是我们的记者写稿时，其他地方可以洋洋洒洒动辄千言，恰恰在这关键处，好像故意留一手，似有意与编辑、读者为难。就像画一个人像，故意不画眼睛或者把眼睛画歪、画瞎。怎么能这么不爱护自己的作品呢？一个好记者在采访阶段，就要注意留心新闻眼，一旦发现即如获金玉，赶快记在本子里，搂在怀里，哪肯让它丢掉呢？成语画龙点睛，是说先画好龙，最后一点睛，龙便飞了。那是大画家张僧繇有意卖关子。别忘了还有一个典故，就是苏东坡说的未画竹时，已成竹在胸。其实张氏画龙时，心中已留好眼睛的位置。而我们一些记者写稿时，从头到尾就不知道眼睛在哪里。他自以为发走了一篇好稿，其实是一篇缺眼少神的“盲稿”。如果再遇上一个糊涂一点的编辑也“盲编”上版，这样的版面怎么能亮起来？怎么可能明眸闪闪、秋波顾盼，让读者一见钟情，爱不释手呢？

一篇稿，无论采、写、编，第一件事就是找“眼睛”，并且努力把它提炼到标题上。美目盼兮，炯炯有神。这样，我们的版面就好看了。

（2000 年 9 月 26 日）

勿因小巧失大真

无论新闻还是文学，都同一理，写作时先要立意，即明确思想主题，作者想说什么。意者文之帅也，词、句、章等旨为主帅所遣之兵，勿因句章不准而使意题摇摆不稳，勿因小巧而失大真。

2002 年 6 月，有一篇评论，原题为《抓好禁毒工作的点、线、面》。原稿作者很欣赏自己的这个比喻，说："借几何语言来说抓禁毒工作，个人和家庭是点，社区是线，全社会是面。我们就是要抓好禁毒工作的点、线、面。"家庭可以是社会的一个点，这没有问题；全社会是一个大的面，这也没有问题。说社区是线，就有点费解。社区是指城市里的某个区域，是块状，是指一定的范围，怎么成了线呢？线是条状，是起串联作用的。作者说要抓好全社会的禁毒工作，就是要抓好"家庭、社区、全社会这三个点、线、面"。这一个一个的、独立的社区怎么"沉沉一线穿南北"呢？显然这个比喻不能成立，这篇评论的立论也就彻底失败了。可能作者也知道这种比喻尴尬，但又实在舍不得这个自以为很巧的比喻，所以还是上了大样。后来改稿时，改为《抓好禁毒工作的点、片、面》，将社区比喻为"片"就较为合适了。

同年 7 月，有一篇文章是讲上海大众汽车产量突破 200 万辆，但用了这样一个小标题《从"零"起步到"零距离"》，并配有评论《"零距离"后面有距离》。"零距离"是什么意思？就是没有距离，达到了同一水平、同一高度。上海大众是与德国大众长期合作的伙伴，我们的汽车工业与领先世界水平的德国汽车工业真的比肩同步，没有距离了吗？显然不是。文中也确实没有说出怎么达到了"零距离"。从字面看，这两个标题是很巧。一是当时正是世界杯足球热，"零距离"这个词很时髦。"零距离"一词源于对神奇教练米卢的采访。一般记者采访米卢，很难从他嘴里得到中国队有价值的消息，而有一个记者却有办法获取想要的东西，总能抓到稿子，并以采访米卢的亲历写了一本书。这种现象被新闻界称为“零距离”采访。二是题中“零”起步与“零距离”相提并用，有一种回环之效和反差之美。标题的形式是美，但难免以题害意，给自己出了一个难以自圆其说的难题。

类似的情况在新闻写作中经常遇到。作者先有一个好构思、好角度、好题目，甚至一个好比喻、好句式，一下就被自造的美所慑服，不顾主题，自设菩萨自己拜，总是不肯割爱，不肯改弦更张，跳不出圈子，于是形式就害了内容。文学创作中也常有这样的例子。比如一些散文作者先设计好一个精巧的框子，然后就在这里面酝酿思想和主题，文章就总跳不出框子。20 世纪五六十年代流行的杨朔散文“物—人—理”三段式结构就是这样。古代也有此弊，宋人写词格律很严，有人写“窗更深”句，不合律，就换成“窗更幽”，还不合律，最后又换成“窗更明”。合律是合律了，但意思已经走得很远了。

（2002 年 8 月 15 日）

新闻是火花一点，不是火光一片

2004 年 8 月 13 日头条《企业拉闸限电　小区空调照转　福州为市民凉爽度夏装上“保险”》写得好。好在它较集中地体现了机关报的特点，既有工作性，又有新闻性，既有指导性，又有可读性，是典型的“上面精神—新闻事实—读者意愿”三点一线式的新闻。

2003 年上半年以来，中央狠抓宏观调控，报纸积极配合，抓了一系列有影响的头条。但是发过六七条后又渐成一种模式：某省压缩高能耗项目，某省压缩开发区，某省调整产业结构，等等。这样发下去，要把 31 个省、市、区转一圈才能完，可是不等你发到一小半，读者就不想看了，因为他们已知道下文。无论是为有效贯彻中央精神、指导实际工作，还是为提高报纸的可读性，每一个专题系列报道都面临两个创新：（1）切入口要小，宏观稿发过一两篇后，要适时聚焦，不能总是一个省、区范围内的工作综述；（2）读者的阅读兴奋点要新，要及时跟踪新问题。这样才能常写常新，贴近百姓，既传播了新闻，又指导了工作。本文抓住了在宏观调整过程中，拉闸限电时的群众用电问题，抓住了既小且新的问题，将这一主题报道引向深入。工作总是解决了一个矛盾，又有新的矛盾；写稿也是写了某一个问题，就立即追踪下一个问题。日本松下公司的创始人大原对他的接班人传授经营秘诀时说：“当一个人说某事可干，你可以考虑；当两个人说可干，你就快干；当五个人说可干时，你就不要干了。”抓新闻也是这样，同一主题，某个角度还没人写，你就快写，到有三个、五个人都写了，你就不能再写了，要赶快去寻找新角度，这样才能调动读者新的兴奋点，避免阅读疲劳。

新闻是火花一点，不是火光一片。记者的工作就是寻找星星之火，好去燎原，而往熊熊的火堆上扔一个火把，这不是新闻，不是记者要干的。上文第一稿是讲福州市的全面调控，这不新鲜，是往火堆上添把火；后来作者重新采访，写成现在的见报稿，抓住了调控中怎样保证居民度夏用电，是没有见过的新创造，就独立点燃了一片新天地，是一篇好新闻。

人民日報

RENMIN RIBAO

今日 16 版(华东、华南地区 20 版)

人民网网址:http://www.people.com.cn

http://www.peopledaily.com.cn

国内统一刊号:CN11-0065

第 20488 期 (代号 1-1)

人民日报社出版

2004 年 8 月

13

星期五

甲申年六月廿八

北京地区天气预报

白天 多云间晴

降水概率 20%

风向 偏北

风力 二、三级

夜间 多云间晴

降水概率 20%

风向 偏北

风力 一、二级

温度 27℃/19℃

企业拉闸限电 小区空调照转

福州为市民凉爽度夏装上“保险”

全市已完成投资 3000 多万元，1800 多家企业新装与居民用电分开的负载控制设备，城区 30 万户居民免受同企业一道被拉闸限电之苦

本报福州 8 月 12 日电 记者**蔡小伟、赵鹏**报道：到今天为止，福州市城区 30 万户居民终于能够免受同企业一道被拉闸限电之苦，可以凉爽度夏了。作为全国缺电最为严重的省会城市，福州市最近投资 3000 多万元，为全市 1800 多家企业新装了让企业限电与居民用电分开的负载控制设备。

进入盛夏以来，福州市每日缺电高达 50 万千瓦时，市委、市政府不得不采取大规模限电措施。但每一次拉闸限电后，市民也跟着遭受酷暑的煎熬。如何解决市民用电之苦，成了福州的当务之急。7 月中旬，按照福建省委、省政府的部署，福州挤出 1300 多万元资金，加上电力部门和企业配套，总投资 1 亿多元，计划为全市所有 6000 多家 1000 伏安以上用电单位安装负荷控制终端系统，实现单位、企业用电与市民用电分离，确保限电拉闸后，居民区不断电。同时，福州对旧的送电线路进行改造，为企业和单位拉了 50 条专用输电线路，使周围居民享受独立用电。

在宏观调控中有保有压，区别对待，挤出资金为群众解难题、办实事，是福州市委、市政府今年工作的着力点之一。年初以来，福州遏制向水泥、电解铝等过热行业的投资，合并撤销开发区 51 个，把节省下来的 10 多亿元资金投入到与市民生活密切相关的 20 多个项目上，其中关系到市民用电的项目就有 3 个，投资 2 亿多元。福州市还对 400 多户能耗高、规模小、效益低、污染重的企业实施全面停电，并最终将它们淘汰出市场，腾出负荷 7 万千瓦，向居民区输电。

前些天，晋安区上洋新村的 700 多居民因为停电曾到处寻找清凉处。8 月 12 日，记者在福州市电业局采访时，遇到了代表小区前来向电业局表示感谢的居民冯玉。她告诉记者，小区紧靠着化工厂、塑料厂等高能耗企业，前段时间每周要随企业一同停两三次电，家里人只好带着念书的孩子躲到亲戚家做功课。从昨天开始，周围的企业虽然停电依旧，但他们小区却空调照转，凉风习习。

今天的新闻是明天的历史，好稿则是历史的坐标

新闻是记录今天发生的事情，而今天的生活就是明天的历史，现在登于报上的信息，明天就是史料。但是这二者之间却有一个本质的转换。时间是一把大筛子，它要筛掉很多细碎之物，浮屑之尘，只有沉甸甸的东西才能载入史册。我们讨论稿件的“生命力”这个词，一定是指它的明天或后天，就是说这事件能经得起历史的筛选。今天新闻所传播的绝大部分事件、人物将不会留存下去，只有极少数的可载入史册。所以我们不妨从历史角度来预测新闻稿的生命力。

如果一篇稿子，所写的人或事，被历史留存，它就是历史进程中的一个坐标点，这个事件总是占据着一个重要的位置，或者因为是“第一”而具有开创性的色彩，或者因为是“最后”而有句号的味道，也可能是一个转折点，像一个分号。总之，是两个阶段的连续点。我们可以把这种记录称为“坐标效应”，有“坐标效应”的稿子就有生命力。

正如新闻是信息的连续运动一样，历史则是由时间之线穿起来的一连串事件的珍珠，其中那些最具光彩的事件就特别珍贵，特别有标志性。比如，1949 年的开国大典，1997 年香港回归，这都标志着一个历史阶段的结束和开始。再小一点的，比如 1984 年我国重返奥运会，许海峰拿到第一块金牌的消息，还有 2001 年 11 月，我国终于加入世界贸易组织的消息，等等。新闻记者每天都在追踪这些第一，但历史只能保留那些最大的“第一”。许多在一定时间内还存在的第一，以后就被人们渐渐淡忘。

诚然，记者不是史家，他的第一责任是传播而不是修史，但是当他记录眼前最新发生的事情时，他还要能观照未来，用历史的眼光回看过去，审视现在。历史是奥运会的领奖台，它只要金牌，最低也是

铜牌，余皆不要。历史只记录第一，你看一部科学史，都是第一个发现、发明了某事的人，一部社会发展史上都是一些打了第一枪或第一个发表宣言的人。一个记者如果采写到这一类的人和事，就正好是新闻和历史的重合，是当时的轰动和以后的永恒的重合，是易碎品向永久性物品的转化。所以，稿件的生命力，其实就是事件在历史长河中的分量。

历史的记录者和历史的创造者是两条并行的红线，他们都同被历史所记录，一名记者虽不能成为创造历史的英雄或伟人（如果能这样他肯定不当记者），但可以记住他们及他们进行的事件，他和他的稿件可以一样不朽。所以记者总是瞪大眼睛捕捉这种百年一遇的机会。机遇虽然少，但总会被有心人撞到。生物学家法布尔有一句著名的格言："机遇只给有准备的头脑。"必然寓于偶然之中，这也是规律，掌握这个规律，当一个名记者就不再是高不可攀的事了。

（2002 年 4 月 10 日）

从历史长河回望新闻的浪花

恩格斯说过，人是猴子变的，但从人的角度观察猴子，会看得更清楚。历史是由新闻积累而成的。但从历史角度看新闻，更能看清它的价值。

2005 年岁末一期（12 月 22 日）的《科教周刊》，用四个版对教育、科技、卫生、环境一年的新闻报道进行了回顾。版面宏观大方，尽收一年风云，又细针密线，小心提炼和装扮改革亮点。让人抚之再三、不忍释手。当天我手机上就收到自发赞赏该版面的信息，可见读者也是喜不能捺。一年 365 天，我们报道教科方面的新闻少说也有数千条，这满足了读者即时的信息需求，但真正留在读者脑子里的不会太多。能留下的只有那些能在历史长卷上划下一道浅痕（当然深一点更好）的事件。

这种新闻得满足三个条件：一、当时看是一件新事；二、过后看是一块里程碑；三、随着时间的继续推移，它仍然在起作用，还有影响力。是“一石三鸟”式的新闻。比如，教育方面，中央决定加强职业教育，“十一五”投资 100 亿；科技方面，“神舟六号”载人飞行成功；卫生方面，全国防控禽流感；环境方面，松花江污染事件等，都属于这一类。这几件事，当发生之时前所未有一声惊雷，改写了本行业的历史，甚至是共和国历史，而且以后若干年内，其影响不减。如，100 亿投资职教，将改变我国人力资源结构；松花江污染事件，让我们警惕化工事故和水源污染，并采取措施，调整政策。

这些看似即时的新闻，实是历史的坐标。这种新闻已有政治意义或本身已转化为政治事件。抓大新闻、重要新闻就是抓政治新闻。政治是什么？简单说，“一大二公”，是关乎全体民众的大事，是全社会的公事，不是一人或小部门的小事、私事。大到什么程度？当时影响社会稳定，以后影响历史发展。记者每采访、筛选一件事时，其实已

科教周刊
2005，把你的风采留住
素质教育 难题在破解
国家助学贷款 一路走来不平坦
职业教育 春天已来临
阳光工程 高考更透明
自主创新攻坚 神舟六号飞天
确定珠峰新高程
两极科考战犹酣
"大洋一号"美梦圆
国际救援谱新篇
新世纪 新科技 新成就
2005，科学走近公众
爱因斯坦"来"中国
风范长存 斯人已去
健康路上，我们携手走过
2005，精彩回放
那十三个难忘的印记
2005，新闻进行时
公共卫生任重道远
莫忘农民兄弟健康
中医科学地位确立
倾听2005绿色中国的激越旋律
时间正翻着书页
有欣喜 有失望
更畅通 更透明

在做着双重选择。有人只采到轰动一时的新闻（甚至一时也未能轰动），有人采到了即时和后来都有影响的新闻。这就要看记者的功力，特别是政治功力。

岁末回首，对一年来的新闻稍做检点，留大去小。五年、十年、五十年后让岁月再筛选一次，再留大去小，就是真正的被历史承认了的大事，同时记者也就被载入史册。所以每年下来我们总喜欢做一个盘点，从历史角度回望新闻，让时间帮我们判断，立即可知孰重孰轻，以后再采写时，也就知道孰去孰留。

一个好的记者筛选新闻时总是一只眼盯着现在，一只眼盯着将来，有取有舍，而将主要精力用来写大新闻。那些只知追奇闻、捕花絮、掏隐私的小报记者，肯定不会成为名记者。一个好的作家创作时，总是先用一只手掂一掂，这作品现时有什么效应，再用另一只手掂一掂，在历史上能不能存留。严肃的作家很少写应景之作。那些耐不得寂寞、急于追求数量、求个脸熟的作者成不了名作家。

现在的新闻是将来的历史。当我们从历史长河上回望新闻的浪花时，发现有些浪花汇入了这条长河，有些未到河边就渗入泥土，有些则一闪就化作了轻烟，消失在尘埃中。有趣的是记者的知名度与新闻的影响力成正比。当这条新闻成为历史的坐标时，也为作者铺就了成名的基石，回望过去，让记者更自豪、更充实，也会更谦虚。我在 20 年前的一篇文章里曾谈到，记者是月亮，你得先捧起太阳，自己才能反射出光亮，如果你不去捧太阳，如果你总是去数那些小星星，就永远不会发光。事实上，当我们在这里盘点往日的新闻时也在盘点记者。教科文部记者赵亚辉因随珠峰高程复测、参加国际救援队赴印尼海啸灾区等采访而获得“全国优秀新闻工作者”称号；记者赵永新因报道批评圆明园湖底铺设防渗膜破坏生态环境而被评为“2005 绿色中国年度人物”（全国只有五人）。杨健、蒋建科、赵亚辉等同志还获得了年度“中国新闻奖”等奖项。教科文部的其他记者编辑也各有自己的骄傲。总之，人稿两丰，2005 年的新闻年景不错。

（2005 年 12 月 22 日）

机关报要克服机关化

中央提出全党要转变作风，新闻界怎么转变作风，主要体现在两点上，一是采访作风，二是写稿文风。特别是各级党委机关报，更要带头转变作风。要落实这一点，先要研究一下读者的反映。根据读者的读报效果，我觉得在转变作风中有一个问题值得研究，就是机关报的稿件要克服机关化。

中央领导指出，改变作风不能用会议落实会议，用文件落实文件。对我们报纸来说，不能用转发会议消息落实会议，转发文件落实文件。作为领导机关，它的最基本的方法是会议、文件、视察、汇报等；作为报纸特别是机关报，如果只限于简单地报道这些，读者就不满意。就是说，工作可能离不开机关化，稿件却不能机关化。可惜我们报上大量充斥这些机关化的稿件，如会议、文件、视察、检查、表态、总结，包括稿件中的空话、套话等，这些都是稿件的机关化倾向，读者不喜欢看。传媒有传媒的规律和功能，它要为机关工作服务，但稿件不能机关化。它必须将工作成绩、文件、会议精神转换成新闻语言，进行二次深化。这种深化就伴随着作风转化，报纸应尽量减少程序性稿件，多一些创造性的稿件。

怎么在写稿上克服机关化倾向，有这样几点：

抓实事，三点一线。新闻的定义有很多，过去说，新闻是对新近发生的事实的报道。我想更进一步表述为新闻是受众所关心的新近发生的事实的信息传播。这里关键是受众和事实。我们的机关有会议，有决定，上面有精神，但读者更关心这些决定、精神的落实，关心最新的事实。毛泽东同志说：请看事实，还是请看事实。转变作风，就是："不编材料，去找事实。"去抓那些能直接反映或折射上面精神的事实。这叫三点一线：上面的精神、群众（受众）的关注，再加上事实，只有这三点成一线时，这篇稿件才能打响，读者才爱看，才能传播开。作为一张报纸，只有新的事实信息多才有人读。报纸要发社论、言论、广告、文章，还有前面提到的会议、视察等程序性消息，但最基本的是关于事实的信息报道。我们可以做个试验，一张报纸如果抽掉事实信息，上述这些体裁的稿件将不可能刊出，将成无皮之毛。无论是一张报纸，还是一篇稿件，只有事实信息的含金量高，才有竞争力。作为一个记者，只有抓住能阐述上面精神、反映下面民意的事实，才能赢得读者，才能写出好稿。

抓典型，加强导向。没有典型的报纸是一块平板玻璃；一个抓不到典型的记者不可能成为一个好记者、名记者。上面的精神、某一方面的工作经验、群众的意愿都会集中体现在某个典型上。所以典型的导向力最强。用正确的舆论引导人，最不可少的就是用有说服力的典型来引导人。记者是月亮，只有托起典型这颗太阳才能照亮自己，才能成为名记者。记者要把相当的工夫花在写典型上。文学的典型靠塑造，新闻的典型靠发现，靠记者用艰苦的劳动去深挖，在深入采访中提炼。

抓问题，稿子要有思想深度。抓问题不是指揭露什么问题，是解决、反映和提出问题，其实就是抓思想。稿件在版面上的位置靠事实所含信息的多少来竞争，但稿件的生命力靠思想性来延续。新闻是易碎品，但这易碎品有了思想性就有了较长的生命力。《县委书记的好榜样——焦裕禄》一稿过去那么多年仍然生命力旺盛，就在于其思想性。记者要让自己的作品除了有竞争力之外，还要有生命力，就是说，你抓的典型既真实又含有深刻的思想。

改进作风是一个大题目，又是一个常抓常新，永不停止的话题。说得太大反而不易落实，目前我们就先从抓实事、抓典型、抓问题这三个具体事情抓起，争取能推出一批好稿件，造就一批名记者。

（在 2001 年《人民日报》记者部获奖作品研讨会上的讲话）

机关报要搞好“五个统筹”

科学发展观是中央在十六大以后提出的发展新思路，它总结概括了改革开放以来国家建设发展的实践经验和思想理论成果。这个问题的提出是全国自改革开放以来，由于生产力大解放，经济发展很快，各方面出现了新的不平衡，因此中央提出五个统筹：中央与地方、东部与西部、城市与乡村、国内与国际及经济与社会发展的统筹。一个社会要均衡、科学地发展，这个社会才能平稳、有效地进步。同理，办报也是这样，有主体，也要各方统筹。主体是什么？是新闻，是信息。这实际是政治规律和新闻规律的统筹，是它们的相互制约和补充。

办好机关报需要五个统筹。（1）报道中央新闻和地方新闻、上层活动和基层活动的统筹。以《人民日报》为例，2005 年反映中央领导人活动的头条 174 条，地方工作的头条 110 条，其他还有部门工作、评论、社论等。每年统筹比例大体如此。（2）规定动作和自选动作的统筹。机关报自然要经常收到指令性报道方案。有指令，就要占去一定版面，而且是好版面，在剩余空间内怎样发挥主观能动性，做出自己的个性，就成为吸引读者和市场竞争的关键。（3）编和采的统筹。报纸是由编采双方，编辑和记者这两支队伍的合力组成的。双方相互有支持也有牵制，这合力关系就像力学上表示的平行四边形的对角线。编辑编什么会诱导记者写什么，记者供什么也常决定编辑编出什么。我们强调编辑的策划，也要强调记者的独立发现。这个统筹实质是怎样发挥两个积极性，解放新闻生产力。（4）消息与其他新闻体裁的统筹。广义来讲，凡报纸上使用的传递信息的形式都是新闻体裁，常用的如言论、评论、综述、典型、通讯等，但基本的主打的形式是消息，即我们常说的新闻。报纸以新闻为中心，就像国家以经济建设为中心。机关报因为担负指导性，报道会议、工作、领导人视察多，言论、评论多，消息特别是事件性消息一直是弱项。而从报纸的本质属性来讲，正是要加强消息，读者最爱看的也是消息。这个矛盾要统筹解决好。(5) 头版与其他版的统筹。报纸是身，头版是脸；头版是脸，头条是眼。头版与其他版是头身协调的关系。一般晚报、都市报都会尽心打扮头版。而机关报因强调指导性，头版一般失之严肃，脸上的笑容少一些。所以，在这组统筹关系中，改进头版是关键。而关键的关键就是增加新闻，特别是事件新闻。

这五个统筹关系，前两个主要是新闻与政治关系的统筹，后三个是新闻运作中诸多内部关系的统筹。统筹也是一种改革，是一种新的关系组合，任何新的排列组合都会出新效果，八八六十四卦变化无穷，就是组合与统筹的魅力。首先是头版的版面要有最佳组合，不能总是一个面孔。因此头版必须保证一定量的事件新闻和当日、昨日新闻。《人民日报》从 2006 年 2 月 9 日起开辟“国际传真”专栏，目的就是改变过去头版基本不发国际新闻的状况。然后是各版自身之变，各版之间之变，五个关系常调常变。报纸也就引领信息，指导工作，常读常新。

(2006 年 2 月 28 日)

政治新闻的“三难”与“两特”

在中央召开六中全会专门研究构建和谐社会前，《人民日报》的《民主法制周刊》2006 年 8 月 23 日首次推出“和谐社会”专栏，用一个整版以讲故事的方式诠释和谐，让人目光为之一亮。给人的第一冲击，是新闻原来也可以这样做。

我们平常说政治家办报，怎么来办？实际就是两点，一是持有特别强烈的责任心，二是拿出特别的编辑艺术。要做到这两点，实在不易。

写政治稿有“三难”：(1) 内容难把握，常常是只做不说，采而不写；(2) 新闻点难找，程序性的党政活动太多，需沙里淘金挖新闻；(3) 思想性、理念性的东西多，难免枯燥。所以要写出有特点的、有分量的政治报道，常常要比一般稿件费更多的工夫，需要更多的积累、更多的付出，需要不断寻求突破。

先说特别的责任心。无疑我们的记者绝大多数是负责的，上面要求报就见报，不让报就不见报，令行禁止。但这是否也会在听命的大旗下暗藏着一种懒惰？新闻与行政毕竟是性质有别、功能不同的两个行当，如果将行政行为等同于新闻发布，则无新闻可言，亦无新闻可读。强调“特别的责任心”，就“特”在你不是表面上尽听命之责，而是深入研究政策、形势、民心，去尽大局之责、历史之责。有了这种大责心理，就会千方百计地找出新闻突破口，既体现党的意志、宣传了政策，又反映了百姓呼声，满足了群众要求。30 年前，我当记者时就归纳了一个公式“三点一线”：上面的政策、群众的呼声，再加上你选择的新闻事实，三点一线才是讲政治的好新闻。如果你的新闻事实只对上，或只对下，构成了两点一线，这好像也算负责，但并没有做到“特别的责任心”，只能是一般新闻，没有影响的新闻，有时甚至还有副作用。

再说特别的编辑艺术。由于政治活动的主要方式是会议、讲话、决定等，不像经济信息、科研成果那样具体、贴近读者，所以要特别策划、精心编辑。“特”就特在你能不能把看似与百姓没有直接关系的国家大事，翻译成每个人都急切想知道的心中之事；特在用新闻规律，甚至还要借助新闻以外的手法（如文学、艺术），调动一切版面语言，来说政治。这里特别要把握新闻传播与政治宣传的微妙区别。而这一点经常被画等号。这就像科普文章，要把艰深、枯涩的东西翻译成通俗的知识。政治就是政策，政治新闻就是要用典型的新闻事实、生动活泼的传播方式反映出政策、思想的内涵。这是一种从理性到感性的翻译，因事实可亲可近，就觉道理可信可为，从而起到导向作用。“道理、事实、形式”，这是又一种三结合，最难的是，轻松说事，寓理于事。就像《人民日报》这个专栏，一律用新闻故事，却在讲“和谐社会”这个治国方针的大道理。编者动了一番苦心思，果然社会反响不错。这里强调“一律”用故事，也有矫枉过正之意，就是要改一下过去那种生硬的宣传风格，唤起读者对政治新闻的热情，这也是一种特别的编辑艺术。

（2006 年 8 月 23 日）

写 作 篇

鸟打嘴，兔打腿，采稿要拦不要追

去年带采访组到陕西、贵州采访，分别碰到两件事。陕西汇报说，地处黄土高原的西安市，为扩大开放，方便对外贸易，与上海合作办港口，在西安就可以办好进出口业务。我们为之一喜，可惜，协议已签，已不是新闻。在贵州，我们在大山里看到一个大电站工地，工棚又大又漂亮。主人说，过去电站一建成，工棚就作废，拆迁不值得，留着又无用，农民喂猪、堆草，或干脆闲置任风吹雨淋。现在讲科学发展，循环经济，他们干脆把工棚按学校设计，工程一结束，装修之后，将赠送给当地一所希望小学。多好的新闻，可惜还没有结果，要待来年。我对记者说，陕西这条，还可补救，签协议时未报，还是一条未传播的消息，你可以找下一个环节，比如正式建成，第一批货物到港、出港。贵州这一条，就守株待兔，明年移交仪式时再来采写。

当记者常用一个词“抢新闻”。怎么抢？经常的办法是哪里有新闻就往哪里跑，抢采、抢写，比速度。这是对的。但抢法也有硬抢和智抢之分，正如打仗有遭遇和埋伏、硬攻和智取之别。一次，在山里与一狩猎爱好者闲聊，打猎要有提前量，“鸟打嘴，兔打腿”，必能命中。因为鸟飞嘴在前，兔跑先抬腿。采写稿件何尝不是这样？新闻事件必有先兆，捕捉先兆，提前准备，以逸待劳。正所谓鸟打嘴，兔打腿，采稿要拦不要追。就像对付导弹，只能拦截，追是追不上的。

怎么个拦法？首先，情报要灵。现代战争离不了预警系统，提前知情，提前处置，尽量不打遭遇战。记者对自己采访范围内的情况要时时观察，时时分析，锁定目标。战争其实是对峙的时候多，开打的时候少。好记者，也是准备研究的时候多，写稿的时候少。其次，积极处置。将发生的，好办，盯住事件进程，到时来摘果子，如贵州那条消息。事件已经发生也不要轻言放弃，失之东隅，收之桑榆，就像陕西那条新闻。只要你始终掌握先机，这条新闻就肯定是属于你的。

(2006年5月)

把握多棱镜的那一道棱

过去我们常说“一滴水见太阳”，是指记者通过采写一件具体的事，从中可以反映出大政方针、舆情民意。记者要学会发现典型，运用典型。但仅止于此还不够，因为就是同一个典型、同一件事往往又蕴含着多方面的寓意。一个好的记者，不但能发现一滴水，还要能从这一滴水里发现别人看不见的东西。这时候，记者就不能把手中的典型看作是平常的一滴水，而要当作一个多棱镜，要小心地调整角度，细细地把玩。只有把这个典型（多棱镜）调整到某一个最佳角度时，镜中所折射出的阳光才会放出最奇异的色彩。当年牛顿就用一个三棱镜对着门缝里的阳光翻转观看，突然发现了前人一直认为是无色的阳光竟然有七种颜色。这就叫发现，就是创造，于无中见有，高人一筹。一个好记者，他手中的典型是一滴水，能照见阳光；一个更好的记者，他手中的典型是一个多棱镜，不但能照见阳光，还能照出阳光中的七彩。

7 月份的见报稿有一篇文章《脱贫攻坚再现党员的先进性》，是讲在贫困落后的乡村，党员要敢于承接项目和资金去示范致富。这篇稿子颇费周折。我先是发现了一篇内参，讲甘肃省定西县太平村实施“双富工程”，就是党员先富起来后再一帮一，带动了群众一起富。我请记者进一步采访，写了一篇公开稿。这是一件好事，但好事中给人有不好的感觉。如：为什么让党员先富，群众就不能先富？凭什么把项目贷款先给党员，这是不是搞特殊？原稿中有这样一句话更是加重了人们的疑惑：“‘双富工程’，实际上是在项目和资金上首先给党员优惠和倾斜。”太平村这样做到底对不对？原稿这句话也是多棱镜的一道棱，从这里照进去，确实有问题。

但是，这里有一个不同于一般地区的特殊情况。这里很穷，又很保守，市场经济观念几乎没有，除了传统耕作，其他致富手段从未试过。在别的地方如果有项目和贷款是突然送来的“金娃娃”，这里的农民却视为负担、麻烦和债务。别处扶贫是给钱给项目，这里先要解决敢不敢要钱接项目的问题。这就是特殊性，记者的报道也正是要回答在这种特殊条件下党员如何发挥先进性。这时你就要把这个典型看作是一个多棱镜，仔细转动、分析、选角度，努力把那一点最特殊的意义折射和检索出来。所以在编稿时，又请记者补充了材料，改稿里加进了这样一段话：“过去，这里的群众习惯传统耕作，引来贷款和项目都无人敢接。‘双富工程’就是选取项目连同资金交给一些有文化、会经营的党员，让他们带头去试验，去闯。党员致富并取得经验之后再带领群众共同致富。”

在文章的主体部分进行了这样的改写：

“党员王进成、陈云花分别在新疆学了 7 年和 3 年的养鸡技术，积攒了一些资金。镇里分别给他们联系了 2 万元和 1.8 万元贴息贷款，支持他们搞规模养鸡。村民陈秉清将信将疑：‘一下子借那么多的钱，如果弄不成事，哭都来不及。’听说也可以让他贷款，陈秉清说：‘我才不那么傻呢！’鸡场刚建起来时，鸡蛋没有固定的销路。王进成和陈云花拉着三轮车到各乡镇到处赶集，价格也只有每公斤 3.8 元。那时，别说是村民担心，就连镇里的干部也替两人捏了一把汗。随着规模的不断扩大，两人到定西、兰州苦苦开拓市场。半年之后，只要一个电话，客户就来车把鸡蛋买走了，并且价格也上升到了每公斤 4.2 元。

“看到陈云花、王进成的生意越做越顺，短短几个月里就挣了 1.3 万元，陈秉清开始动心了。他说：‘有党员探路，我不怕啦！’在陈云花的担保下，陈秉清贷款 1 万元开始养鸡。后来，他们又带动 4 户群众建起了养鸡场。如今，7 户养鸡规模已经达到了近万只，每户年收入都在 2 万元以上。”

可以看出，从“在项目和资金上给党员优惠和倾斜”到“让他们带头去试验，去闯”，再加上群众由“不敢贷款”到“有党员探路，我不怕”——多棱镜转了一个面，文章的切入点转了一个大角度，这样读者就看到了问题的另一面，也是这个典型所反映的实质性的一面。

同样还是这个村，还是这件事，却是完全不同的效果。如果按照开始那个角度，这篇文章的主题将完全不可能成立。这个效果完全是多棱镜换位、调焦、调光的结果。

一个好的记者，在没有新闻的角落总能设法抓到新闻，能用一滴水照见太阳；一个更好的记者，在一个纷繁的事件中能发现别人看不见的主题，当别人把一个典型当作一滴水来用时，他却能把这个典型当作一个多棱镜来用。

（2002 年 7 月 30 日）

一种必须改正的“有残文体”

不知何时，我们记者写稿渐渐形成一种“有残文体”，特别是头条的工作经验性消息更是如此。每段开头总有一句企图提纲挈领的话。像标题，但不单行；像句子，但没有主语，语意不全。在汉语中是可以有无主句，但一定要上下意思清楚连贯，现在这种用法突兀僵硬，不符合阅读习惯。而且这个残句在下文中又重复一遍。这大约是向中央电视台《新闻联播》学来的，播音员先说一条新闻导语，然后“下面请看报道”，又重复一遍刚才的话。过去人家说“新华体”不好，程式化，我们这种“有残文体”则连起码的语法和表达习惯都不符，何谈文风“可读、可信、可亲”呢？请从编稿入手，并让记者写稿时就注意改正过来。

［附］

改稿实录

编者按：梁衡副总编在修改汕头的““十五’开篇”消息后撰写了《一种必须改正的“有残文体”》。他对汕头这篇消息改动最大处就是文中的“有残文体”，下面是改稿实录。

原文：

汕头市确定了整治的重点地区和重点内容。今年以来，在日常工作的基础上，全市集中开展打击逃汇骗汇、打击制售假冒伪劣商品等专项斗争，全面整顿商品市场、金融市场、建筑市场、文化市场，规范市场经济秩序。

严厉打击虚开增值税发票、出口骗税团伙作案等犯罪行为。由公安、国税部门 230 多名骨干组成的 70 多个检查组，对 320 多户重点企业进行检查。3 月份以来，全市批捕涉税案件 29 宗、44 人。在年初宣判涉税违法案件 3 宗、案犯 7 人，涉及案值 6.8 亿元的基础上，5 月

11日又进行第二批审判，对涉税犯罪的6宗案件、20名案犯及两个被告单位作出一审判决；对黄振池、林俗存两名犯罪分子作出判处死刑的终审裁定，会后押赴刑场执行枪决。

严厉打击制售假冒伪劣商品犯罪活动。汕头市加强对重点商品、重点市场、重点地区、大案要案进行清查，重点查处群众反映强烈的假冒伪劣商品。近半年来，全市质量技监、工商、药监、烟草、公安等执法部门经常联合出动，重拳出击，捣毁制假售假窝点78个，查获假冒伪劣商品货值1 800万元，立案查处制假售假案件164宗，抓获涉嫌违法犯罪分子21名，查获假冒伪劣商品20多种。

大力整顿金融秩序，打击逃废金融债务，追收逾期贷款。汕头市从各部门抽调大批力量，开展对逾期贷款的清收和金融违法违纪案件的查处。1至4月，全市共清收资金和物业1.05亿元，其中现金1 145万元。去年以来，立案调查侦查涉及地方金融违法违纪案件61宗、近百人，一批违法违纪犯罪人员受到党纪政纪处分和法律严厉制裁。

大力整顿和规范市场主体行为。汕头市全面清理取缔无资金、无场地、无设备的“三无”企业和无照经营活动。工商行政管理部门实地检查了重点企业4.8万户，责令企业限期补齐前置审批手续939户，查处违规企业659家，清理挂靠企业657家，清理无照经营2 139户。

汕头市坚持边整治边整改的原则，在整治中将通过建章立制，实施依法治理与以德治理相结合，切实从体制上、机制上和制度上查找漏洞，加强法制建设，从源头上治理市场经济秩序混乱问题。

修改稿：

今年以来，在日常工作的基础上，全市集中开展打击逃汇骗汇、打击制售假冒伪劣商品等专项斗争，全面整顿商品市场、金融市场、建筑市场、文化市场，规范市场经济秩序。

全市由公安、国税部门230多名骨干组成70多个检查组，对320多户重点企业进行检查，严厉打击虚开增值税发票、出口骗税团伙作案等犯罪行为。3月份以来，全市查处涉税案件29宗，批捕44人。在年初宣判涉税违法案件3宗、案犯7人，涉及案值6.8亿元的基础上，5 月 11 日又进行第二批审判，对涉税犯罪的 6 宗案件、20 名案犯及两个被告单位作出一审判决；对黄振池、林俗存两名犯罪分子作出判处死刑的终审裁定，会后押赴刑场执行枪决。

汕头市特别加强了对群众反映强烈的假冒伪劣商品的查处。近半年来，全市质量技监、工商、药监、烟草、公安等执法部门经常联合出动，重拳出击，捣毁制假售假窝点 78 个，查获假冒伪劣商品货值 1 800 万元，立案查处制假售假案件 164 宗，抓获涉嫌违法犯罪分子 21 名，查获假冒伪劣商品 20 多种。

汕头市从各部门抽调大批力量，开展对逾期贷款的清收和金融违法违纪案件的查处。1 至 4 月，全市共清收资金和物业 1.05 亿元，其中现金 1 145 万元。去年以来，立案调查侦查涉及地方金融违法违纪案件 61 宗、近百人，一批违法违纪犯罪人员受到党纪政纪处分和法律严厉制裁。

全市还大力整顿和规范市场主体行为，全面清理取缔无资金、无场地、无设备的“三无”企业和无照经营活动。工商行政管理部门实地检查了重点企业 4.8 万户，责令企业限期补齐前置审批手续 939 户，查处违规企业 659 家，清理挂靠企业 657 家，清理无照经营 2 139 户。

修改说明：

将原文和修改稿做一比较，可以看出，原文中前五自然段开头那句企图提纲挈领的话，因缺主语，或被删去，或调至文中。其中第三、四自然段开头那句话与段落中的叙述重复，也做了合并。这种现象较常见，有时很短的段落，出现重复，很别扭。

原文的最后一段也被删去。因为它说的是汕头市将来要做的事。而将来的事，不能入新闻。

(2001 年 5 月 20 日)

作者笔下先有形，读者心上才留痕

经常会遇到这种情况，打开报纸，一篇文章读后心中了无痕迹，或者虽有一点痕迹，但印象不深。这可以从多方面找原因，如主题不鲜明、新话不多、语言不美等。但有一点却常被忽略，就是在文章中不注意“形”的表现。许多新闻工作者，特别是从事报纸言论、评论的同志，以为“形象”和“叙述”是文学的事，新闻就是直白的说明，言论更是只要论述就行。其实，在解决了消息的事实和言论的观点之后，“形”则是加深读者印象，为文章增色的一大因素。

近来有一次看稿，不过这回轮到看自己的稿。我在最近的理论学习中惊喜地发现一组资料，毛泽东同志在 20 世纪五六十年代曾经多次讲到搞社会主义不能性急，当时他所预言的时间表与后来邓小平同志提出的“三步走”惊人地一致。只不过很可惜后来毛泽东同志犯了错误。江泽民同志指出“三个代表”与马克思主义、毛泽东思想、邓小平理论是一脉相承的。我认为这些资料很珍贵，正可以阐述“一脉相承”，可以作为我们党在一脉相承发展马克思主义的生产力学说方面的主要例证。

原稿是这样表述的：

我们再顺脉而下，会在毛泽东同志那里看到一张根据生产力发展的要求而开列的建设社会主义的时间表。在 20 世纪五六十年代，毛泽东有 5 次谈话，从中可以看出他当时是怎样小心翼翼地按照先进生产力发展的要求办事。（1）1955 年 3 月，他在党的全国代表大会上指出，把我国建成强大的高度社会主义工业化的国家要有 50 年的时间，即 20 世纪的整个下半世纪。（2）同年 10 月，他在扩大的七届六中全会上提出，大约在 50 年到 75 年的时间内才可能建成一个强大的社会主义国家。这样算来是到 2005 年或者2030年。(3)1956年9月，他接见南共联盟代表团时说：使中国变成富强的国家，需要50年到100年的时间。以50年计是2006年，以100年计是2056年。这里，毛泽东同志提出的建设社会主义强大国家的时间，同我们现在奋斗的目标——到20世纪中叶实现“三步走”战略目标已经基本一致。(4)1961年9月，毛泽东同志在会见英国蒙哥马利元帅时说：建成强大的社会主义经济，在中国，50年不行，会要100年，或者更多的时间。(5)1962年1月，在扩大的中央工作会议上，他又进一步指出：中国的人口多，底子薄，经济落后，要使生产力很大地发展起来，要赶上和超过世界上最先进的资本主义国家，没有100多年的时间，我看是不行的。按100年计，是到2062年，20世纪中叶。从以上这张时间表可以看出，我们党的第一代领导人曾经有过一段时间是怎样科学地对待先进生产力的发展要求。

后来限于篇幅，经我自己同意，见报时改写成如下这样：

我们再顺脉而下，会在毛泽东同志那里看到一张他根据对生产力发展要求的认识而开列的建设社会主义的时间表。1955年，他说把我国建设成强大的高度社会主义工业化的国家要有50年到75年、50年到100年，或者更多的时间。1962年1月，他进一步指出：中国的人口多，底子薄，经济落后，要使生产力很大地发展起来，没有一百多年的时间，我看是不行的。从这张时间表可以看出，我们党的第一代中央领导集体的核心毛泽东同志是怎样科学地对待先进生产力的发展要求的。

论篇幅，见报稿比原文是大大减少了，但是读后的印象也大大减弱，留下的印痕不深。

对于办报来说，既要节省篇幅，又要说清说透事情，这实在是一个难题。一个人对事物的印象主要借助两种思维。一是理性思维，比如在文章中读到一个新鲜的道理，一段警句名言，都会过目难忘。二是形象思维，有一个具体的形象展现在眼前，而且这个形象越具体、越特殊、越具有个性，就越能刺激你的记忆。这就是为什么张飞、李逵、林黛玉这些文学形象千百年不衰。学画的人都知道，有一项基本功是“抓形”，你画某个物或人，先要能抓住其“形”，即个性。读画的人读来才有味，才印象深刻。论说文是以理性思维为主的，但是若辅之以“形”，就可风助火势，强化效果。可以看出，新稿和原稿相比：

（1）具体之处少了，趋向模糊。原稿着意点出毛泽东是5次谈话，分5次表述，就是想借助具体数字和层次的刺激作用，现在捏在一起就没有了这个效果。（2）形象之处少了。原稿着意点出谈话的时间、地点、对象，就是想多增加有形的可记忆的东西，特别是诸如“接见南共联盟代表团时说”“会见英国蒙哥马利元帅时说”这样的附加语，看似平常，但自身个性极强，比“在某次会议上说”更醒人耳目。（3）原稿不厌其烦地几次推算毛泽东提出的时间表并与邓小平“三步走”时间表进行比较，也是一种细化深化的形象刺激。见报稿为了省篇幅，一减一并，自然去掉了许多棱角，而这些有形的棱角恰恰最能调动人的形象思维。就像你看到一架细竹条扎的大风筝，有棱有角，煞是好看。但为了减少体积携带方便，就把它拆了，变成了一把捏在手里的竹条子，体积是小了，也就没有了看头。

文章的写作要素离不开五个字：形、事、理、情、典。“形”“事”为实，“理”“情”为虚，“典”为客串。具体运用中要注意实则虚之，虚则实之。就是在叙事这样的实文中闪现理和情，在议论这样的虚文中穿插形和事，则文章效果可大大强化，读者读后自然印象深刻。毛泽东不是什么小说家，他的政治文章自然是属于虚文之列的，但他最善“虚则实之”，许多文章半个多世纪后人们仍印象深刻，传为美谈。比如他在《将革命进行到底》一文中，就先讲了一个农夫和蛇的故事，然后说：“但是中国人民、中国共产党和中国真正的革命民主派，却听见了并且记住了这个劳动者的遗嘱。(注意：此处几字不但有‘形’还有‘情’）况且盘踞在大部分中国土地上的大蛇和小蛇，黑蛇和白蛇，露出毒牙的蛇和化成美女的蛇，虽然它们已经感觉到冬天的威胁，但是还没有冻僵呢!”他在《别了，司徒雷登》一文中痛斥美对华政策的罪恶行径，对其失败结局有这样一段形象描述：“人民解放军横渡长江，南京的美国殖民政府如鸟兽散。司徒雷登大使老爷却坐着不动，睁起眼睛看着，希望开设新店，捞一把。司徒雷登看见了什么呢？除了看见人民解放军一队一队地走过，工人、农民、学生一群一群地起来之外，他还看见了一种现象，就是中国的自由主义者或民主个人主义者们也大群地和工农兵学生等人一道喊口号，讲革命。总之是没有人去理他，使得他‘茕茕孑立，形影相吊’，没有什么事做了，只好挟起皮包走路。”这些文字，甚至这个文章题目好像有点不合论文的习惯，但这正是创造，正是出新。

（2002年7月28日）

每一个将军都有一个假想敌，每一个评论都要有一个真靶子

前段时间有个电视剧《亮剑》，剧中一个将军的一句话给我印象深刻。他说："每一个将军都要有一个假想敌。"确实，头脑中没有假想敌，你一个将军带几十万兵马干什么。一军之将，没有了带军的目标和动力，不可想象，这样的军队也将不叫军队了，这个将军肯定不是好将军。由此我想到，我们写言论时"每一个评论都要有一个真靶子"。

2005 年 9 月，我带记者组到贵州采访，省委一位负责同志请饭，席间他说读过我的一些评论，并随口举出一些段落。比如发于 2002 年 4 月《人民日报》的《大干部最要戒小私》。他对文中那个私心重的高官印象很深，对大官要戒小私的理也很认同。类似的此种反映其他场合也常遇到。如发于 2004 年 4 月 9 日的《碑不自立　名由人传》，当天大连一位经商的先生即向该地记者站打电话说，言之有理，应痛刹此风。这两篇短文都是有生活中的实事做靶子的。这实事又很典型，有代表性。言论是议论文，说理为主，属务虚一类的文体，形象、情节不多，易空、易僵，怎么能打动人，并让人记住呢？

原来议论文的写作，虽为虚文却要有实靶，就像通讯必须有一条消息做内核，言论也必得有一件实事做靶子。不过你不是做小说，用实事去做模特，而是以这实事来推演阐发道理，回答读者的疑问，满足他们的关注，有的放矢，言之有物。这样你写出来的言论，虽句句是抽象之理，却又箭箭能中靶心，说到读者的心里。

言论要有靶子，主要体现在写作的准备、立论、阐述过程中，一旦完成写作，这个靶子大多已不存在，或者在文中也只是一个引子，一个符号，留下来的是那个服人的理。这时，文章已由个性上升到共性。这样才能指导实践。比如《出师表》是以当时蜀中的朝政为靶子，

而上升到“鞠躬尽瘁，死而后已”的理。《岳阳楼记》得出了“先天下之忧而忧，后天下之乐而乐”的理，文中虽未具体写出针对哪件事，但作者实际是以大量的忠、奸、庸臣为靶子。有靶之文和无靶之文，一个结结实实、真真切切，一个虚虚囔囔、干干巴巴，天地之别。我们现在写言论经常是“要怎么样”“应怎么样”“必须怎么样”，一看就是上言亦言，人云亦云，心中无靶，在放虚箭。读者凭什么该这样，要这样呢？这文章当然不能打动人。

（2006 年 2 月）

要闻

碑不自立 名由人传

梁衡

据《人民日报》4月7日报道，陕西某贫困县，县委领导竭诚尽力为群众办了不少好事，受到群众好评。但遗憾的是，每完成一件工程，领导却要立碑以记，并亲拟碑文。由此引出群言纷纷，石碑虽起，口碑却降。由是想到碑的本意，试略为一辩。

碑者从石从卑，取坚用谦。本意是以坚石刻记要事，以期久远，所以立碑之时总是思之又思，酌之再三，心也惴惴，手也颤颤，不知后人将会作何评点。碑即是“备”，既已上碑，就为历史所备查。定格成文，不由人易，何敢草率，何敢张扬。在盛行立碑的封建时代，若行此事，往往也要众议公决，焚香沐浴，毕恭毕敬。当年新中国成立，中国人民政治协商会议为纪念百年来无数英烈为国捐躯，特决定于天安门广场立人民英雄纪念碑一座，并议请周恩来总理亲题碑文。周恩来受命之后，诚惶诚恐，闭门三日，静心练字，抄写多遍，才完成现在碑上的这篇文字，但他却坚辞不题名落款。这是何等的胸怀和品德。

碑者背也。一背，指所书之事已背人而去，属事后之论。碑，最早是古人在下葬之时立于墓坑两侧的系绳引棺之石。后来就顺便将死者的事迹刻于其上，后逐渐演变为专门的记事之碑。可见其本意是盖棺论定，后而书之。二背，指所言为他人、他事，是背对背，不是面对面，更不是自说自。现在某些地方官热衷于为自己树形象，争虚名。工程刚完，碑身即起，水泥未干，墨色已干，行匆匆，急惶惶，如赶早集。争立石碑之外，又有争出书者，争登报者，花样翻新，不厌其烦。唐时白居易知杭州，为民修堤，后人感其功，立碑曰白堤；宋时苏东坡又知杭州，再修一堤，后人又念其功，立碑曰苏堤。假如当年白居易、苏东坡都自凿一石，曰白曰苏，立之湖畔，也许早已被埋于淤泥，没于尘埃。数十年前大寨因大修梯田而名扬全国。老英雄贾进才一生垒坝无数，满手老茧如铁铸铜浇。别人说，老贾，大寨该给你立一座碑。老人说：“要碑做啥？这满沟的石坝不就是碑。”说得好，碑本天成，何必人立。试想，如果老人也像某县领导这样，往每块坝石上刻一个“贾”字，那参观者该有何感？正因这块上无字，所以如今大寨展览馆里这位老英雄的形象更加灿烂。

大功无碑，大道无形。你看历史上有多少功德碑、记功铭都已湮没荒草，融入泥土，而那些为民族为人民做了好事的人，虽无碑无铭，甚至无墓无灰，却永存青史，长在人间。历史老人很怪，有自鸣得意者，就掐住他的嘴；有做事不言者，偏扬他的德。从来都是碑不自立，名由人传。我们现在提倡科学发展观，提倡干部要有正确的政绩观，有立碑嗜好者似应当引以为戒。

内核外延说通讯

夜班看稿改稿，也常遇这样的工作通讯：动辄数千字，却如鸡肋，食之无味，去之又可惜。

这里，有个对通讯写作规律的认识和把握的问题。党中央机关报，省、地市级党报，以宣传和贯彻党的方针政策、引导舆论、指导工作为己任，报道各地工作情况的工作通讯在版面上占很大比重。但好看的不多，原因在于，我们虽注意了稿件的主题思想，却缺乏对通讯写作规律的认识和自觉运用。

新闻的本质是信息，报纸的主体是消息。消息和通讯最大的区别是：消息即是信息，而通讯是在信息基础上的延伸。根据其延伸的内容、目的和风格不同，通讯可分为人物通讯、事件通讯、工作通讯，等等。但无论一篇通讯如何延伸，其文字有多长，形式有多繁杂，经过剥壳取核，最后它都可以还原为一条消息。因此，如果说通讯是一颗桃子，那么，消息就是不可或缺的桃核。

《人民日报》2003 年 8 月 16 日头版头条刊发的通讯《贵州：深情帮扶 300 万》在当地引起强烈反响，被称为“有声有色”，见报次日，当地一些报纸加编者按全文转载。我们如果剥壳取核，就可以发现，它其实是这样一条消息：贵州省五年内将解决 300 万贫困人口温饱问题。

消息是受众关心的、新近发生的事实的传播，它至少有三点基本要求：一是真实；二是这事实必须是新近发生的；三是这事实要有足够的受众，有市场，有传播价值。即真实性、时效性和受众性。这是构成消息的核心。在通讯中，这个核心依然存在。只不过由于通讯多了延伸部分的掩盖，使这个核心包藏得更深些。

那么，除了这个核心外，通讯比消息又多了什么呢？多了文学性。而这个文学性又是根据不同的内容、题材来展示的。就是说，通讯要有两个条件才能成立：第一，它先得有一条信息做内核；第二，它又要有比消息更多的外延。通讯写作中常犯的毛病是或者信息核不完整，甚至没有核，或者外延不充分，又干又浅。

我想可以提出一个简单的公式：动笔写通讯前先将采访来的材料理成一条消息，用消息标准来衡量新闻要素全不全，是否具备真实、新近发生、受众关心等基本要素。有了具备信息含量的消息内核，接下来再做延伸文章，或叙事，或抒情，或说理，就是说你可以根据题材不同分别运用形、事、情、理、典这“文章五诀”。比如人物通讯重视心理刻画，在“情”字上延伸，事件通讯注重过程和细节，在“事”字上延伸，而工作通讯要求宏观、深刻，多用“理”字诀。

当我们决定写通讯时，并不是因为它“块头大”，而是因为它既涵盖了消息的信息，又延伸了消息难以表达的东西。

与消息相比，通讯在延伸其生动、深刻与气势的同时，信息量却在弱化。比如工作通讯思想性增强的同时，信息性却在减弱，延伸部分往往掩盖了信息。有鉴于此，在写通讯的时候，特别注意不要丢失信息要素。

《人民日报》2003 年 8 月 22 日头版头条《四川：现代农业潮正涌》，既不乏文采，更以“理”见长。文章从“尽管酷日当头，杨远东汗津津的黝黑的脸庞上始终挂着醉人的笑容”开始，娓娓道来，引导着读者先后领略“猪宾馆”、“猪别墅”、青青茶园和芒果园，这是以“形”开头，以“事”铺叙，在不经意中说清了一个“理”：在巴蜀大地，由于农业生产方式的变革，几千万农民从中得到收益。《人民日报》2003 年 11 月 17 日头版头条《深圳：求贤保廉促发展》，则通过对全局的理性分析，回答了这样一个问题：怎么吸引人才，怎么管好干部。

工作通讯吸引读者最主要之点就是要能提出一个问题，回答一个问题。好的工作通讯一般都具备两点：以信息量很足的消息内核吸引人，用紧贴时代脉搏的理性思考启发人。如果你的工作通讯既缺少信息要素，又没有独到的理性思考，只是罗列材料，虚张声势，这种稿子改起来很费力，登出去没人看。

总之，具备一个富含信息量的消息内核，再有合理、得法的延伸，这就是通讯的为文之道。

（2003 年 11 月 30 日）

消息要七分肉三分骨

编了几篇工作性、专业性较强的稿有一点体会。

稿子不大好看，人们就说，尽是骨头，没有肉。新闻稿不是社论，也不是文件，最怕多骨少肉。一篇稿，当然应该是有骨有肉，但也得有个合适的比例。不同的体裁，比例也就不同。消息，天生是叙事为主的文体，要丰满、生动，骨肉之比至少要三七开，二八、一九最好。什么是消息的骨？就是稿件中理性的东西，如工作思路、文件引语、背景交代、专业术语、作者的旁白分析等。什么是消息的肉？就是构成新闻的事实。包括这事实的过程、情节、结果、时间、场景、人物、语言、数据等。越形象生动就越有个性。

不少记者，特别是机关报的记者写新闻，满足于介绍上面的工作思路，照搬讲话、文件、术语、行话，以为这就是新闻。其实这只是新闻背后的理，就好像一座主桥的引桥，而读者要看的是结果，是他们感兴趣的事实。你如果想体现指导性、导向性，就去说这个理引出的事，不能只说这个理。说到这里，想起多年前看过的一个新闻短片，当时李瑞环在天津工作，要求某日前为街道通上煤气。有一个地段未通，他就找来公用局长问责。局长解释了许多理由，李打断话头说："你说这些都没用，到时老太太打开煤气开关就要点火做饭。"读者就是这个等火做饭的人，哪里还管你那许多铺管埋线的啰嗦事。你再说，他摔下报纸不看了。只有引桥，没有主桥，一座断桥行人怎么过河？

消息里不是没有理，一是你要学会用事包住这个理，就像用肉包住骨。1895 年 X 光初发现时，发现者伦琴请夫人配合，给她拍了一张手掌的 X 光片。她第一次看到自己可怕的五根手骨，吓得大哭起来。X 光，是专门见骨不见肉的。幸亏我们常人的眼睛不是 X 光，只见肉不见骨，美人的玉手照样漂亮。报纸不是文件，不要办成 X 光片。记者写作不能只按领导的、机关的、专业的思路走，要按新闻的规律、读者的思路和常人的阅读习惯走。

怎么避免消息多骨少肉、干巴艰涩呢？很简单，就两条。一是少议论，少解释，多叙事。无事不成稿，这是铁律。如果非说理不可，千万不要忘记举例子，而且别忘记那个三七开的比例。

二是要藏骨，不要露骨。《人民日报》2006 年 2 月 15 日国际版有一篇稿子。原题是《留尼旺流行基孔肯尼亚》，相信谁也看不懂。原来“留尼旺”是印度洋上的一个小岛，“基孔肯尼亚”是一种新发现的由蚊子传染给人的病。这样做题，瘦骨嶙峋，谁还爱看？后改成《留尼旺岛爆发怪病》，就丰满好看了许多。

多肉少骨还有一层意思，就是作为写稿人要为下一步程序——编稿留下余地。事多肉丰，可能繁缛一点，但编辑高手会“删繁就简三秋树，领异标新二月花”，为你裁剪出一件好成品。如果只有几根筋骨，编辑本事再高也不能贴肉补泥塑成一个美人。因为新闻编辑的原则是只用减法，不算加法——不敢凭空乱加。其实，稿件多骨少肉的毛病，病根在采访阶段，不懂或不愿吃苦去挖掘鲜活的新闻事实，笔下没有多少可以调遣的素材，文章自然就干瘪难看了。

“要”字牌言论

十多年前，我写过一篇《“哇”字牌通讯》，是批评通讯写作的华而不实。这几年看稿多了，又发现一种“要”字牌言论。这种言论，几乎是把文件拆分成段，“要”这，“要”那，要读者去照办执行。结构也简单，一“要”到底，有时一篇能数出十多个“要”字。“哇”字牌通讯，透出一种“嗲”气、“浮”气，有做作之态；“要”字牌则不用装模作样，是直截了当的横气、霸气，一股强迫命令之气。

报纸和读者的关系是一种自愿结合的我登你看、我说你听的组合，并表现为一种自愿的市场供求，读者在自由地购买或订阅报纸。这中间没有任何的上下隶属、行政约束。一份报纸好看不好看，有没有读者，全靠两样东西：第一，有没有事实信息，这主要靠消息、通讯来传递；第二，有没有思想内容，这主要靠言论表达。思想这个东西很怪，至少有两个特点。一是吃软不吃硬。一个人接受外来的思想时他只表现为理解、接受，而不是盲从。用“要”的方式来命令只会激起逆反和厌弃。就像男女结婚只能通过自由恋爱而不能逼婚。报纸的力量是一种“软实力”，不是行政硬实力。所以它一是应有一种让人心悦诚服、自愿接受服从的思想魅力，二是必须有能表达这种思想的个性方式和风格。

世界上的基本道理不论是政治、哲学、科学还是马克思主义原理，最基本的就那么几条，但是为什么还有那么多的人天天在讲，那么多的书、报、刊在阐述？原来这讲解、阐述的过程是在思考，而不是重复，是加进了个性的创造。比如我们宣传中央的一个政策，自然就加进了当地的实例、群众的实践、干部的体会、作者的理解，还包括不同于文件原文的新的语言表达等。这些个性创造一方面进一步强化、升华了普遍原理，另一方面因个性特点让读者对原理感知得更具体，更易接受。如果去掉个性的东西，只把文件拆成几段，多加了几个

“要”字，说好听一点是传声筒，说不好听是抄袭，因为这里并没有作者的新创造。就像搬来一堆砖头，硬说自己盖了一所房子；送人一斤面粉，就说我是送你一块面包。写作常被称为“创作”，关键就在一个“创”字。创者，突破、新生也。你比原来的文件到底新了一点什么？是新例证、新理解还是新表达？为了强调言论写作的个性，我们可否用一个笨办法，提出这样一个最低的“四有”标准：每篇文章里有一个属于自己悟到的新观点（从中可看出你对原理的理解）；有一个自己精心挑选的例子（这证明你已能理论结合实际）；有一个贴近的比喻（这考验你是否吃透了原理，能深入浅出）；有与文件不同的语言。这个办法是比较笨，要求也比较低，但只要上这个线，你就可摆脱“要”字这根带子的捆绑。

道理虽这样讲，可为什么报刊上“要”字牌言论还是这么多呢？细分一下，这种言论的作者有两类人。一是编辑记者，原因是一个“懒”字，应付了事，或许他在写稿时心里就在说，反正也没多少人看，自己对这文章便没有了兴趣。二是一些官员，坏在一个“权”字。平时“硬实力”用惯了，行政思维，言出成令，现在把千百万读者也当成了他发号施令的对象。不管是源于“懒”还是源于“权”，都是既不尊重读者，也不尊重自己的劳动，这言论当然也就成了一件摆设。试想一个作家、画家或音乐家，敢这样随意去写文、作画、作曲吗？真这样去做，他的作品能被人接受而流传开吗？个性是一切作品的生命。有一个误解，以为理论没有个性，其实理论和艺术同样需要个性，而且除形式外，比艺术更多一份思想的个性。

一篇好的言论既能让读者得到一个新思想、新观点，又少用或不用“要”字，这叫“不战而屈人之兵”。恩格斯的名文《在马克思墓前的讲话》，无疑是要宣扬马克思，让人们学习他、接受他、继承他。但我数了一遍，全文没有一个“要”字。

（《人民日报·编采业务》2006 年 9 月 10 日，

《今传媒》2006 年第 9 期）

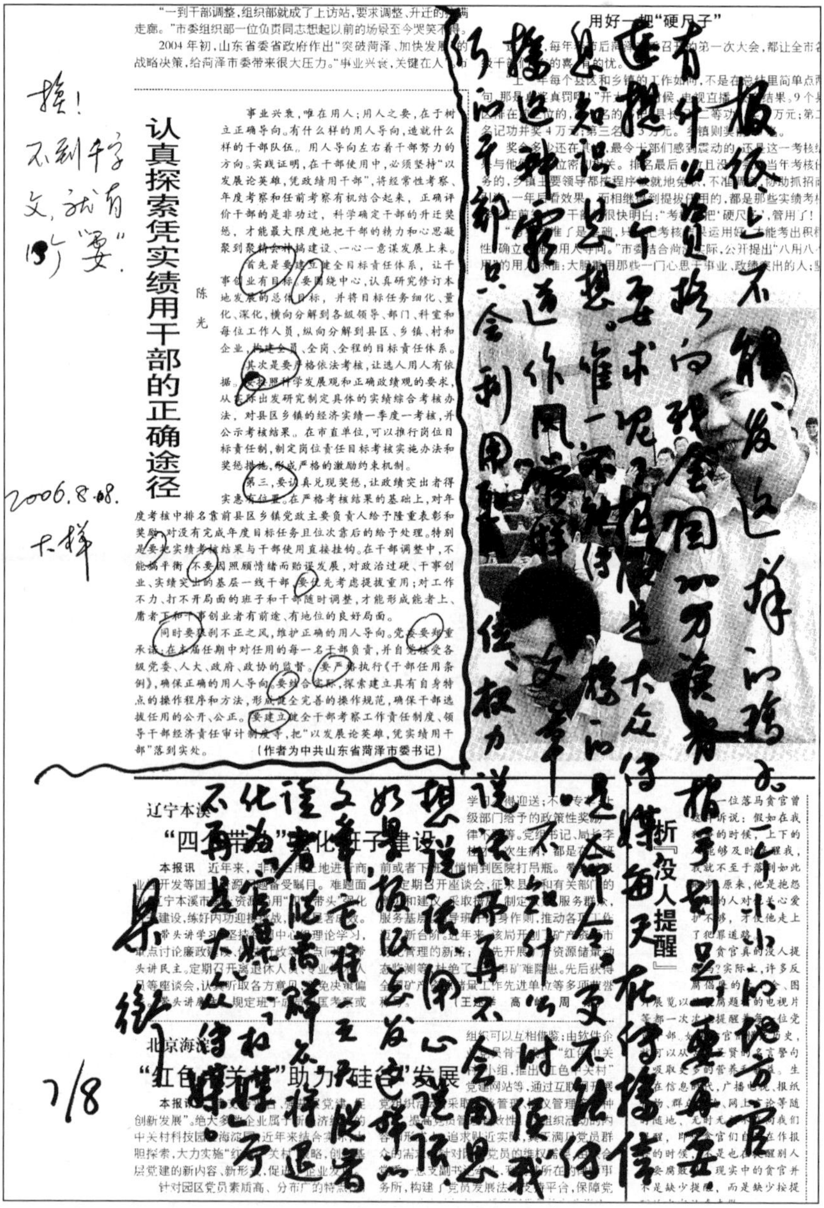

"一到干部调整，组织部就成了上访站，要求调整、升迁的挤满走廊。"市委组织部一位负责同志想起以前的场景至今哭笑不得。

2004年初，山东省委省政府作出"突破菏泽、加快发展"的战略决策，给菏泽市委带来很大压力。"事业兴衰，关键在人"，市……

用好一把"硬尺子"

认真探索凭实绩用干部的正确途径

陈光

事业兴衰，唯在用人；用人之要，在于树立正确导向。有什么样的用人导向，造就什么样的干部队伍。用人导向左右着干部努力的方向。实践证明，在干部使用中，必须坚持"以发展论英雄，凭政绩用干部"，将经常性考察、年度考察和任前考察有机结合起来，正确评价干部的是非功过，科学确定干部的升迁奖惩，才能最大限度地把干部的精力和心思凝聚到聚精会神搞建设、一心一意谋发展上来。

首先是要建立健全目标责任体系，让干事创业有目标。要围绕中心，认真研究修订本地发展的总体目标，并将目标任务细化、量化、深化，横向分解到各级领导、部门、科室和每位工作人员，纵向分解到县区、乡镇、村和企业，构建全员、全岗、全程的目标责任体系。

其次是要严格依法考核，让选人用人有依据。要按照科学发展观和正确政绩观的要求，从实际出发研究制定具体的实绩综合考核办法，对县区乡镇的经济实绩一季度一考核，并公示考核结果。在市直单位，可以推行岗位目标责任制，制定岗位责任目标考核实施办法和奖惩措施，形成严格的激励约束机制。

第三，要认真兑现奖惩，让政绩突出者得实惠有位置。在严格考核结果的基础上，对年度考核中排名靠前县区乡镇党政主要负责人给予隆重表彰和奖励，对没有完成年度目标任务且位次靠后的给予处理。特别是要把实绩考核结果与干部使用直接挂钩。在干部调整中，不能搞平衡，不要因照顾情绪而贻误发展，对政治过硬、干事创业、实绩突出的基层一线干部，要优先考虑提拔重用；对工作不力、打不开局面的班子和干部随时调整，才能形成能者上、庸者下和干事创业者有前途、有地位的良好局面。

同时要狠刹不正之风，维护正确的用人导向。党委要郑重承诺：在本届任期中对任用的每一名干部负责，并自觉接受各级党委、人大、政府、政协的监督。要严格执行《干部任用条例》，确保正确的用人导向。要结合实际，探索建立具有自身特点的操作程序和方法，形成健全完善的操作规范，确保干部选拔任用的公开、公正。要建立健全干部考察工作责任制度、领导干部经济责任审计制度等，把"以发展论英雄，凭实绩用干部"落到实处。

（作者为中共山东省菏泽市委书记）

辽宁本溪

"四带头"强化班子建设

北京海淀

"红色中关村"助力"硅谷"发展

析"没人提醒"

好！
不到千字文，就有13个"要"。
2006.8.08.
大祥

7/8

文章五诀

一篇文章怎样才好看呢？先抛开内容不说，手法必须有变化。最常用的手法有描写、叙事、抒情、说理等。如就单项技巧而言，描写而不单调，叙事而不拖沓，抒情而不做作，说理而不枯燥，文章就算做好了。但更多时候是这些手法的综合使用，如叙中有情，情中有理，理中有形，形中有情，等等。所以文章之法就是杂糅之法，出奇之法，反差映衬之法，反串互换之法。文者，纹也，花纹交错才成文章。古人云：文无定法，行云流水。这是取行云流水总在交错、运动、变化之意。文章内容空洞，言之无物，没有人看；形式死板，没有变化，也没有人看。

变化再多，基本的东西只有几样，概括说来就是形、事、情、理、典五个要素，我们可以称为“文章五诀”。其中形、事、情、理正好是文章中不可少的景物、事件、情感、道理四个内容，又是描写、叙述、抒发、议论四个基本手段。四字中“形”“事”为实，“情”“理”为虚。“典”则是作者知识积累的综合运用。就是我们平常与人交流，也总得能向人说清一件景物，说明白一件事，或者说出一种情感、一个道理。所以这四个字是离不开的。因实用功能不同，常常是一种文体以某一种手法为主。比如，说明文主要用“形”字诀，叙述文（新闻亦在此列）主要用“事”字诀，抒情文主要用“情”字诀，论说文主要用“理”字诀。

正如一根单弦也可以弹出一首乐曲，只跑或跳也可以组织一场体育比赛。但毕竟内容丰富、好听、好看的还是多种乐器的交响和各种项目都有的运动会。所以无论哪种文体，单靠一种手法就想动人，实在很难。一般只有五诀并用才能做成斑斓锦绣的五彩文章。试用这个公式来检验一下名家名文，无不灵验。范仲淹的《岳阳楼记》是一篇“记”，但除用一两句小叙滕子京谪守修楼之事外，其余，“霪雨霏霏”“春和景明”都是写形，“感极而悲”“其喜洋洋”是写情，而最后推出一句震彻千年的大理“先天下之忧而忧，后天下之乐而乐”。形、事、情、理，四诀都已用到，文章生动而有深意，早已超出记叙的范围。梁启超的《少年中国说》是一篇讲国家图强的论文，但却以形说理，一连用了“老年人如夕照，少年人如朝阳。老年人如瘠牛，少年人如乳虎。老年人如僧，少年人如侠。老年人如字典，少年人如戏文……”等 9 组 18 个形象。这就大大强化了说理，使人过目不忘。毛泽东的《为人民服务》从追悼会现场说起，是形；讲张思德烧炭，是事；沉痛哀悼，是情；为人民服务，是理；引司马迁的话，或重于泰山，或轻于鸿毛，是典。五诀俱全，如山立岸，沉稳雄健，生机勃勃。有人说马克思的文章难读，但是你看他在剖析劳动力被作为商品买卖的本质时，何等的生动透彻：原来的货币占有者作为资本家，昂首前行；劳动力占有者作为他的工人，尾随于后。一个笑容满面，雄心勃勃；一个战战兢兢，畏缩不前，像在市场上出卖了自己的皮一样，只有一个前途——让人家来鞣。在这里，“形”字诀的运用，已不是一个单形，而是组合形了。可知，好文章是很少单用一诀一法，唱独角戏，奏独弦琴的。我们平常总感到一些名篇名文魅力无穷，原因之一就是它们都暗合了这个“文章五诀”的道理。

常有人抱怨现在好看的文章不多，比如，论说文当然是以理为主，但不少文章也仅止于说理，而且还大多是车轱辘话，成了空洞说教。十八般兵器你只会勉强使用一种，对阵时怎能不捉襟见肘，气喘吁吁。不用说你想“俘虏”读者，读者轻轻吹一口气，就把你的小稿吹到纸篓里去了。前面说过，形、事为实，情、理为虚，“五诀”的运用特别要讲究虚实互借。这样，纪实文才可免其浅，说理文才可避其僵。比如钱钟书《围城》中有这样一句话：“（男女）两个人在一起，人家就要造谣言，正如两根树枝相接近，蜘蛛就要挂网。”这是借有形之物来说无形之理，比单纯说教自然要生动许多。

文章五诀说来简单，但它是基于平时对形、事、情、理的观察提炼和对知识典籍的积累运用。如太极拳的掤、捋、挤、按，京戏的唱、念、做、打，全在临场发挥，综合运用。高手运笔腾挪自如，奇招迭出，文章也就忽如霹雳闪电，忽如桃花流水。

（《人民日报》2003 年 1 月 10 日）

编 辑 篇

新闻在文字大家族中的位置

世界是一个大系列，万物在其中都有各自的位置，相互以规律制约。文字在万物中是一个大家族。古人造字，最初是为了传达简单的信息，所谓结绳记事，可见记述事情（类似现在的新闻报道）是文字最早的功能。再发展是表达主观意志、感情和美感，文字本身也有了独立审美价值。于是就逐渐分出各种风格、体裁。与内容研究相并行有了辞章研究，有了修辞学，专门来研究文章写作规律。新闻写作也离不开这个规律。我们学新闻，除应知道新闻传播原理及“导语”写作之类的技巧外，还应从修辞学的角度知道新闻在文字大家族中的位置。就像搞医学的要知道一点人体的进化的原理。事物都是互相联系的。把握宏观规律是为了更好地掌握微观技巧，正如技术层面的人要知道一点科学层面的原理。

中国研究修辞学的第一本权威著作是陈望道先生的《修辞学发凡》。他把天下文章分成两大类，消极修辞与积极修辞。消极修辞以客观表达为主，务求明白、准确；积极修辞以主观表达为主，务求生动、活泼。我认为这是研究新闻写作的一把钥匙。

消极修辞是指语言文字上的消极本分，不张扬夸张，不是内容表达的消极，而是语言风格的消极，恰恰是为内容的积极让位，尽量把形式对内容的干扰降低到最小。就像女高音独唱，唱到最关键、最精彩一句时，反而停掉乐队声音；像健美比赛，衣服只留三点式，消极其外装，积极其肌体。形式的最消极，恰恰是内容的最积极。消极修辞与积极修辞有以下几点不同：（1）内容上前者必须客观真实，后者可主观虚构；（2）效果上前者求事实准确，后者求情感渲染；（3）语言表达上，前者求朴素直白，后者求绚丽多彩。消极修辞的典型代表是法律文件，要极其客观准确；积极修辞的典型代表是诗歌，可以任意主观想象、浪漫潇洒。根据这个原理，文字大家族的大致序列如下：

法律—文件—专业教材—各种应用文—新闻（以上消极）—（以下积极）报告文学—散文—小说—戏剧—诗歌。可以看出，在这个大序列中新闻处于消极修辞的末端，靠近积极修辞处，从性质上讲，它还是属于消极修辞。

有了这个序列，就像有了一张旅店客房指南，或者是化学研究中的元素周期表，物理研究中的光谱图，总之，对号入座，一目了然。它的作用有二。

一是从基本概念上界定了新闻写作属消极修辞，这是个大前提，就像研究人先分清男女，研究化学离不开元素周期表，一眼就知道哪个元素属于哪一族，其性是稳定还是活泼。新闻被分在消极一族就决定了：(1) 内容要准确；(2) 以客观叙事为主；(3) 尽量减少主观感情色彩；(4) 语言平实简朴，不可喧宾夺主。

二是在大分野上，新闻虽属消极修辞，但它位处消极段的末梢，靠近积极段的边缘，免不了要受文学的濡染。新闻写作在保持自身消极本性的前提下仍可借鉴一点积极修辞。就像地处汉藏过渡带的康定，能够产生著名的兼有两种文化的《康定情歌》。

如果我们再细分，新闻文体内部又可以分出数种文体，并发现其从消极到积极的过渡轨迹：消息—通讯—特写—述评—言论。

消息是典型的最主要的新闻文体，以叙事为主。通讯是在消息的基础上发展而来的，每一篇通讯都要有一个新闻消息做它的内核，而后有一些延深，有事、有人、有理。可以借鉴积极修辞（文学）的手法就多起来。通讯分两支发展。发展细节描写就是特写，已进入报告文学的边缘，强调形象、情节。发展思想就是述评，夹叙夹议，事实报道与评论相结合，已靠近评论的边缘。言论纯是作者主观的意见，作者尽量恣意发挥，比喻、形容、描写，大量运用积极修辞。但是，仍可以看出不管特写、述评、言论怎样发展，其根子还是新闻事实，是供事实发挥。特写，是特别的新闻事实记述，不同于小说；一切报纸言论都是时评，是对新发生的事实的评论。不同于纯理论。如果我们把新闻比作可见光，这光经过三棱镜分析后的光谱是七色：赤、橙、黄、绿、青、蓝、紫。波长逐渐由长到短，好像从消息到言论，修辞逐渐由消极到积极。新闻很像我们肉眼所能看到的光，而消息以前，言论以后的文体，如法律文书、文学作品等，有点类似可见光以外的红外线和紫外线。我们可以视而不见，它们已不是新闻文体，不在我们的研究范围之内。

我们可以举几个实例来验证一下，上面说的这个修辞原理在新闻上的运用。

1.《人民日报》，2006 年 6 月 9 日头版头条消息的标题：

肩：动态管理，多管齐下

主：辽宁确保“零就业家庭”相对稳定就业

副：已对 14.3 万户零就业家庭实施就业援助，承诺 20 日内为有就业需求的家庭提供合适岗位

口气都是消极修辞，力求质朴干净，突出事实。

2.《人民日报》2006 年 6 月 7 日 5 版一条特写的标题：

肩：6 月 6 日 16 时，三峡工程三期上游围堰成功起爆，三峡工程提前一年首次实现大坝全面挡水——

主：一爆惊天除旧堰　浩浩江水涌新坝

注意，这里在主题上已用到形容、对仗等修辞格，而且已有很强的作者主观感情色彩。但在肩题上还要回应一下新闻事实，讲得平实、具体一些，总还不脱新闻属性，不脱消极修辞的大局。

3.《人民日报》2006 年 6 月 24 日刊登一篇通讯，记温家宝总理在非洲访问，去拜谒坦赞铁路中国烈士墓。其标题是《人间伤别情悠长——记温家宝总理凭吊我援坦专家公墓》。可以看出修辞上积极的色彩。

（2006 年 7 月）

编稿应多用刻刀，少用锉刀

木匠手里有一把锉刀，有时木器家具专要那种平整、圆润感，这锉刀的作用是专门打掉突出的棱角。

刻图章用的是刻刀，一方图章，不管质地是木、骨、石、玉，操刀在手，对准截面，不消片刻，你要的字就出来了，篆隶行楷均可满足，阴文阳文都能体现。刻刀的作用是在平面之上刻挖或凸现出棱角棱线来。

由此想到，做编辑的，手里也是握着两把刀，一把是锉刀，一把是刻刀，根据不同需要打磨加工文章。有意思的是，现在的新闻编辑，大部分人用的是锉刀。把长文删短，让虚写取代细节，体现作者个性的字句统统不要。为什么这么做？一是报纸版面不多，自然要截长为短。二是为了放心。把尖锐的观点磨成正确的废话，拿不准的数字、地点、日期改为笼统的说法，避免让人挑出毛病。这么看来，似乎有一点道理，锉刀不能不用。

只是锉刀用得多了，文章倒是四平八稳了，能够打动读者的地方却少了。文似看山不喜平，事实上，能够给受众造成冲击的恰恰是那些被七锉八锉磨掉的棱棱角角。

有篇言论在讲到汽车造成环境污染时，说“监测分析表明，在北京、上海、广州等大城市的市区，机动车排放的废气已经成为第一大污染源。据国家环保总局的预测说，2005 年我国机动车尾气排放在城市大气污染中的分担率达 79%左右”。可是，稿子编过之后，后一句话被删掉了。当初我在读原稿时，恰恰对这句话中的数据印象最深。因为人们总在说汽车尾气对大气污染如何如何严重，到底有多严重？这一个 79%多么有力！再问编辑，他讲的正是上面谈到的那些“锉刀之理”。我还是坚持，宁可再费力核实，也不能删掉这个“79%”。

笔者曾写过一稿，是讲我们党在“文化大革命”前曾有一个时期很冷静，提出建设社会主义不要心急，要准备更长时间。曾举例讲到毛泽东在 1955 年 3 月党的全国代表大会上说要用 50 年，1956 年 9 月接见南共联盟代表团时说要用 50 到 100 年，1961 年接见英国蒙哥马利元帅时说要 100 年或更长。编辑大概认为这些时间背景太具体太啰唆了，就统统删去，锉得又平又光。

南共联盟、蒙哥马利、年月日，还有上例中的“79%”，都是文章中的“棱”。棱角的作用是刺激感观，加强记忆。一块平木板没有印象，在上面开槽加棱，就印象很深。为什么“文似看山不喜平”？因为山有棱。遥望远山，起起伏伏，有一条棱线，如果这山是一条直线，一个平面，还有什么看头？文章中的棱，在叙述时是形象和具体的细节，在说理时是有个性的思想和语言，在抒情时是特别的体验，如果把这些都锉平，就是空泛的应景文字，没人看，看后也没印象。我们

平常说，某人讲得有鼻子有眼，那鼻子和眼就是细节，就是棱。法院取证，最重视这些“棱”，可信。新闻是以叙述为主的文体，就要注重形象和细节。一张报纸，现在称为“平面媒体”，这平平的纸，印上平整的字，怎么就要感动人，就要让人记得住？全靠会平地起棱，有棱有角，有色有形。当记者的要捕捉形象，提炼思想，创造个性，会起棱。当编辑的，要少用锉刀，多用刻刀，保留并强化记者好不容易打造出来的棱角。

当然，多用刻刀，要求高，有风险，所以你必须准确。这就需要加强多方面的修养和训练。艺高人胆大，功到自然成。像庖丁解牛那样，或刻或剔，游刃有余，这才是编文章的高手。

(2006 年 5 月)

“黑板报”式、“文件”式专版，让人生厌

2005 年 3 月 30 日《人民日报》的《民主法制周刊》的“热点与对话”专版做得好，是对一次座谈会的精心转述、翻译。将座谈会发言归类、命题，题目又尽量做实，每题再加配“背景”和“记者点题”。这已经不是那个“自然信息”的座谈会了，而是有“新闻信息”的座谈会，更好读，更有说服力，也更有指导性。这是一次新尝试。

过去，相关机关部门交办的报道，有两类版式长期困扰我们。一是“黑板报”式，按对方要求，表扬好人好事（如 2005 年 3 月 26 日的国内政治版）；二是“文件”式，照发对方的座谈记录、调查报告或署名文章等（如 2005 年 2 月 16 日教科文专页）。

《人民日报》与各部委打交道较多，在宣传上多有合作。但有一点要注意，既然是在报上登出就要按新闻规律办事。相关部门要主动做好与对口单位的协调解释工作：（1）对方提供的材料要帮助策划、改编，并让他们懂得这样效果更好；（2）向对方约稿前要说明宗旨，最好有提纲，特别要限字数，因为送审后就不能改，易造成被动。编采分开后，新闻版门槛高了，“文件”式稿件就往专版上挤，更应引起注意。

再比如，2003 年 12 月 5 日、6 日，人民日报社教科文部“促进人与自然和谐发展——经济与生态‘双赢’论坛集萃”两个专版在内容和形式上都有可贵的突破，做到了理论与实践、新闻性与思想性两个结合。在内容上，这两块版避免了一般论坛侧重务虚而轻于务实的流弊，将论坛中专家发言的精彩观点，与典型代表的生动实践结合在一起，同时展现给读者。既有理论的思想深度，又有实际的可操作性。

在形式上，两块版突破了一般论坛“一人一照一文”的局限。过去传统版式是照片下面登发言人的文章。现在只取几句最精彩的话，“文章”则由记者采写来的稿件代替，更增加了版面的新闻性，也强化

了文章的思想性，版面也就有了个性。

这两方面的突破，体现了编辑的苦心和创新，也取得了很好的社会反响。这说明只要肯动脑筋、付出心血，旧模式是可以突破的。

附例文：

陕西旬阳：绿色铺就小康路

本报记者　郑少忠

旬阳头枕秦巴山，脚踏汉水，得山水之便利。旬阳山水也曾经历过从青山绿水到穷山恶水，再到青山绿水的凤凰“涅槃”。过去，落后的社会经济加剧了生态环境的恶化，生态环境的恶化又加剧了贫困。

正是靠着坚持绿色和富裕兼顾，实现生态与经济双赢，45万旬阳儿女才过上了今天“绿满川、树满山、人有钱”的好日子，植被覆盖率从40%提高到87%，农民人均年纯收入连续7年增长17.7%。

——陕西省旬阳县委宣传部部长　周育伦

陕南山区从前有首流传全国的民歌：“南山岭上南山坡，南山坡上唱山歌，唱得红花朵朵开，唱得果树长满坡。”如今，地处国家南水北调中线工程水源涵养区和保护区的陕西省安康市旬阳县，通过实施绿色战略，兴林致富绿山坡，把昔日民歌中的夙愿变成了现实。

一棵树，一个小水库

记者日前来到甘溪镇红花坪村，村民朱仕美的庄园令人赏心悦目：山顶有50亩薪炭林，山间有40亩石坎田，屋后有60亩板栗园，房前有16亩经济林，白墙红瓦与绿树秀林相映成趣，空气清新醉人。

村里人说："老朱种树有年头了，没树的苦头，有树的甜头，他心里跟明镜儿似的。"提起树，朱仕美格外动情："县里、镇里年年组织我们栽树，对困难户还无偿提供树苗。现在，山绿了，再也不闹水荒了，村里新修的100多口水窖，四季都蓄满了清亮亮的水。"

县长马赟告诉记者，旬阳以汉江两岸、公路沿线、城镇周边生态脆弱区和25度以上坡地、高寒山地为重点，实行退耕还林、封山育林、飞播造林、天然林保护有机结合，森林覆盖率由1999年的31.5%提高到了现在的43.6%。

一座林，一个聚宝盆

"过去的荒坡野岭，如今变成了绿色宝库：房前修有20亩梯地，田头建有800平方米鱼塘，屋后种有32亩姜园，地坎栽有1.5万株桑树。"在庙坪乡檀木村二组，"修地大王"袁修龙站在龙家河口，津津有味地给记者"指点江山"。

1995年，旬阳百日大旱。靠建筑发家的袁修龙，觉得攒钱不如修田。他投资20多万元综合治理荒滩荒山，形成了山坡林园化、山间梯地化、沟底水利化。修田建园保持了水土，而丰沛的良田沃土、山川肥水又滋润了这片群山，养育了田园林，形成农、牧、渔三业互促链性生态循环。

精明的袁修龙算了这样一笔账：治山治水总共投资了26万元，桑里套姜，坎边种草，路旁植树，桑叶养蚕，蚕粪喂鱼，鱼鳖混养，年水田产粮2万公斤，出塘商品鱼5 000公斤，养蚕产茧3 000公斤，纯收入可达5万元。现在，8年多了，袁修龙不仅收回了全部投资，而且还赢利了10余万元。

神河镇柳林村代家沟流域，属秦巴土石山强度流失区。自1998年以来，县里、镇里就投资百万元进行封禁治理，陡坡改梯地，营造水保林，栽植经济林，兴建小型水利水保工程。如今，植被覆盖率由40%提高到87%，农民人均纯收入由1 100元增长到2 100元。

一片绿，一个小银行

站在棕溪镇陈河村村民晏开霞的庄园，感觉是格外地好：50亩的板栗园，40亩的杜仲园，20亩的枣皮、银杏、竹园和林下套种的3 000窝天麻严严实实地覆盖了整座小山，好一个白云深处的新农庄！不是晏开霞的介绍，让人很难想象这里曾经荒山秃岭，通过16年不断造林，现在终于变成了花果山。

晏开霞算了一笔账："退耕还林14亩，年国家补助粮食2 100公斤，温饱问题不愁；今秋出产板栗1 000公斤，卖了5 000元；挂在枝头的500公斤银杏和150公斤枣皮，可挣回16 000元；秋后还要开挖2 000窝天麻，出售收入将达20万元，解决了用钱问题。"

坚持绿富兼顾，再造山川秀美。旬阳县委书记马涛介绍说："全县累计实施退耕还林工程30万亩，农民收入来源稳定。目前，全县已形成了北部蚕桑基地，东部油桐基地，南部杜仲、用材林基地和汉江两岸防护林、薪炭林基地，林业总产值5 624万元，不仅拉动工业增长两个百分点，而且农民人均林业收入400元以上。"

办好专版、专刊、周刊的“三一公式”

绝大多数报纸都会有专版、专刊（有些为周刊），它们承载着将新闻延伸、引申的任务，以满足读者更深层次的需要。《人民日报》各个专业部门都承担着一定的专版、专刊的编辑出版工作，教科文部有《科教周刊》，国内政治部有《民主与法制周刊》《党建周刊》，以及负责宣传政协工作的《议政建言专刊》，群众工作部有《读者来信周刊》，经济部有《经济周刊》。专版和专刊作为报纸中的一个重要部分，如同电视里的专题片，必不可少。

可是，由于少了新闻时效性的冲击，专版往往容易办成一块“平板玻璃”，信息陈旧，知识不多，观点平平，更谈不上阅读过程中的跌宕起伏了。个中原因可能不少，但主要是没有认真分析专版性质和办刊规律。

报纸的功能是传播新闻，其主要工作都是由新闻版承担。新闻版的特点是短、平、快、浅，突出信息的新与快。但这些信息又常是浅层次的，很多情况下，不能满足受众对信息及相关知识、政策、思想更深入、更集中的需求。这个任务就要由专版来承担了。它是在新闻信息的基础上对相关知识、思想的深化。它介于报纸和杂志之间，满足读者越过信息而对知识、思想层次的需求，但要避免杂志化倾向。

怎样既超越新闻版的短、平、快、浅，又避免杂志化呢？这里有一个“三一公式”，即一块专版一定要选一个社会焦点做主题，要有一个新闻背景做依据，有一篇言论做支撑。三者缺一不可。这样的版面才能立起来，有立体感，不是平板玻璃。既有思想深度，又结合事实，不是理论说教。

人民日报社国内政治部《议政建言专刊》的任务是介绍政协机关及政协委员怎样参政、议政。是个发言说话讲思想、观点的专刊，比较难办。编辑们也煞费苦心，常请具有历史学、社会学、法学等背景的政协委员来，谈社会问题，把他们的文章弄个“拼盘”端出来，以求有知识性、权威性和宏观性。

这样大是大了，就是引不起读者关注。原因就是主题分散，版面平板，立不起来，没有吸引力和冲击力。一个专版要吸引人，必须有立体感、纵深感，有交叉火力。

科学发展观，是一个新观念。重点在于统筹城乡发展、统筹区域发展、统筹经济社会发展、统筹人与自然和谐发展、统筹国内发展和对外开放等五个方面。怎样宣传这个大题目，不是一条消息、一篇文章就能说清楚的。2005 年 3 月的全国“两会”期间，我听到成都市委宣传部部长谈当地城乡统筹发展“很有特点”，当即定下，请记者站写长消息作新闻背景，请国内部以此为依托作一块《议政建言专刊》(2005 年 3 月 25 日见报)。

记者站的同志传来 7 000 多字的稿件。编辑部的同志就以“统筹城乡发展”为主题，约来民盟中央的《统筹城乡协调发展的分析与建议》一文及三位全国政协委员的具体建议。这些内容都与成都的具体工作相呼应。

这块版既表扬了成都的工作（有新闻性），又诠释了中央的精神(有思想性)，又符合该版的版性，效果很好。四川省的广安、遂宁、南充等地的有关领导，纷纷致电报社，认为这做法和经验具有借鉴意义。事有凑巧，见报当天，中央构建和谐社会新闻采访团的记者到达成都。同行们说：“我们正要采访，想不到《人民日报》已登出来了!”

“社会焦点＋新闻背景＋言论‘成了指导专版制作的’三一公式”。但这只是最基本的要求，是指导上路，如诗之格律，教你不出大格。文章深浅，版面好坏，影响大小，还要更深的功夫。

(2005 年 3 月 30 日)

专版三要素：鲜明的主题，扎实的新闻事实和有个性的言论

当前，媒体多元，花样翻新。电视是立体的，网络是互动的，手机无缝不钻。报纸被认为是平面媒体，定时、定版、定量，有点呆板。这种情况下，报纸上一个版如何立起来，值得研究。

报纸版面大致可分为新闻版和专版，这里讲的专版特指新闻的延伸或更深度的报道版。与每天都有、主要报道消息的新闻版相比，专版周期较长，或周刊，或半月甚至一月一期。与新闻版的各色信息相比，专版最好每期一个专题，分析问题，传播思想，有新闻也是隐性新闻，或说稳态新闻。（关于隐性新闻、稳态新闻的概念见《记者札记》卷独白之 23）一个专版是否好，能否立得起来至少要三个方面要素：

一是要有鲜明的主题，不能散。否则，像杂拌菜一样，阅读起来会分散注意力。因为你是要越过信息层，将读者引向知识和思考的层面。信息可以浏览，知识、思想则要集中阅读。

二是要有一个新闻事实做头条，把整个版面统率起来。这个头条一般是隐性新闻，因周期较长，可以做得更从容、更全面、反映得更深刻。但前提必须是新闻事实，而不是简单的一篇文章、一篇综述，整个版面也最忌讳多用无新闻性稿件，如访谈、专家约稿、座谈发言等。可以用这类稿，但不能夺了新闻稿的戏。常有一个错觉，以为专版可以不要新闻。其实，专版还是要靠新闻支撑。一离开新闻，马上就呆滞、惨白无力。

三是一定要有一个有个性的言论，把整个版撑起来，成为这个版的灵魂。

有这三样东西，这个版就立起来了，再配一些花絮、链接、资料等，就更好看了。

2005 年 11 月 30 日《人民日报》13 版，《民主法制周刊》，是块好版。再生能源对国人来讲还是个陌生的话题，本版在《再生能源法》通过、将实行之际，选取它做主题，进行宣传报道。又注意用新闻事实做支撑，如太阳能、风能、生物质能等的开发情况及问题，通过采访相关企业用新闻事实说话。最后，针对一些新能源过去保护、开发不够的情况，专门配了言论《让法律来保护阳光》，把整个版统了起来，版面就有了灵魂。该评论也是我为体现“三一公式”，为专版配的第一篇示范性言论。

(2005 年 12 月 1 日)

人民日报　2005年11月30日 星期三 第十三版

民主法制

周刊　国内政治部主办　每周三刊出　第 322 期

责任编辑：吴兢　裴智勇　宋伟

一部新法带来新能源的春天

《可再生能源法》2006 年 1 月 1 日将正式施行

可再生能源：太阳能、风能、水能、生物质能、地热能、海洋能等非化石能源。

专项资金：国家财政设立可再生能源发展专项资金。国家将可再生能源的开发利用列为能源发展的优先领域，并安排资金支持相关科技研究和产业化发展。

鼓励发电：国家鼓励和支持可再生能源并网发电。电网企业应当与可再生能源发电企业签订并网协议，全额收购其上网电量，并为可再生能源发电提供上网服务。

价格：可再生能源发电项目的上网电价、进入城市管网的可再生能源热力和燃气的价格，均按照有利于促进可再生能源开发利用和经济合理的原则确定。

税收：国家对列入可再生能源产业发展指导目录的项目给予税收优惠。

“中国高度重视开发利用可再生资源，把可再生能源开发利用作为推动经济社会发展的重大举措。2006 年 1 月 1 日，中国将正式实施《可再生能源法》。”

——摘自国家主席胡锦涛 11 月 7 日在国际可再生能源大会上的致辞

太阳能

走进太阳能时代

——访全国人大代表、皇明太阳能集团董事长黄鸣

《可再生能源法》是怎样炼成的

法律缺席　开拓者无奈面对

有法保障　迎来发展机遇

法律链接

风机转得更欢快

风能

让法律来保护阳光

今日观察

含混不是模糊美

如果说作者写稿第一是要把话说清，那么，编辑编稿第一是要把稿看懂。看出它的精彩，更要能看出它的毛病，好着手矫正。字词，在作者和编辑手里就像化学家手里的分子、元素，排列组合不同，效果也就大不同。文字工作最基本的要求是准确，准确用词，准确造句。最忌讳的是靠“大概”来编稿，把一些含混的似是而非的东西，误认为是“模糊美”，迷迷糊糊地自我欣赏，自我陶醉。请看下面的这一首诗。该诗发在党的十六大召开前夕，是想歌颂党的，但客观效果大谬。

多少情合靠意投

——写给党的十六大

天下喜雨
地涌激流
中国的岁月盼金秋

荔枝红了
谷穗黄了
大江两岸话丰收

老人笑颜
孩子乐容①
青春纵情舞彩绸

鞭炮急飞
锣鼓猛打
唢呐扫除人间愁②

酒不醉人
人都醉了
举杯邀盏空中月③
真真能解画中游④

深情沃野
葵花向日
坚定不移跟党走
多少情合靠意投⑤

海上白帆
万山红色
人心多久
激情多久

目标锁定
意志不衰
我盼此时已多时

更喜神州风杨柳⑥

不灭落日⑦
白云苍狗⑧
已将我身向青翠⑨
党的不朽
人民的不朽……

（《人民日报》2002 年 11 月 12 日）

［评注］

①“孩子乐容”。“乐容”是什么意思？费解。可能是欢乐的容颜，但不能简成乐容，生造。

②“唢呐扫除人间愁”，这里就出大错了。庆贺十六大召开的唢呐怎么要扫愁呢？十六大召开的时刻是全国的大喜时刻，而且十六大前许多年，中国人民也是胜利连胜利，有何愁之扫？这首诗如果是写在1949 年新中国成立之庆，1976 年打倒“四人帮”之庆，可以说“扫除人间愁”，而十六大召开之时扫愁岂不是对时局不满？显然作者是为了凑韵脚。

③“邀盏空中月”。“月”怎么是论“盏”呢？显然模糊地记得李白有句“举杯邀明月”，就往上堆吧。

④“能解画中游”。谁解谁的画中游？就算是作者画中游吧，与庆胜利也是两张皮。

⑤“多少情合靠意投”。“情合”“意投”是同义关联，没有因果关系。正如不能“多少‘如饥’靠‘似渴’”。再从内容上说，群众和党的关系也不是一对情人啊，怎么能以情合意投相比？

⑥“风杨柳”为何物？大概是风吹杨柳，从上句连读，政治大目标和风吹杨柳何干？

⑦“不灭落日”。又要出政治问题了。作者本意可能是想将党比作

太阳，正当十六大召开这个太阳又怎么成了“落日”？“落日”又怎么冠以“不灭”？从字面理解，这个太阳在西天边永远将落不落、气息奄奄。无论是概念还是逻辑都乱得一塌糊涂。

⑧“白云苍狗”。语出杜甫：“天上浮云似白衣，斯须改变如苍狗。”是说天上白云瞬间的变化，一会儿如白衣，一会儿又变成黑狗，后喻世事变化莫测，用在这里想说什么？

⑨“已将我身向青翠”。不知何云！

一共 33 行诗，有 9 处硬伤。语言、语意之混乱实在少见，不知一路怎么走到版面上来的。

这个例子说明一个最简单的道理。编稿一是态度要认真，二是文字功力要扎实。不能朦朦胧胧地编，误把含混当美感。

（在当天下午评报会上的发言）

2002年11月12日 星期二 第六版
人民日报
庄严使命
“一国两制” 祖国统一的最佳方式
本报记者 孙立极 吴亚明
中华儿女执着追求
“一国两制”成功实践
历史潮流不可逆转
特稿⑧
繁荣新世纪社会主义文学
——听金炳华代表谈“文学”
建设『责任政府』
——听李宪生代表谈『依法行政』
解放思想永无止境
——听吉林代表谈“与时俱进”
多少情合靠意投
——写给党的十六大
有一种思想
——献给党的十六大
走进新时代
建设高科技新首钢
“我们吃了定心丸！”
现场报道

策 划 篇

好栏目是好稿的专卖店

街上为什么要设专卖店？就是要独树一帜、求个性，专卖某种名牌，进了这个店的商品有身份，价码高。报上的好栏目就是好稿的专卖店。你要当名记者，你的稿子就要想方设法挤进名栏目，记者要学会利用栏目的名牌效应提高自己稿件的影响力和知名度。当然，这也是一个提高自己的写稿水平，向高标准看齐的过程。

《人民日报》2 版的“权威发布”开办已经 1 个多月，过去主要发布各部委的权威消息，2 月 16 日首次发布了一条地方消息《黑龙江冬季接待游客逾千万人次》，开了地方记者在“权威发布”栏上稿的先例。其实，这条消息 10 天前就收到了，原题为《黑龙江省树立冰雪旅游大省形象》，讲的是该省开展冬季旅游的情况。如果就这样发出去，淹在一般消息里，不会有太大的效果。上了《人民日报》，省里可能已感满足，记者急于见报，几次来电话催稿，我坚决压住此稿，劝记者不要急。一是等冰雪季节的高峰期过，积累的资料再多些；二是让一个权威人物，比如主管此事的副省长出来说话，加重分量，准备上“权威发布”栏目，这样效果会事半功倍。于是敲定以 2 月 15 日为限，当晚发来，第二天见报，果然效果较前要好。

一张报纸要办出影响，必须要有让人关注的信息。但这个信息如果今天在这个版，明天在那个角，就会影响读者的关注力。报纸是散页的连续出版物，不是一本书，读者是以断续阅读的方式来吸纳信息、与报纸建立联系的。为克服这种“断续”性带来的缺点，就必须在固定版面、固定位置，设立固定宗旨的栏目，这样才能使断续的报纸与读者建立起不断续的联系。每天报纸一到，读者就会急着去找那个栏目，久之“成瘾”，报纸会吸引一批稳定的读者。

问题的关键是这个“专卖店”要办得好，要含金量高，灿若明珠，期期引人，才能连珠为线，如同华贵的项链。比如“权威发布”这个栏目，首先它借《人民日报》的权威性已经是“居高声自远”，自带几分权威了。但是还有几个更高的要求：（1）所发布信息必须是大多数人关心的事，没有读者何谈权威；（2）必须是权威的数字、结果、决定及新出台的政策；（3）必须是权威部门、影响力大的权威人士出面发布，如消息来自中央部委，发布人须是副部长以上人士。

类似的稿子还有一条，海南前几年曾盲目开发房地产，造成一大批“烂尾”工程，不仅拖了当地经济的发展，也拖累了许多外来投资企业，成为一个老大难问题，中央领导多次组织解决此事，全国读者关注此事也有数年。2 月 13 日，记者发回一条消息《海口市转化房销售率超过七成》，说当地已决定将这批“烂尾”工程转为经济适用房，简称“转化房”，一下子销出 70%。这无疑是有震动性的。但是，消息来源只是“记者从处理积压房地方办公室获悉”，缺少权威。而且这样大的政策，当地政府应有明确的态度和统一口径，以避免见报后引起麻烦。于是决定退回，再深度采访，并按“权威发布”栏的格式要求补充材料。新稿在 2 月 19 日见报，由海口市市长王法仁在“权威发布”上发布，题目是《海口市“转化房”销售超七成》，稿件的权威性和可读性大增。

写稿是一回事，编稿又是一回事。记者的任务是抓到最新、最有轰动效应的信息，但这只是记者的角度和视野。什么信息最轰动、最为人注意，编辑站在全国的角度应有准确的界定，设计并给它留出一块有利地形。这块地形就是某个版面、专栏的制高点。这样记者的稿件见报就变成“双抢”：首先是抢到新闻；新闻到手后还要有第二个意识，就是抢位置，抢制高点，抢名栏目。抢到这个制高点，你的稿子才有轰动效应。一个报纸没有固定的好栏目就立不起来，一个固定的栏目没有好稿的支持也立不起来。反过来，一个记者也需要一个好的栏目来展现自己，就像一件好产品，只有摆上最著名的大商场的柜台，才能更显出它的光彩，体现出它的价值。记者不但要勤奋写稿，还要善于借助栏目和版面的品牌力量抬高自己稿件的身价，这叫火借风势，风助火威。稿件影响大，记者的名声也就大了。

不少地方企业主动加盟国际名牌集团，争取自己的产品也挂上这个品牌。记者与名栏目关系也是这样。你要成为名牌吗？要社会承认吗？先得把稿子提高到能摆上专卖店的水平。牛顿说他的成功是站在巨人的肩膀上，记者的成功也要靠名栏目来垫垫脚。当然，这里要有编辑和记者的相互合作与沟通，这个目标要由双方共同努力完成，这也是一种策划和编辑艺术。

(2001 年 3 月)

2001年2月16日 星期五 第二版
人民日报
国内要闻

水利部总结"三河"调水经验表彰先进
坚持可持续发展治水思路
温家宝致信对调水工作给予肯定

黑龙江省副省长王振川宣布
黑龙江冬季接待游客逾千万人次
权威发布

全国农业网站达2200家

学历是真是假 上网一查便知
高等学历证书实行电子注册

专家服务到田头 农民高兴在心头
江西农技推广服务团活跃乡村

浙江要求加强历史文化名城保护
舟山落实定海古城保护措施

保护名城需要法治

干部下基层别搞花架子

记者来信

复聪儿童喜联欢

图文广角

网站公开卖论文 竟为作弊开绿灯

嘉兴乡村搞撤并 减了负担一身轻

拜年只为吃与拿 厂长无奈避他乡

儿童消费成人化 家长掏钱图的啥

广东检察机关加大办案力度

社会多棱镜

一个三级跳跳出来的头条

2004 年六七月间，落实科学发展观的宣传渐入高潮，各级政府、各部门都在努力解决发展中的不和谐。如何解决能源紧张，一时成为工作重点。东南沿海经济发达，生产生活用电已经极其紧张，浙江、江苏等省的企业生产用电常常是“供四停三”，一周中只有四天能够保障生产用电，剩下的就靠企业用柴油发电机自己解决了。

第一跳

8 月 9 日，新华社内参《国内动态清样》刊发一文《电力短缺引发一些地方上马高耗能小发电》。此稿引起了我的注意。我即批给记者部和教科文部落实：“宏观调控要引向深入。此稿提出问题重要。(1) 地方上有无相关动作，可报；(2) 教科文部可就靠新技术节电降耗做一期专刊。”

第二跳

8 月 19 日，《人民日报·科教周刊》就开发新技术节电降耗做了一期专刊，其中登了一张照片《储存阳光》。图中一位藏族青年展示一块太阳能电池板，反映了生活在海拔 4 000 米以上的青海玉树藏族自治州农牧民利用太阳能发电满足了生活用电。有的乡镇在国家的支持下建起光伏电站，新能源使青藏高原无电乡村家家用上了电。

以上一篇内参，一张照片，在我们每天接触的大量信息当中，是很平常的事，就如同林间的小鹿，在人眼前一闪而过，迅即消失。但是，对于一个新闻工作者来说，就要学会从这些大量繁杂的信息当中捕捉到有价值的新闻，如同有经验的猎人紧紧捕捉住这林间的一闪，就猎到小鹿。在这期专版的大样上，我做了这样的批示：

“这就是我们要找的新闻。19 日出版的《科教周刊》的一张图片提供了一条重要信息。克服电荒，改善能源供应是目前宏观调控宣传的一大主题。在这之前新华社 8 月 9 日的内参说，在电荒中民用电比例很大，夏季民用电占社会总用电的 40%，亟盼有哪个地方政府投资低耗能的电源生产。而图片透露，该县已建立日光电站。我报 16 日头条，胡锦涛同志视察四川时说：‘加强和改善宏观调控，又是贯彻落实科学发展观的一次重要实践。’我们就是要在群众的实践中，仔细搜寻意义重大的新闻。这一滴水，折射出当前的中心工作，里面有政治、经济、科学。记者部可请青海记者站写一消息，争取头条。”

第三跳

随后，青海记者站的同志快速反应，积极与当地主管部门联系，深入一线采访，写出了在 8 月 25 日登出的头版头条“肩题：建光伏电站送太阳能灶　调燃料结构保生态平衡；主题：青海开发太阳能造福农牧民”。

可以看出这个头条是经过三级跳，跳到头版上来的。先是一篇内参，后是一张图片，最后变成一个头条。新闻重在发现，发现能力决定一个新闻人的成就。不同层次、不同角色对“发现”的要求不一样。一个记者主要是在众多事件、材料中发现哪一条是新闻，如沙里淘金；一个编辑则是在众多稿件中发现哪一篇是好稿，可加工价值有多大，如匠选材；一个总编，则是要能从众多的稿件信息中发现一篇领军之稿，并逐渐把它一步步请到头条位置上来，就像刘邦拜韩信为将，虽然韩信当时只是一个无名之辈。头版和头条对报纸至关重要。头版是脸，头条是眼；头版是旗舰，头条是舰旗。在所有的策划中，为头版策划一个好头条最重要，也最难，尤其是机关报的头条更难。因为它除了传递信息，还要传递工作意图，担负指导作用，是领头羊。这就不只是沙里淘金单打一地去找，也不是凿璞为玉一对一地加工，而是一个复杂的过程，系统工程。就像旧小说中写的儒将要足智多谋，因势利导，聚沙成塔，撒豆成兵，化无为有，化腐朽为神奇。

（2004 年 9 月）

一次“编、采、发”联动的大策划

每年第四季度，是党政机关总结今年、布置明年工作的大忙季节，也是报纸抓发行的关键日子。机关报就是跟着机关工作走，《人民日报》跟着党中央的工作走，但同时也要不误季节，完成报社该做的事，比如年度发行大事。处理不好，互相冲突，手忙脚乱；处理得好，风助火势，相得益彰。

每年一次的党中央全会大多在十月、十一月召开，会有新的提法、精神要贯彻宣传。这是一个社内社外、社内各部门、今明工作结合的大节点。利用得好一石三鸟，事半功倍。2001 年 11 月十五届六中全会召开，我建议搞一次版面内外的联动大策划。牵涉到记者部、国内政治部、理论部、总编室、发行部。其中我直接分管前两个部。这里最大的宣传点是贯彻十五届六中全会，顺便落实明年的报纸发行。而无论是落实全会，还是党报发行，每年最后都是压在地市级党委和驻地方记者站身上。于是我想到一种形式，举办一次“人民日报论坛”，用一“坛”来总收这些部门和这许多事。全会一结束，就请几十个市委书记进京，到社里来开个会。每个市委书记面前摆一个文件袋，里面有两样东西。一是上年度本市在我报的见报稿复印件；二是上年度我报在当地的发行数及分布表。会后，每人的发言见报。

论坛效果非常好。一是，用一种创新形式及时宣传了全会。二是，首次大规模请基层党委书记进报社，加深了感情。不要小看这份“情”，为我们驻地方记者以后开展工作创造了先决条件。三是，社内外开辟了沟通渠道，有了一个客观实在的对话基础。不要小看文件袋里的那两张表，它让主客双方都脸红心跳。过去，大家都在空喊，报社说，发了稿，地方不订报；地方说，我年年订报，不见你们发我的稿。袋子往桌面上一摆，谁也不说话了。有的袋子很厚，见报稿很多，而发行表上的订数很少，书记脸红；有的袋子里，表上订数多，但只有薄薄的一两张见报复印件，我们社长、总编、记者脸红。每年说破嘴皮子，此时无声胜有声。大家相约看明年。

这次论坛，在《人民日报》史上是空前的。资料珍贵，开录如下：发言摘要四块专版，2001 年 11 月 10 日 6 版、7 版，11 月 11 日 6 版、7 版。消息两条：《首届人民日报论坛在京举行》2001 年 11 月 11 日 1 版；《东西南北话作风　身体力行抓党建——在首届“人民日报论坛”上听 27 位书记部长吐心声》2001 年 11 月 15 日 1 版。

发行发稿挂钩，实施星级工程

每年的发行工作都是报社的难题。2001 年 8 月，报纸发行量比年初下降 13.37%，发行处告急（见附表 1）。我虽主抓记者业务，强调以稿为本，但发行离不开驻地记者，我也就逃不脱“干系”，不能不动脑子。于是策划了发行“星级管理工程”。

机关报发行的一个最大问题是发行与发稿脱节。这与公费订阅有关，没有市场杠杆。另一方面，也没有用好工作杠杆。机关报是指导和反映工作的，你不反映人家工作，人家当然不订你的报纸，这是问题的本质。许多地市，甚至新中国成立以来都没有上过《人民日报》。马克思说，人们为之奋斗的一切，都同他们的利益有关。万里谈当年农村土地承包改革，说大锅饭使农民对土地失去了兴趣。你让人家订报，得提起他对报纸的兴趣。不能想象，一级党委、政府的工作十年、几十年不上党的机关报，这是报社、地方记者站的失职。过去我们很少从这方面检讨。你不接地气，他就不订中央大报而去订地方小报，发行上不去的责任主要在报社一方。

全国报纸发行，地市级是关键，但地市订报很不平衡。最多的是唐山，3 万多份，比有的一个省还多。最少的只有几百份。管理是一门科学，必须建立在数据的基础上。2001 年 7 月下旬在洛阳召开了发行会，提出发行工作“星级工程”。就是要心中有数，将全国现有发行量在 2 万、1 万、8 000、5 000、3 000 的地市，分为五星、四星、三星、二星、一星共五级，分级管理。每年从两方面提要求：地方上要巩固基数，争取稳中有升；版面上要有相应的最低见报量，不能长年“记者下不去，稿子上不来”。为此制成一张滚动管理表，压在总编室和值班总编的桌子上（见附表 2），随时掌握进度，年底务必完成。这一下不但调动了地方的积极性，也调动了社内各部门的积极性。从版面上保证了基层记者的稿件见报率。

这个工程后半年才启动，兑现完成了星级工程稿件 157 个地市，到年底收订，比去年增加发行 2.3 万份，增幅 1.9%。过去我当记者时，跑基层，有县委书记常说，不是我们无典型，只是你们记者不下来。全国都执行党的政策，何处阳光不长苗？只怪我们过去采访不够深入，特别是老、少、边、穷地区去得更少，发稿不均衡。这次从源头上解决了问题。

当然，不是为了星级工程就降低稿子的质量。记者部、总编室还有另外的发稿标准制约。

（2001 年 8 月 3 日）

附表 1

《人民日报》2001 年 8 月 1 日发行情况表

地区	订阅数（份）	与 1 月 1 日比增减份数	增减（%）	与 7 月 1 日比增减份数
河北	141 447	−8 225	−5.50	795
河南	135 397	−9 618	−6.63	−2 427
广东	99 397	−12 367	−11.07	−1 885
山东	93 557	−19 382	−17.16	179
辽宁	76 226	−17 591	−18.75	167
北京	105 608	−10 052	−8.69	−1 168
湖北	80 720	−11 065	−12.06	−826
江苏	76 098	−21 938	−22.38	−145
四川	78 380	−4 277	−5.17	207
浙江	75 500	−10 980	−12.70	−157
黑龙江	64 164	−8 873	−12.15	1 296
安徽	47 719	−22 347	−31.89	208
湖南	58 592	−6 220	−9.60	−393
内蒙古	52 861	−11 385	−17.72	307
广西	46 666	17 173	−26.90	−3 164
云南	51 133	−340	−0.66	−32
山西	47 302	−9 024	−16.02	203

续前表

地区	订阅数（份）	与1月1日比增减份数	增减（%）	与7月1日比增减份数
陕西	55 441	−6 076	−9.88	−70
上海	48 634	−3 965	−7.54	−11
江西	46 070	−5 985	−11.50	94
福建	38 197	−8 796	−18.72	142
吉林	28 308	−14 615	−34.05	1 049
天津	33 016	−2 745	−7.68	−1
贵州	29 416	−6 636	−18.41	85
重庆	29 907	−5 364	−15.21	467
甘肃	27 362	−1 742	−5.99	36
新疆	22 527	−678	−2.92	58
海南	15 844	−5 682	−26.40	48
西藏	9 800	217	2.26	39
宁夏	7 408	−641	−7.96	2
青海	5 583	−3 166	−36.19	41
总计	1 728 280	−266 731	−13.37	−4 856

注：本报8月1日发行量比7月1日减少4 856份，与年初比下降13.37%。

资料来源：《人民日报》发行处

附表 2

2002 年星级工程滚动表

时间：2002 年 12 月 23—31 日

五星级地市（共 9 个　发稿 12 篇　差 6 篇）

唐山 ●●	成都 ●●	广州 ●	武汉 ●●	西安 ●	石家庄 ●	哈尔滨 ●	长春 ●	沈阳 ●

四星级地市（共 28 个　发稿 29 篇　差 7 篇）

包头	宁波 ●●●	襄樊 ●●	平顶山 ●	廊坊 ●	新乡	临沂 ●	苏州 ●●	保定 ●●●
大连 ●	郑州 ●	洛阳	安阳 ●	张家口 ●	青岛 ●●	潍坊	徐州	深圳 ●
杭州 ●	昆明 ●	南阳 ●	邯郸 ●	鞍山	呼市	南京 ●●	南宁 ●	温州 ●
长沙 ●								

三星级地市（共 9 个　发稿 9 篇　差 1 篇）

信阳	无锡 ●●	齐齐哈尔●	秦皇岛 ●	周口 ●	大同 ●	湛江 ●	太原 ●	沧州 ●

二星级地市（共 63 个　发稿 22 篇　差 45 篇）

大庆	焦作 ●	嘉兴	济南	兰州 ●	抚顺	宜春 ●	南通	通辽 ●
呼盟 ●	驻马店	德州	赣州 ●	玉林	赤峰	桂林	怀化	宜昌 ●
邢台	聊城	岳阳	福州 ●●	商丘	锦州	安庆	东莞	衢州
济宁 ●	乌鲁木齐	上饶	濮阳 ●	孝感	金华	宝鸡	葫芦岛	绥化
贵阳 ●●	台州	开封	泉州	黄冈	烟台	达州 ●	郴州 ●	永州
连云港	海口 ●	牡丹江	咸阳 ●●●	荆州	长治	秦州	南宁地区	晋中
许昌 ●	遵义	绍兴 ●	盘锦	巴盟	扬州	咸宁	南昌 ●	承德

一星级地市（共 93 个　发稿 34 篇　差 61 篇）

漳州	滁州	昭通	佛山 ●	常德	大理	漯河 ●	南平 ●	柳州 ●
拉萨	红河	曲靖 ●	三门峡 ●	梅州	黄石 ●	巢湖	韶关	盐城
九江	吕梁 ●	阳江	威海	丹东	贵港	河池	肇庆 ●	江门
茂名	绵阳 ●	乌盟	淄博 ●●	铁岭	阜阳 ●	日照 ●	梧州	湖州 ●
合肥 ●	厦门 ●	鄂尔多斯	抚州	钦州	宿州	西宁	宿迁	汉中 ●
佳木斯	衡阳	吉安	邵阳	晋城	楚雄	淮安 ●	松原	三明
乐山	攀枝花	汕头 ●	株洲	吉林 ●	南充 ●	泸州 ●	东营 ●	玉溪 ●
辽阳	伊春	滨州	本溪	泰安	菏泽	榆林	北海	荆门
临汾	德阳	营口	惠州 ●	枣庄	六安	安康 ●	珠海 ●	毕节
渭南	湘西	常州 ●	镇江	阜新 ●●	宜宾	衡水	自贡	凉山 ●
延安 ●	十堰 ●	朝阳						

注：1. “●”代表此地市已按星级工程标准发稿一次。

2. 202 个星级地市，1 月 1 日发行量共计 143 万份，占全国发行任务数的 71%。

已发星级稿件 106 篇，差 120 篇

杜寿鹏要堵贺兰山缺

贺兰山在宁夏银川之西，绵延 150 公里，挡住了东进的腾格里沙漠。但是，银川市正西有一山口——苏峪口，宽约 5 公里，每年春天风沙由此长驱直入，风大时昏天黑地，沙子常压倒庄稼，埋了公路。

记者 6 月 11 日在宁夏采访时，自治区党委负责人说，他们这里出了一个奇人，名叫杜寿鹏，先后筹资 960 万元，发誓要造一道绿色屏障，堵住贺兰山风口。但是他声明，谢绝采访。

第二天下午，经过一番周折，记者在沿山公路旁的苗圃里终于见到了杜寿鹏。他手里握着一把修枝剪子，在烈日下，皮肤黝黑，顺着田埂匆匆走来。我们真不敢相信，眼前 1 200 亩的大苗圃是他个人兴建的。杜寿鹏说，这是宁夏最大的苗圃。一眼望去，苗圃从公路边向贺兰山伸延，干硬的沙地上泛出一层嫩绿。他领着我们一畦一畦地边走边看，侧柏挺立如扇，国槐细叶如梳，垂柳尺许已显出婀娜风姿。还有杨、榆、松、杉、桐及观赏类的红梅、紫藤、合欢、海棠等共有 35 种 605 万株。大规模经营要靠资金，杜寿鹏腰包鼓，胆子壮。他下海 20 年，有所积蓄，一下就拿出 690 万元。他说："留下钱干什么？给子女，没必要。我今年 56 岁，剩下的日子就想干成一件事，堵住这风口。就是失败了，也为后人积累点经验。"

杜寿鹏性子急，主意一定就上手大干。去年 6 月刚拿到土地租赁证，19 台拖拉机就开进沙窝里平地、打坝，然后是架线、埋管。他说："要干就干大的，干个最新最好的。"他指着远处的小红房说："你数数，共 8 个水房，8 口深水井。我这地下像蜘蛛网一样埋着 11 200 米水管，地上有 158 个出水阀门，要灌要喷，随时都行。"说着他扳开一个阀门，小碗粗细的水柱急涌而出。记者弯下腰猛吸一口，这地下 59 米深处的贺兰水清凉沁人。杜寿鹏笑嘻嘻地说："好水，我们工人干活都喝这水。"

整好地后，杜寿鹏亲自开上卡车到江苏买来树苗。不想，今春老天有意做对，多年少见的沙尘暴连刮十几场，树苗发一次芽被打掉一次。好在他的水利设施大起作用，不停地灌水。风太大，人站不住，蹲不稳，老杜和工人们几乎是斜躺在地里扶苗平茬，新苗就这样一遍遍顽强地长了出来。杜寿鹏说，从我这风口出去的苗子，走到哪里都能活。现在树苗大多一尺高，杜寿鹏说，到秋天就能蹿到两米，贵的一棵就值两三百元。我们问："这 1 000 多亩，你能增值多少钱?"他说："不卖!"随手一指远处的贺兰山："你们看见那个山口了吗，那片山坡少说也有 10 万亩，我这苗子是给那里预备的。我算了一下，我还能干 15 年，在山口堵上一片林子，留一半在这公路边，建一座旅游森林公园，这辈子就够了。"杜寿鹏日思夜想着那个山口。他几次考察，见山口过度放牧，破坏植被，就说服山口的金山乡村民迁下来。他还出资为村民在山下修了一所小学。在杜寿鹏的影响下，现在已有北京、银川的几个企业来这里投资造林。特别是金山乡村民也跟着他平沙大办苗圃。杜寿鹏笑呵呵地说："农民开窍不得了，现在他们舍不得卖荒地了。金山乡一年就多出 8 000 亩苗圃。"他现在也成了这里的高级义务顾问。

记者告别时，他递上一张写有"寿鹏苗木有限公司"的名片，上面的地址很怪："贺兰山延山公路 102 公里处"。他说："真对不起，我这个公司连个办公室也没有，让你们在太阳下站了一个多小时。"又一再说："你们不要宣传我，事还没干成，万一不成，丢人哩。请多宣传一下韩县长，他听说我要办苗圃，带上土地局长到沙窝里现场办公。还有县银行，怕我资金不够，找上门送来 270 万元贷款。"

(《人民日报》2000 年 6 月 18 日)

(说明：2000 年 4 月我调人民日报社，分管记者工作。6 月 8 日至 12 日即召集西北五省记者在宁夏开会策划治沙报道。这是策划会后我带头写的一篇示范稿。)

记 者 篇

记者最大的“绝活”是头条

头条是王冠上的明珠，能不能摘到手，考验着一个记者的真功夫。

头条考验记者的责任心。党报是党的工作的一部分，是党的耳目喉舌，这是党报记者的第一责任，是一个忠诚的党报工作者考虑问题的出发点，也是采写稿件的出发点。要自觉地把自己看成一个党的工作者，而且是把握全局的负责任的工作者。

头条考验记者的观察能力。党报记者应该在吃透所在地区、所联系的部门的基础上，从政治和大局的高度筛选新闻素材，运用新闻规律，完成把握全局、结合中心、引导舆论的任务。他应该能从一个省、区、市委的高度来分析问题，同时又能将它转化为一条新闻。这是采写党报头条所应具备的思想高度和思维角度。

头条考验一个记者运用新闻规律诠释党的政策的能力。要在遵循新闻规律的基础上体现宣传中心、服务大局的要求。要学会用个性的材料来诠释共性的方针政策，配合大局，宣传中心。新闻逃不出“受众所关心的新近发生的事实”这个规律。要找到思想与事实的对接点，这是记者的真功夫。这也是体现党的意志与人民心声的统一所要求的。

在写头条的竞争中最能展示记者的绝活。

“绝活”是记者个性的体现。“绝活”就是人无我有，只属于“我”的个性。怎样才能做到人无我有？一是要靠自己特有的学识、修养，独到的思维方式、选材角度和写作风格，这是形成“绝活”的内部因素。如同演艺界，“北京人艺”的演员内功修炼特别深厚。二是要靠独特的环境。你所处的省、区、市或某一个业务范围与别人不同，特殊的环境产生特殊的素材。要深入挖掘环境特点，这是别人所代替不了的，是产生“绝活”的外部因素。像赵本山那样的喜剧风格，离开二人转的东北土壤不能产生。

但是，大家常共处一个省、区、市，一个部门，面对的环境大体一样，怎样才能形成“绝活”？这就一靠你挖掘外部环境的个性素材，二靠你独特的观察，做到内外、主客观两个“个性”的组合，就不会与别人雷同，就容易叫绝。这里特别要注意主观个性因素的修炼。

“绝活”是风格的体现。要形成风格，一定不要和别人重复。同样一个事情，用不同的风格来体现，效果就不一样。为了强化新闻，在写作方法上常需要借他山之石。我们的记者中，有些善借政治背景，有些善用社会学的眼光，有些善借文学之力。这就如同从事竞技体育，有人是借助出色的弹跳力，有人是靠速度，有人则依靠良好的柔韧性。比如，《人民日报》驻浙江记者袁亚平采写的《古城绕水合有诗——绍兴历史文化名城保护与发展纪实》（2002 年 6 月 3 日 1 版），语言鲜活，描述生动，有感情，有文采，细节感和现场感强，使稿件很具可读性，体现了记者很厚的文学功底。

头条这个绝活是“王冠”上的明珠，难度大，是记者族的区位优势加记者的个人修炼，是在肩膀上跳芭蕾，就是要做到让人叫绝。

采写党报头条，要用政治意识来统领，基础是新闻规律，要借助你肚子里的全部知识，是对文学、艺术、政治、哲学、历史、社会学等多种规律的运用。出不出“绝活”，就看你在这几样功夫上是不是高人一筹。同样的料可以炒出不同的菜，关键就在技艺的综合运用。可惜我们平常能见到的这样的绝活不是很多。

（2002 年 6 月 10 日）

新闻是沟通　记者是翻译

值夜班，有一篇短稿《上半年外债净流入同比下降 63.04%　6 月末外债余额达 2 661.76 美元》，我看不懂，问之编辑也不懂。不懂怎么上了版呢？据说这篇稿子很重要。报上常会有这样的稿，领导说重要，业务部门说重要，记者也说重要，就这样隆重推出，而读者却大都看不懂。两天后，我请教作者，才知道这意思是说你新借的债，再扣掉你已经还的旧债利息，通俗点说，就是“实有新增外债额”。

过几天，又碰到一篇稿《农行与太平人寿——签署承购次级债协议》。再问之编辑，还是说不懂。我说既然编辑、主编、老总这么多人都看不懂，读者肯定也看不懂，这种稿子登之何用？发一些貌似重要，但读者不懂的稿，是报纸，特别是机关报的一个通病。写通俗稿怎么就这样难？

这里有两个原因。一是掩耳盗铃，作者懂，以为读者就懂。实际上，世上的事，各行各业，大多是少数人懂，多数人不懂。写作就是翻译，把少数人懂的事翻译成多数人懂的话，这就是传播。钱学森同志曾要求每个大学本科生写两篇毕业论文，一篇是专业论文，另一篇是科普论文，两篇论文都写得好，才证明你学明白了。能深入，不能浅出，或者心里懂，说不清，都说明你学问不到家。不能将专业消息转化为大众消息，不是好记者。遇到这种情况专业人士或记者常会辩解说，我们的行话就是这样说。既然是行话，你说给外人干什么？既然你是借大众传媒来传播行内的事，就是要立足外行对你的理解，就像对外国人要说英语。你对老外眉飞色舞地说汉语，有什么用？

二是应付差事，发稿了事，读者懂不懂不管他。这是机关报养成的坏作风。机关报大多是公费订阅，办报一方是完成宣传任务，订报一方是完成订购任务，都是公事。这中间缺失一个读者与作者、编者之间的自愿选择对接的环节。那些靠市场选择、个人订阅的都市报、晚报就不敢这样，读者看不懂报上的文章，订数马上就下降，广告就减少，收入就降低。当好翻译，应是记者提起笔来时的第一想法。当我读着眼前这两篇费解的稿子时，不由想起三年前《北京青年报》的一篇小稿，是讲一项科学新发明，可以从食用蔬菜水果中提取衣用纤维。标题是《要将土豆纺成丝》。你看，多通俗流畅，只一个标题就让你过目不忘。其实，让人看懂也不是很难的事，首先是你想不想这样做。如果真的做不成，要么说明那件事受众少，不值得向大众传播，要么说明它特别重要又很特殊，无法转译，就像有的外语单词，只能用音译。但这种情况只是极少数。

记者，把自己看作是翻译，这就找到一个好角度、好心态。你先要假设你的读者不但对信息一无所知，就是对表达这信息的行话、术语也一无所知。你要设法用大众化的新闻语言来转述。这虽是一个传播过程，但实际上是同时做了两件事，一是传送了一件东西，二是传送的同时给它换了一个包装，就像我们的出口商品用一个英文包装盒。这个翻译就算完成了。什么是好的翻译的标准呢？我国翻译家严复说过一个三字标准“信、达、雅”，这用来评判新闻稿也很合适，一要事实可信，二要意思通达，三要语言得体。那些内容褊狭、语言生涩、表达不畅的新闻稿，当然不是好译作。角色找准了，心态就平稳了，你会尽心去做，因为你就是干这一行的，干不好，心里就不安。记者是特殊的翻译工作者，他将专业信息译成大众信息，他虽然每天从各行各业中采素材，但都要翻成一种语言——新闻语言，这就是本事。实际上，这也是利人利己的事，只有你的稿子让更多的人理解，更多的人才能知道你，你才能成为名记者。

（2005 年 10 月 30 日）

新闻，是流动中的一瞬

当记者总是希望自己的稿子发表后能被人记住，最好被人永远记住，即稿子能有最长的生命力。这是人之常情，也是一种崇高的追求。

但是，严酷的事实告诉我们，绝大多数新闻稿是读后即忘，它并没有长久的生命。这是新闻的信息本质所决定的。信息的特征是稍纵即逝，传递信息的新闻当然也就是“易碎品”了，这是基本规律。要想作品难忘，就要在“易碎品”中寻找“耐用品”，这就注定了当名记者是一件多么不容易的事。

虽然新闻是易碎品，但也不是每一件作品都要被时间之锤敲碎。我们读新闻史，回忆自己几十年间的阅报经历，还是发现会有一些新闻作品留在记忆里，挥之不去。这也说明一个规律，新闻作品易碎，但其中也会有极少数能经得起时光的打磨，永存不灭。怎么掌握规律，寻找这样的作品，追求这个高度，是我们要研究的课题。

因为稿件是新闻工作的一部分，研究稿件的生命，可先简略研究一下新闻的运转规律。新闻包括它的载体（传媒）和在这载体里工作的人（记者），永是处在动与静、变与不变的矛盾体中，这种矛盾性也决定了稿件易碎或不易碎的两重性，从而又决定了大部分记者只能碌碌一生，只有少数人才有幸与他不碎的作品名垂青史。

所谓名记者，有两重含义：一是他的作品与众不同，发表之时就木秀于林，引人瞩目，引起轰动；二是当别人的作品潮来又潮去、无踪无影时，他的作品却如被留在岸边的一块礁石，永远屹立，令人永远难忘。

由于生活的需要，特别是现代生活方式的需要，人们每天必须接受大量的信息。报纸和记者就是专门提供信息的媒体和职业人。管理学上给报纸下的定义是：散页的连续出版物。这里的关键是“连续”二字。只印一张，不是报纸，只能叫传单。偶然写一条新闻的人也不是记者，只能叫通讯员。

只有当报纸和它的记者连续向某一固定层面的受众输送某一类信息时，才被承认是新闻媒体和新闻人。就像河里的水不停地流动，才称其为河。这河水第一是不停顿，不干枯，第二是平静地、正常地流动。当然也有百年不遇的大水。要在大量的、平常的、流动的信息中捕捉到少数特殊的能够定格下来的信息，这是一件很难的事情，所以名稿、名记者总不会太多。我们既要有一个可遇而不可求的平常心，又要有一个志在必得的积极态度。能一夜出名更好，默默奉献也是很正常的。

记者的多重身份和道德底线

近日，国内数家新闻网站转载了一组新闻照片，这组照片记录了厦门市的一位骑车人在暴风雨中栽进一个水坑而摔倒的全过程。对这名摄影记者的做法，网民们褒贬不一，争论的焦点是记者传播新闻的责任和社会公德心之间应如何平衡的问题。这些讨论涉及的问题也困惑着许多媒体工作者，理应引起我们的重视。面对水坑，记者是只管报道新闻，还是去提醒路人？要回答这个问题，首先要从记者的身份谈起。

记者的身份是多重的。首先他是一个公民，这是自然身份；许多记者还是党员，这是政治身份；作为一名新闻工作者，"记者"是他的职业身份。多重的身份决定了社会对记者的道德要求也是多重的：作为一个公民，记者要遵守法律，要有公德心和同情心；作为一名党员，记者要把群众的利益放在首位，在群众有危险时，要挺身相救；人们当然也会要求记者有较好的职业素质，比如敬业、吃苦耐劳、有较好的专业技巧，等等。但是在道德评价这个问题上，和"公民""党员"这两种身份相比，记者的"新闻工作者"这个身份是排第三位的，不讲公德、没有起码的政治觉悟，职业道德也无从谈起。

再谈一下记者的职业道德底线问题。我认为，记者的职业道德底线是：绝不能以权谋私。记者以权谋私有四种表现形式。第一种是搞有偿新闻，一手拿钱，一手发稿，对这种行为大家深恶痛绝。第二种是搞"有偿无闻"，拿了钱就对社会不良现象隐瞒不报。这两种行为的本质很容易看清。第三种以权谋私的行为就很隐蔽，有着"敬业"的表象，容易迷惑人，这就是：为了自己成名，不择手段地搞报道，哪怕牺牲别人的利益，置别人于险境也在所不惜。这样的"新闻报道"掺进了太多的名利心，是以获取个人利益为最终目的的，这种行为的本质也是记者以权谋私。还以厦门的这个事件为例，如果报社领导说了，"你可以去拍这组照片，但发表时不能署你的名"，这位摄影记者还会冒雨蹲守吗？我想不会的。还有第四种形式是喧宾夺主，玩弄辞藻，借写稿表现自己。

有人或许会说：报道新闻，不是记者的天职吗？这话没错，但有两个问题必须澄清。第一，报道新闻、传递信息的目的，最终是为了推动社会发展，造福群众。在灾难、危险到来时，记者的首要身份是公民、党员，帮助群众避开危险、躲开灾难是第一位的，否则报道新闻的意义在哪里？第二，这位摄影记者所做的，不是“对新近发生的事实”的跟踪报道，而是架机以待，期望幸灾乐祸。这样的“敬业”变了味道，令人心寒，这样的新闻照片背后透出的不良信息，对读者有很大的负面影响。

由此想到，抗战时期，国难当头，有些文人却仍热衷于写些休闲文字，梁实秋就辩解说：“人在情急时固然可以操起菜刀杀人，但杀人毕竟不是菜刀的使命。”厦门的这位摄影记者恐怕也会辩解道：“救人不是我的职业，拍到好的新闻照片才是我的使命。”当事人只强调了自己的职业身份，忽略了其他身份；只想着职业责任，而忘记了作为一个公民应承担的社会责任。如果这种逻辑成立，我们会推理出许多荒谬的结论来：医生可以借口搞医学研究，拿人体来做实验；警察可以为了破案不惜侵害公民的利益。事实上这类事实时有发生，据媒体不久前的报道，某地一名妇女被强奸，警察为了破案，竟让受害人以身引诱犯罪分子现形，导致这名妇女再次被强奸。这样的警察我们会说他“敬业”“责任心强”吗？不会，人们只会谴责他们的冷血和无知。

当前全国上下都在为建设社会主义和谐社会而努力。马克思、恩格斯在《共产党宣言》里说，将来理想的社会是“每个人的自由发展是一切人的自由发展的条件”。上面提到的这位记者，他倒是实现了“创作”的自由，但这种自由是建立在路人的不自由基础上的，这不但有违一般的社会公德，也违背社会发展规律。马克思列宁主义新闻观强调传媒工作者的政治责任、社会责任，在传媒业竞争越来越激烈的今天，加强对新闻从业者的教育显得十分迫切。要通过教育，使我们的每一个记者既掌握高超的采编技能，更有强烈的责任意识，成为一名道德高尚、思想纯洁、受人敬重的新闻工作者。

记者职业四要素，首先要有责任心

我理解，新闻业是一个社会责任很重的行业。它担负着为全社会传递信息、引导舆论的责任，是整个社会进行政治、经济、文化活动必须使用的桥梁和纽带。新闻业至少承担着如下几个社会责任：社会信息的传播，社会道德的建设，舆论监督和社会及历史文化的积累，它甚至还关系到社会稳定和国家安全。我从事新闻工作几十年，如果要问我最大的体会是什么，就是在这个行当里懂得了什么是责任，怎样为履行这个责任来要求自己、充实和改造自己。有了责任也就有了做一个社会人的前提。新闻业是造就一个社会人的理想平台。存在决定意识，长期从事新闻工作的人，自然会历练出这样一些特殊的素质。

第一，他应该是一个有责任心的人。

记者是社会各界的纽带，就他与社会各界的联系之广泛来说，他仅次于政治家，他的一举一动都连着整个社会，一稿发表，读者上亿。记者工作的时候始终是站在社会的制高点，从政治、政策、全局和社会规律的高度出发向大众提供信息。同时，他还负有开启思想、引导舆论的责任。但凡中外名记者、名编辑，无一不是最大限度地忠实履行这个责任的人。这既是一种使命感，也是一种政治觉悟，还是一种职业道德。记者是以天下为己任，他看到每一个可以为之出力贡献的地方都想一试身手。社会的进步就是他们的唯一心愿。一切自私、狭隘、麻木不仁、浮躁随便的品行在这里都会被剔除掉。

第二，他应该是一个勤奋的人。

记者不像其他一些行业，术有所专，这里要博要杂，并且是在不定状态下，靠自己丰厚的学养、敏捷的思维工作，像猎人一样，在目标不定的情况下捕捉目标。生物学家法布尔说过，机遇只给有准备的头脑。这个准备靠耐心的等待和无穷无尽的积累。他的聪明靠无休止的长久训练，勤奋是他的基本的人生态度和起码的工作作风。因此，一切懒惰、散漫、懈怠、得过且过、随波逐流的行为在新闻这个行业里也会被一一淘汰。

第三，记者应该是一个有独立思想的人。

记者思考问题总是从对社会、人民和历史负责的角度出发，他需要在纷繁的事物中挑选有新闻价值的最符合历史潮流的东西。所以他总是在观察、思索、对比。社会进步是他唯一的参照系。他实事求是，科学行事，不会因趋炎而跟风，也不会因逐利而附势。一切平庸、浮躁、唯唯诺诺、人云亦云、敷衍了事的作风在这个行当中都会被逐一淘汰。

第四，记者还应该是一个有追求，有事业心，最终又是一个有所成就的人。

由于他总是觉得责任在身，勤于工作，努力思考，他必然不会时光空过。他可能会有一个抓住大题材并一举成名的机遇，但如果没有机会也不怕，就是在没有新闻的角落，他也会聚沙成塔，积木成林。更重要的是，他的这种职业的社会性会使他有许多建功立业的切入点。记者本身就是一个十字路口的行业。许多老记者后来都成为政治家、学者或者作家。所以我一直以为，新闻是人生最好的一块平台。古人讲立德、立功、立言，在这里三点都可以做到。一个青年人无论学什么专业，无论他将来终生干什么，如果有条件，毕业后最好先当四年记者。不为立业，而为成人。

关于记者站建设和管理的几个问题

在我的新闻生涯中，当驻站记者 12 年，在报社直接分管驻地方记者的工作又 5 年，这还不包括在副署长、副总编任上对记者工作的间接管理。对记者站建设和管理这件事体会甚深。

一个报纸或其他传媒必须有自己的记者，除本部记者外还得有常驻各地记者，以做耳目，及时通报信息。这些驻地记者像什么？好有一比，像采购员，第一任务是采回消息，版面每天在等米下锅；又好有一比，像驻外大使，在当地要全权代表报社，处理各种事务。记者和记者站要以稿为本，但又工夫在稿外，杂务集一身。总社对记者站的要求主要是两条：采稿子，协调关系。

记者站的建设和管理一直是各报社绕不开的难题。难在其机构和工作性质的特殊。

一是“散”，这是必要的。采访如采药、采蘑菇，散开才能工作，才能有所获。近来常有上层机关组织采访团，短时集中行动，轰然如雀，急急如风，一扫而过，其实采不到什么。采稿必散，散而成网，才能有得。但这又带来另一面，得到了稿，却管不住人，俗话说“官怕聚，兵怕散”，兵一散，纪律就不灵了。

二是“小”，一般的站三五人，多的如新华社有几十人、上百人，但大部分记者站是几人，甚至一人。记者讲究的是单兵作战，机动突击，没有听说侦察员带家属，采购员背帐篷的。记者站盲目扩大是一种异化。站必小而精，轻装而有力。但一小（比如只有一个人）就无法实施内部监督、外部对比，很难形成制度管理，主要靠自觉自律。

三是“远”，远离总部。记者站虽是报社一部分，但在单独活动，它与报社的主要联系纽带就是稿件。除稿件外，大都在监管视野之外。靠硬性管理鞭长莫及。

记者站虽小，又分散在外，但它与报社及社会有千丝万缕的联系，工作中必须处理好三个方面的矛盾：一是站与总社，包括领导及编辑部门；二是站与地方，包括地方党政、新闻同行；三是站内各成员，特别是站长与记者间。以上三个特点，三方矛盾，构成记者站建设和管理的主要依据。

前面提到总部对记者站的要求就是两项，完成供稿任务，协调好各方关系。这两点是记者站管理的目标，三个特点、三个矛盾是依据。为此应行四句话、12 个字的管理方针：慎选人、建机制、多交流、强管理。

1. 慎选人。本来一般管理应是制度第一，但根据记者站“散、少、远”的特点，只能选人第一，制度第二。主要靠选好人，这个人能自觉、自律、慎独。多年经验证明，无论什么样的制度、办法、措施，对只有一人、几人的站几乎都等于零。他只要想干、敢干什么，就能干什么。什么制度都不如选一个可靠、本分、自觉的人。

2. 建机制。不是靠制度管，而是靠制度转。要建一个让站里就只剩一个人也能转个不停的机制。记者的第一任务是供稿，记者站建设首要是建起一个自觉写稿、多写为荣、少写为耻的机制。

我接管人民日报社驻地方记者管理工作后，最主要的改革是建立了一个发稿排行榜滚动管理机制，月月公布，年底总排行，重奖前几名。这就保证了士气高涨，稿源不断。只要树起以稿为本这个正气，其他都好办，歪风再大也压不住正气。带队伍的经验重要的一条是让想干事者能干事，想实现自己价值的能实现，只要有了勇敢往前冲的，就不怕有甘愿落后的。100 名记者，只要有前十名总是往前冲，就能保证稿源的不断。

3. 多交流。驻地方记者就像春天里随风飘的柳絮，落地发芽生根。生根好不好？有好的一面，与地方处得好就好。也有不好的一面，关系紧张了怎么办？长期一人擅为，出格又无人管怎么办？说到底，驻地记者不应是柳絮，应是柳树枝，他的根应扎在报社这个肌体上，代表报社利益，行报社使命，听报社指挥。记者长期远离报社，独处一地，如絮落地，必生旁根。记者又是无冕之王，不慎独，就可能生出种种弊端。而且记者又应经常保持一种新鲜感。所以为保护人才、提高效率计，也应定期交流。

4. 强管理。虽然在选人、机制、交流上想了许多办法，最后落实到管理者身上，还是要强，要令行禁止，该奖就奖，该罚就罚，该重用就重用。要害是能形成一种争先恐后的工作氛围。

记者是从事件中走出来的金凤凰

人有话就想说，说而不足就要写，写短文而不足达意就又想写一本书。这大约是做文人的规律。文人中又另有一类名曰记者。他之所说、所写的与别类文人不同。很少花前月下之吟叹，亦少理论逻辑之推断。他只客观捧献事实，并且必是其亲眼所见、亲耳所闻、亲身所历之事。他孜孜以求，矢志不移，日日将这些事件诉诸新闻媒体，传之社会，影响舆论，促进交流，从长远来看，记录历史以明社会兴替之理。论个性，记者确实与追求艺术之美而在情感堆里滚打的文学家不同，与追求学术成就而在书堆里翻山越岭的专家不同，他们终日在事实的堆里摸爬滚打，一身泥水，满脑子问号，竭尽心力，寻根问底。他们的衣食父母是事实，立身之本是事实。记者这个行当的竞争就是对新鲜事实的抢争，即所谓抢新闻，抢其快、抢其新、抢其真、抢其大。所以名记者其实就是名事件的传播者，是因报得大事、新事、奇事、趣事、突发之事、社会焦点之事而成其名。名记，名记，说白了就是记著名之事。当别人不愿意、不敢去或不知道该去采访时你却突发奇招，突出神笔。斯诺因采访中国红军之事而得名，郭超人因采访中国登山队首登珠峰而得名，穆青以采访焦裕禄而得名。我们要明白一个最简单的道理：世上只要有著名之事，就有因传播此事而成名之人，有时就如拣来一个金元宝，一夜成名，好梦成真，名记者到手。毛泽东有句名言：胜利往往是在这最后一下的坚持之中。而记者的成功往往也就在于你敢不敢、肯不肯最后下决心深入事件中去，肯不肯下得这个决心，耐得这份寂寞，吃得这份辛苦，还包括肯不肯勤于动手、动口、动脑，记录积累资源，梳理研究问题。成功往往就是捅破一层窗户纸，就这么简单。

道理说来简单，但行起来不易，就好像说人皆可以成圣贤，但实际上只有极少数人才能成圣成贤。其中原因就是任何成功都需要付出牺牲。记者要想成功就得去亲历事实。而这“亲历”二字中就包含“牺牲”，包含时间、精力、身体、情感、青春甚至生命的牺牲。一个人如果躲避牺牲，当然就不会有特殊的成绩，一个记者如果躲避牺牲，当然就成不了名记者。现在记者中有一种很不正常的现象就是不肯到基层去，不肯到事件中去，而是泡在会议堆里、文件堆里、明星的跟随及其帮闲堆里、“侃爷”堆里、闲话堆里。不是采新闻，而是拾新闻、剪新闻、抄新闻。于是就写稿子不能振聋发聩，做记者不能标新立异，我们的新闻界也就可怜得如风起青蘋之末，满纸尽是打打闹闹、吹吹捧捧、趣闻奇闻的应景文章。文艺家要不要深入生活，虽然还有人在质疑在争论，但在我们记者这个行当却有一条铁定的规则：“不入虎穴，焉得虎子。”

鉴于以上所言之情之理，我们下决心编了这套“中国记者亲历丛书”，意在提倡记者亲历事件，亲达现场，以回归新闻原理，重振新闻强势，推出新闻界名人。历史的进步是一个个前进着的事件的叠加，社会的沟通是通过各种事件信息的传播，这都离不开记者，离不开新闻业。我们说的“亲历”，并不是走马观花，浮光掠影，燕子抄水，而是要求记者尽力深入社会。初历取其信息，可写消息；再历得其知识，可为文章；时日既久，历练渐深，便有思有想，有感有悟，可以成书。三步功成，得道成名，这才是真记者，大文人。所以一个名记者，就描写、叙事而言，其所阅历的大事、大景、大自然之美盖远在文学家之上；就研其事究其理而言，其所悟之大智、大道庶几超乎专家学者。虽然每一个社会的人都离不开社会实践，但读实践这本大书最多最勤，而且能以旁观之态冷静阅读者唯有我记者。我曾说过，一般人读书是手捧书卷，目扫纸面逐字逐行而读，唯记者最有条件读社会这本大书，是人在书中转山逐水、追事找人，在社会事件的行间缝中行走寻觅。这是我辈之所长、之大幸、之特殊优势。我们又有责任将这种因天赐优势而所得之成果呈献于社会和后人。所以，每一个有志的记者，要不辜负这种机会与责任，躬亲敏学，录实记事，勤思多想，不失所得之机，不废所历之事，舒笔成卷，献之社会，功垂后世。

否则，笔锋渐秃，一生将过，小稿不成，大稿不多，一书无成，一名不就。生命眼看如秋叶落地，逝水东流，我们来到这个世界上当一回记者价值何在？所以倡言每一个有志于新闻事业者，在完成平时见报稿之余，勿随手扔弃采访笔记，宜披览信息而求知识，升华知识而成思想。若每一个当过半生记者的人都能写出一本亲历之书献之社会，也就完成了自己的责任，享得一份光荣，也算不枉当一回新闻人。

（本文是为《中国记者亲历丛书》写的总序）

记者要登上重大事件的山峰

天降大任于斯人。青年记者赵亚辉好像专门是为采访突发自然灾难而准备的。2003 年 12 月 26 日，正是我值夜班，已是后半夜，赵亚辉突然打来电话，说天亮后中国地震局有一支救援队赶赴伊朗，请示可否随队去采访。我说可以。连夜借卫星电话，找装备，早晨即飞往灾区，他是第一个到达现场的中国记者。伊朗地震是近几年全球最大地震灾难之一，死亡 3 万多人。他拍了 300 多张照片，记录了 4 万多字。只可惜那次没有出书。

真是巧合，第二年还是这一天，2004 年 12 月 26 日，印度洋爆发地震和大海啸灾难。赵亚辉又是随救援队第一个到达现场的中国记者。正好人民日报出版社要组织一本纪实性的书，他连续三夜加班苦战，和新华社记者翟伟一起，完成了这本书稿。在我们已经从报纸、电视上接触到信息知道了那场灾难表层的现象后，再来读一下记者痛定思痛的书稿，会有更深一层的意义。

自从人类脱离动物界，走出洞穴就睁着一双迷茫的眼睛探寻着自然的奥秘。从阿基米德到爱因斯坦，到现在破解基因，探测外星球，我们已经积累了无数的资料，掌握了无数的公式、定律和规律，也成功地控制和消解过无数次的灾难。但这一回，又让我们大大吃了一惊，谁会想到，印度洋中间一个小岛的地震引发的海啸，会波及千里外的十数个国家，顷刻间将城市、车船、住房和人群像一只巨手抹掉一点烟灰一样地抹去？大自然中所蕴藏的神秘力量和未解知识到底还有多少？但有着数百万年历史的人类毕竟成熟了，再不会去崇拜图腾，膜拜天象，灾难越大，思考就越深。

印度洋海啸让我们想到了人与人之间、民族与民族之间无论有多深的矛盾，也大不过人与自然的矛盾，我们要善待生命；让我们想到了恩格斯的那句名言，人对自然的每次索取都会遭到报复，而这次海啸中有一个小岛，靠着岸边密密的红树林和珊瑚的保护，全岛完好无损，我们要善待自然；让我们想到了生命的旺盛、人的伟大，你看只数十天后，废墟又重新勃发生机；让我们想到了科学的力量，一个在新加坡的科学家，用一部手机就救了大洋彼岸印度的一个渔村；让我们想到了友谊和人性的力量，灾难发生的瞬间，就同时完成了一次全球救援总动员……

赵亚辉和翟伟两位青年记者用他们手中的笔和镜头，用这本书，为这场人类大灾难立了一面碑，会留给我们永远的思考。而人类在自然面前的每一次思考都能引发自身新的进步。就像天花、鼠疫、“非典”等疾病流行引发相关疫苗和药物的诞生，你看一个全球海啸预警系统正在迅速构建。同时这两位年轻记者的工作也为我们的同行引发另一种思考：记者只有登上重大事件的山峰，才能发现自己的事业是多么宽广。

我祝贺这本书的出版。

（本文是为《亲历世纪大灾难》一书写的序）

名记者的四条标准

每一个记者都想成为名记者，这倒不全是为了虚名，因为这“名”代表着你的成就。一个有成就的名记者大约要符合以下四条标准。

1. 有一篇或数篇在社会上产生了广泛影响的代表作；

2. 熟悉某一领域的报道并有权威性，所谓资深记者；

3. 有一定的新闻理论修养；

4. 有一本以上的专著。

这四条标准有三层含义。

第一层，包括第一、二条，你在实践方面要比别人突出，就是说要多写稿，写好稿。而记者工作是一种被动的采集作业（就像原始人的采果捕猎生活，不是种植农业），好题材经常是可遇不可求，所以记者的成名并不完全公平。有时初出茅庐的年轻人一稿成名，而运气不好的老记者十年也没碰到一个大题材、好题材。因此，衡量一个记者的业务实践水平要有两本账：一是有无在社会上引起轰动效应的好稿名稿；二是在某个报道领域有无持续的影响。你可能一锄头挖出个金娃娃，有一篇好稿，但再无下文，名不持久，还不算名记者。你应该是既有一两篇好稿名稿，同时在某一领域又常有好稿。既是一棵大树，但又不是一棵孤树，还得拥有一片树林。这样一个记者的实践才丰满、扎实。

第二层，即第三条，是理论层面。一个人如果只停留在实践层面，只是重复，熟练、快速而已，并不能创新。真正能突破、创新、有自己的个性（风格），必须是在实践的基础上掌握了理论思维，能够自觉地总结自己，借鉴别人，规划未来。他是按航线行船，按规律办事，他的成名不是偶然碰巧，而是水到渠成，能成名更能守其名。作为实践性很强的记者工作，稿件背后要有深厚的新闻传播、写作等理论做支撑，当然最好还应有一点文学、哲学、社会、科学等学科的知识和理论修养。物理学分实验物理和理论物理，虽然许多实验物理学家都得诺贝尔奖，但他们没有一个人不懂理论。参加书法比赛，你可以以草书、行书参赛，但还得附一幅楷书，就是看看你的基本功，避免借“花活”偶然得奖。名记者是对一个记者实践成绩的肯定，但这里也包括支持他的实践业绩的理论。这可以通过他的言论、文章、谈话、作品来考察。

第三层，指创新层面，即第四条，标志是有一本专著。时下记者编书成风，许多人将自己多年发表的稿件汇集成一书出版，这作为纪念性文集可以，作为著作则没有意义。新闻是信息，大部分只起即时作用，过时作废，将作废的文字集成书，除了自我安慰和纪念没有别的意义。许多记者、通讯员自报成绩，说自己多少年发表了多少万字，这不足评，就像你给人说我多少年来吃了多少顿饭，吃饭多并不就是光荣。饭的作用是转化为人的其他创造，如运动员夺了金牌，思想家有了新思路，艺术家有了新作品。像吃饭一样的每日采写播报等新闻实践，应该转化为一个名记者某一方面的创新成果。这可以是一次采访的成果，一种理论的思考，某一方面的研究，等等。而作为文字工作者，这种研究常表现为结晶成一本书。书就是他的名片。但这书要符合两个条件：第一，和记者工作有关，是在记者生涯中产生的作品；第二，不是过时新闻报道的汇集，是一个记者实践积累之后的创新，它超越信息层面而进入知识、思想或审美层面。

一个记者只有从事着丰富的新闻实践，产生了有影响的作品，有较深的理论修养，能将自己的实践和思考结晶为著作，这样他才能称得上是名记者。

（2006 年 12 月 10 日）

以稿为本，发稿排行，状元出国

我自2000年调《人民日报》后即接手记者队伍的管理。当时市场经济思潮正热，各单位还在办公司。《人民日报》，因为牌子硬，各地记者站都能要到资源，不少站搞了经营，大大冲击了采访业务。有一个站给我送来一本他们的广告画册《我们这样盖房子》。我说你怎么不先汇报：我们怎样写稿子？有一个站，财务混乱。新站长去上任，却发现24枚私刻的公章，他怎么也不敢接这个烂摊子。

治理这个局面我推行“一个中心，两个措施”。一个心，即“记者以稿为本，以写稿为中心”，类似邓小平的以经济建设为中心。两个具体措施。一是，实行发稿排行榜。记者见报的稿件，依据版次、条目位置，全部换算成稿分。100多个地方记者，每月大排行一次，正式公布。年终奖金兑现，前几名重奖。二是，年终排行第一名者跟随领导出国一次。

依据规定社领导每年可出国一次，并决定团员人选。我的访问团中总为基层记者留一名额。此事引起极大震动，这种待遇从来没有过。南京站的一位年轻记者，外事局通知他回京办护照。他不相信，说你们在开什么玩笑？还接着在乡下采访。结果因他迟办手续，差点误了全团大事。我分管记者部几年，每年都有一个写稿状元享受这个待遇。竖起标杆，就有方向。这“一个中心，两个措施”，四两拨千斤，极大地调动了记者的写稿积极性，复苏了记者心中的荣誉感。工作作风、效率幡然改观，当年上稿量即增加42%。

这项改革的最大受益者是年轻记者。一般进报社的大学生，特别是驻基层站的记者，论资排辈，五六年内很难出头。从采访资源到发稿关系，他们都不占优势，经常会受到屏蔽。而记者手中唯一的出头利器就是稿件。因此要创造条件，让每一个记者都有使用这件利器的公平机会。这就像中国古代的科举制度，保证每一个寒门子弟都可能成为状元，从而形成人才的上下流动。排行榜实行后，很快形成了以稿为本、写稿光荣的氛围，许多新人脱颖而出。一个新来的外地大学生连续几年排名在前，还被社领导看中，招了“驸马”。我开玩笑说，你们家得感谢我的新政策。一个从外地调入的驻站记者，频频居全社榜首，被驻地省委看中，调去任省报总编，后又任宣传部常务副部长。

夜 班 篇

难忘今宵

更深人静，渐入子时。值班编辑手扶桌面，轻敲电脑，偶抬头，见窗外白雪妆京城，灯火红万家，忽然想到今日是正月十五元宵节。

年年有正月，岁岁闹元宵。中华民族传统的元宵佳节也随我们古老的民族历经艰辛与光荣，一起进入崭新的 21 世纪。锣鼓喧天狮龙舞，花灯人潮不夜天，元宵节是一个点——人们春节休闲狂欢的高潮点；大雪还在纷纷落，梅花已自绽笑颜，元宵节是一条线——大地冬去春回的分界线。你看田野里踏雪送肥的人群，路途上民工回城的车流，城里机关、企事业单位、商店，重又双门大开，文电飞传，客户如织。大地伸伸懒腰开始复苏了，休息过的人们又重新运气使力准备干活了。所以，这元宵佳节又是我们向新一年冲刺的起始点、起跑线。

报纸天天出，夜夜有子时。今天的子时不平常。今年的元宵节正当世纪之初，又逢我国“九五”结束，“十五”开篇。正是旧节新历，一点分开两世纪，祖国进入新千年。华灯高照，又见前路新目标，喜别温饱奔小康。想此刻祖国广袤大地，北雪南绿，东海西峰，普天同庆佳节喜，万民齐歌好日子。同一时刻，一样心情，却万种欢乐，当别有一番风景，另有一种新意。于是心念一动，打开我报驻各地记者网，将镜头切换至东西南北中几个点上，果然精彩纷呈，好一个神州千年良宵夜。于是我们编了这组元宵子夜即景，算是本报夜班采编人员向全国人民贺节的一份薄礼。同贺同喜，共庆共勉，共度良宵。

夜夜有子时，今夜子时最珍贵，特走笔以志。

（《人民日报》2001 年 2 月 8 日）

新闻是报纸的主体

9 月份即将过去，这是一个大事特别多的月份，联合国千年议长大会、千年首脑会议，李鹏同志出访 20 天，“九五”宣传活动，领导人外事、考察、会议、讲话等都较多。各部各版配合很好，尽了最大的努力，但同时也使一个矛盾突现出来——《人民日报》可调动的新闻版面太少。由此可以看到报纸的改革势在必行。

《人民日报》一个月的总版面约 208 块，专版占去 109 版，剩下的版面又分成广告、国际、领导人活动等版块，这样与读者贴近的重大政治、经济、社会新闻就再没有多少版面。每天虽 12 块版（节假日更少），但夜班总共能编的也就是 1、4 版和 2、3、5 各半块版（常要扣广告、文章等），一般的经济、政治、文化消息，只能在各自的半块版上挤。各专业部的新闻尚且用不出去，地方记者的新闻就更难挤上。每天夜班初上，总编、部主任、主编围着那半块画样黑板抓耳挠腮，如热锅之蚁；记者催稿电话铃声不绝；遇有“转活”（指前面的稿子转后面版），各版寸寸相争。报纸是新闻纸，新闻却在报上难以找到安身之处，每晚掌握经济、政治、文化一方的各版主编，只有半块版的阵地，而值班老总和总编室主任也只能在 1、4 版上做点文章。连举每日各版之力都做不到，何言举全社之力办报?

从发行角度讲，长年看不到当地新闻和贴近自己生活的新闻，用户当然订报积极性不高，报纸发行工作便成了无源之水。从稿源角度讲，前一段千方百计调动起来的记者写稿积极性也恐难持久，这将潜伏着下一轮的稿荒。现在看来，采编不分、专版过多、报纸杂志化、新闻地盘太少已成了提高报纸质量、争取读者、扩大发行的瓶颈。报纸的改革必须先从这里开刀。1997 年报社掀起的一次改革调研就说改革采编不分、专版过多是“当务之急”。时过三年，明日复明日，早已见怪不怪，急而不急。但客观规律却不饶人，报纸订数在急速下滑。

报纸是信息载体，无新闻、少新闻，就无读者、少读者，舆论导向、指导工作、教育宣传、批评监督等功能就都无从谈起。机关报应善于将党的政策、指示，上面的精神转换成新闻形式，诉诸报端，吸引读者，争取读者。就是言论也必须有足够的新闻相配合，才能立得住。一张报纸的副刊、广告等也都是只有在新闻性强、读者多的情况下才可能争取到好的作者和众多的广告客户。新闻是报纸的主体，报纸以新闻为本，抓住了这个主体，才能言其他。机关报改革的关键，就是怎样运用新闻这种传播最新事实和信息的手段来体现党的机关的意图，引导舆论，从而达到统领群众、共建“四化”的目的。这要从两个方面来抓：第一，要版面保证；第二，改进文风。现在版面不保，发行不旺，采编积极性不高，改革文风就更无从谈起。这方面许多兄弟报纸早已有了成功的改革，而我们还总是议而不决。

当务之急是发行季节已经来临，如全面改革一时不能启动，可应急每周抽出 4 个专版，专发经济、政治、地方和综合新闻，可统一由总编室机动掌握。总编室作为一线阵前指挥部没有预备队可用，很难相机行事。有了这几块版，可将越积越大的新闻存量导泄一部分。一方面，缓解一下记者编辑的无用武之地的情绪，以慰其爱报、为报、办报之心；另一方面，满足各地盼望上《人民日报》的焦渴之情。当然，根本还是为提高本报的质量，完成党中央机关报的任务。

（2000 年 9 月夜班）

注重策划，为改版练兵

2002 年 12 月是党的十六大闭幕后的第一个月，又是 2002 年的收官之月。《人民日报》的报道内容有如下几个大的版块：

1. 深入宣传贯彻党的十六大精神。头版头条位置开设了“认真学习贯彻十六大精神”专栏，通过刊发各地干部群众结合当地工作实际学习大会报告的体会，进一步宣传党的十六大精神；连续 10 多天以重要版面报道中央宣讲团在各地宣讲的情况，及中央领导在宣讲团出发及回京时的接见情况；发表了 9 篇大型理论文章。

2. 以胡锦涛为总书记的新的中央领导集体开始工作。怎么掌握好公开报道的角度和分寸，宣传好新的中央领导集体，是 12 月遇到的新课题。经认真摸索，推出一些重要版面。主要有：胡锦涛同志出席《宪法》颁布 20 周年大会、胡锦涛同志率书记处同志到西柏坡考察学习、中央政治局集体学习和中央政治局讨论农业问题等。

3. 八个民主党派和工商联换届选举。分别以重要位置报道了会议消息、党中央的贺词，刊发了《人民日报》社论。

4. 围绕贯彻经济工作会议开辟“经济形势好　年底传佳音”专栏，在头版连续报道经济战线的大好形势。

5. 开辟了“扶贫济困送温暖”专栏。大量报道各地关心困难群众的送温暖活动。以上两个专栏从上旬开始一直持续到年底。

除完成好以上几个版块的报道外，12 月份的报道还有以下两个特点值得一提：

1. 注意综合策划。随着新年改版锣鼓的敲响，各部都有一些策划小练兵。在策划中都能注意突破原来的编采不分模式，编辑部和前方记者配合作战，大空间调动兵力，多次对接主题，取得了前所未有的新效果。如国内政治部《纪念〈宪法〉颁布 20 周年》特刊（4 日 10 版、11 版）动员了 3 地记者，教科文部的《“校校通”全国大扫描》

（20 日 6 版）动员了 8 地记者，都取得了很好的效果。此条经验，2003 年还要继承发扬，特别应将专栏约稿方式固定下来，发展“订单稿业”，还可以扩大到社会作者队伍中去。

2. 临近年终，各部都主动对自己报道范围内的要闻进行大盘点。经济部、国际部发了年终经济和国际形势的问题系列专稿。记者部从一年来记者发表的 5 000 余篇稿中选出有影响的 16 篇，制作了《2002 本报驻地记者报道精彩回放》专版（25 日 5 版）。教科文部分教育、文化、科技、卫生·环境等版块制作了年终专版（27 日 5 版）。策划好年终专稿、专版，既是对我们工作的检阅，也是对读者的交代。通过回顾，我们也检验出一些有影响、有生命力的好稿，这可以作为 2003 年制定报道计划的参考。

2003 年《人民日报》改版一是增加信息，二是加强针对性，注重群众关心的热点问题。机关报易染上机关作风，表现在版面上就是从上向下灌的内容多，来自最基层的反馈少；综合多，典型少；专业部编采不分的稿多，用记者稿少。12 月份的练兵在这几方面都有突破。专业部与记者的几次配合在稿件质量和时效上都很见成效。有的是连夜电话约稿，第 2 天完成，由于空间大，跨度大，大大增强了版面的视觉冲击力和信息涵盖面。记者部、教科文部在对一年用稿的回放中也检验出只有那些典型的事件新闻、人物新闻才有生命力，有些综述、专访、文章很难被人记住。2003 年要继续加大新闻量，并已决定开辟五版《视点新闻》，国内政治新闻和教科文新闻都由隔日一版，增扩为每日一版。相信扩版改版后的《人民日报》会更好看。

（2002 年 12 月夜班）

非常时期的非常策划

春暖花开时节，非典型肺炎疫情突发，一时间抗“非典”成了全国最大的事。决战5月的大致脉络是月初突发疫情，一线吃紧，救危抢险。到中旬全面防控和各方协同支援开始升温。下旬以后疫情开始回落。综观《人民日报》5月的全程策划，顺利完成了一个起承转合的过程：起于疫情突发，承于全民抗战，逐渐转向正常报道，合于民族精神大发扬。

2003年，中国出现的非典型肺炎疫情，史无前例。此属公共卫生突发事件，如战争，如洪水，是社会危机。在党中央领导下，全民奋起，抗击“非典”，扭转危机，这必将载入史册。《人民日报》作为党中央机关报，在指挥这场战役中起着特殊的作用，5月夜班也就有了特别的意义。全月共发抗“非典”稿子1 725篇，约占总发稿量的1/3强。其策划和工作有这样几个特点：

一、五线并举，有主有次

4月23日国务院决定成立防治非典型肺炎指挥部。全国抗“非典”工作进入高潮。4月28日人民日报社成立抗“非典”报道领导组，协调各部力量，统筹稿源和版面。5月夜班的抗“非典”报道从一开始就提出“五线并举，有主有次”。这五条线是：

(1) 中央的声音，包括中央召开的有关会议和领导人视察、讲话等消息，这是主线。(2) 医疗部门救治病人的消息，这是前线。(3) 各地政府组织抗“非典”和各行业支援抗“非典”的工作消息。(4) 言论，这是本次报道战役中舆论导向的旗舰。(5) 相关知识。“非典”是第一次出现、人类还没有认识的疾病，知识普及非常重要。本月报道一开始，就注意到这一点。上旬主要是配发防病抗病知识，中旬以后随着《突发公共卫生事件应急条例》出台又增加了相关的法律知识。全月报道这五条线贯穿始终。但五条线有主有次，中央的声音是主线，其余按医疗、外围、言论、知识，顺序而下。

夜班有一张每日抗“非典”稿情滚动分析表。回头一看，其曲线升降如一张心电图，真实记录了全国决战5月的情况，包括中央的指挥轨迹和各方各界的行动缩影。从表上可以看出来，5月1日发稿37篇，到月中的16日为最高点，发稿99篇，5月31日又回落到24篇。“中央声音”始终是本月报道的主线。从中也可以看出中央指挥这次战役及时、果断，领导人几乎每天都出现在第一线。全月除11、25、26日三天没有领导人指挥抗“非典”的消息外，其余日子都有见报。正好16日也是见报最多的，共8条消息。这也说明月中是战役的关键。报纸版面是社会风云的晴雨表，现将5月稿情分析表附后，为这一伟大的全民抗病决战纪实存真，也为编辑记者的辛苦留一张影。

二、起承转合，有节有序

5月决战抗“非典”有一个发起、高潮到渐次收尾的过程。报纸版面的策划运筹也有一个配合中央决策、引导舆论的过程。总的来讲全月做到了起承转合，有节有序。全月报道大致有四个阶段：

1. 第一阶段，即第一周，病发突然，主要是报道中央的紧急决策，各医院的收治情况，医护人员在第一线与死神的拼搏。这一阶段新开栏目有“奋战在抗‘非典’第一线”，稿件以反映医护人员的通讯报道居多。

2. 第二阶段是进入第二周后，随着一线稳住阵脚，群防群控、物资供应、组织协同等，渐成工作重点。5月7日报道了国务院召开全国农村“非典”防治工作会议的消息，报纸亦开始加强“各方协同　共抗非典”专栏，稿量逐渐转移。

3. 第三阶段是战役重心的逐渐转移，即两手抓。一手抓防治“非典”，一手抓经济建设。疫情是突发事件，抗“非典”是暂时的。对任何突发事件引起的战役报道，都要预想到下一步向正常报道的回归。让热度很高的抗“非典”报道转入正常的经济和其他工作的报道，这是一个要小心把握的软着陆过程。随着疫情相对稳定，5 月 8 日及时发表了《一手抓防治非典　一手抓经济建设》的评论，然后逐渐插入经济报道，造成报道内容此消彼长的渐进效果。最后，5 月 28 日头版发了三峡工程验收的消息，推出长篇通讯《库区巨变》，借 6 月 1 日三峡水库将要蓄水这件大事，彻底从视觉上转移了读者的阅读焦点。至此已实现了报道重点转移。

4. 第四阶段是战役收官。抗“非典”战役不单纯是一场与疾病的斗争，它折射着社会的方方面面，最后已演变成一场激扬民气，检验国力，教育国民的大战役。所以当战役一出现转机就发表了长篇评论《筑起我们新的长城——论抗击“非典”的伟大精神》（5 月 15 日），然后就立即着手组织全景式的收官报道。这些稿在月底前已陆续发表，共四篇：《冲锋在前　党的旗帜更鲜艳——万众一心抗“非典”系列报道之一》（5 月 20 日）、《应对危机　经济后盾显威力——万众一心抗“非典”系列报道之二》（5 月 21 日）、《打破坚冰　科学技术当大任——万众一心抗“非典”系列报道之三》（5 月 23 日）、《关注农村：构筑抗“非典”大战线——万众一心抗“非典”系列报道之四》（5 月 30 日）。至此，决战 5 月的抗“非典”报道战役基本结束。

新闻就是信息的叠加，一个好的阶段性的报道策划，就要依据客观事实和形势的变化，依据读者阅读焦点的转移，及时增减、替换新闻内容，更新主题，将读者不知不觉接引到新的彼岸。这是一个形势、读者、报纸三方互动的过程，但报纸要积极发挥自己的主观能动性。

三、打破常规，有破有立

“非典”流行是突发公共卫生事件，自新中国成立以来还无前例，新闻报道也是初次应对这种事件。于是在用稿调版面方面也有一些破规之处。

1. 开设专版，多辟专栏。进入 5 月，《人民日报》2 版已实际上成了抗“非典”专版。每天设固定的疫情通报栏，发有关消息。其余各版也都配合自己的版面规定和读者对象各自增设专栏。如政治版的“抗击‘非典’——我是共产党员”、经济版的“一手抓防治‘非典’一手抓经济建设”、卫生版的“来自定点医院的报道”，甚至国际版也开辟了“外国人士看‘非典’与中国经济”。5 月各版关于抗“非典”的专栏共有 13 个之多。

2. 该长则长，该短则短。本月比过去的长稿要多，最长有 9 000 多字。但每天在要闻版都坚持发一些数百字的小特写，捕捉“非典”时期的非常镜头。这些稿子生动活泼，常使夜班同志在编稿时就击节叫好。如 5 月 7 日《不必返乡避“非典”——一位偷偷返乡民工的心声》（记者：戴鹏）。评论方面，有 6 000 字的大文章，也有百十字的小言论。真正做到了长篇气势恢宏，短稿尖锐生动。

3. 不拘一格，大胆用原始材料，大胆调版。如 5 月 16 日第 5 版，记述一位因挽救病人而染病在床的好医生的通讯《战友，请绕开我倒下的“雷区”》（记者：白剑峰）。通讯全文引了他给战友的一封信，读者反映强烈，三天后又应邀发表了他致病人的另一封信。本月还大胆发了多篇整版通讯，以树立抗“非典”英雄的形象。还将一些本已上了文艺版的诗文大胆移至要闻版刊出，这在过去也很少见。

4. 采写方式独特。因“非典”传染性强，到第一线采访很困难，许多稿子都是经电话、电传、电子邮件传回来。中期又直接派记者深入病区，穿着隔离防护服在现场采访，发回一批珍贵的很感人的稿件，这也增加了本月夜班的传奇色彩。抗日战争时期有一首很有名的歌，叫《五月的鲜花》。60 年后，同样在民族危难时刻，我们 5 月夜班的全体编采人员又重新谱写了一首《五月的鲜花》。鲜花献给在抗“非典”斗争中最可爱的人。

［附］

《人民日报》2003 年 5 月抗“非典”报道稿情分析表

单位：篇

	中央声音	医疗一线稿（含典型）	北京抗非工作稿	外地抗非工作稿	各方协同抗非稿	言论稿	相关知识稿	图片	其他（含国际）	合计
1 日	7	1	3	0	10	3	0	7	6	37
2 日	2	2	5	0	16	3	0	7	11	46
3 日	2	1	1	2	9	0	0	3	1	19
4 日	1	2（2）	1	0	7	3	0	1	3	18
5 日	1	2	3	3	10	1	0	3	4	27
6 日	1	2	3	8	17	2	1	9	7	50
7 日	3	5	3	4	23	3	2	9	7	59
8 日	2	2	2	4	19	5	4	7	6	51
9 日	3	3	2	6	28	3	1	12	8	66
10 日	3	4	1	10	32	4	3	10	7	74
11 日	0	4	1	8	6	2	2	8	4	35
12 日	4	6（1）	1	6	23	6	1	24	13	84
13 日	7	5	1	7	24	6	2	14	16	82
14 日	1	5（2）	1	8	32	7	7	14	9	84
15 日	5	4	2	5	21	1	7	17	16	87
16 日	8	7（1）	2	6	23	6	8	20	19	99
17 日	2	2	1	7	13	3	2	4	16	50
18 日	5	2	1	7	7	3	1	4	4	34
19 日	2	4	1	17	13	5	7	24	12	85
20 日	5	5	2	8	20	4	3	17	5	69
21 日	5	5	1	6	20	6	10	10	18	81
22 日	6	6（1）	1	5	14	6	2	8	13	61
23 日	2	3（3）	2	5	10	3	3	9	11	48
24 日	1	6（1）	1	7	9	4	1	4	13	46
25 日	0	5	2	7	8	1	1	12	3	39
26 日	0	4	2	8	14	4	5	12	6	55
27 日	1	2	3	8	6	6	3	7	7	43
28 日	2	6	3	11	15	5	3	12	13	70
29 日	1	2（1）	2	1	13	3	2	6	18	48
30 日	2	4	1	3	16	5	4	10	9	54
31 日	3	1	2	4	5	0	1	4	4	24
合计	87	112	57	181	483	122	86	308	289	1 725

2003年5月31日 星期六 第二版

人民日报

要闻

绝不麻痹 绝不松懈

——全国防治非典指挥部工作组一日纪实

开辟抗击非典的"第二条战线"

——北大心理学专家指导人们正确应对非典

构筑起坚固的心理防线

短评

国家旅游局宣布

六月份有限制开放国内游 七月份起开始恢复入境游

北京非典疫情得到有效控制

民政部通报社会捐赠接收分配情况

捐赠快讯

沈阳推出防非典规程

中国环境监测总站专家认为

三峡水库蓄水后水质不会恶化

商务部发布公告提醒

各类经贸人员进入伊拉克仍需谨慎

卫生部公布非典型肺炎疫情

至5月30日我国内地累计报告5328例

每日疫情通报

卫生部公布非典型肺炎疫情
至5月30日我国内地累计报告5328例

序号	省别	临床诊断病例									疑似病例			
		新增		累计	其中医务人员		治愈出院人数		死亡人数		新增		排除	合计
		数目/（其中由疑似转为临床诊断）	最后报告日期		新增	累计	新增	累计	新增	累计	数目	最后报告日期		
1	北京	6（5）	5.30	2520①	0	398	78	1006	1	177	6	5.30	44	760
2	河北	1（1）	5.30	216②	0	22	6	146	0	12	0	5.29	8	13
3	山西	0	5.26	450	0	80	10	335	0	21	1	5.30	3	18
4	内蒙古	0	5.26	284	0	41	10	141	0	28	0	5.24	4	78
5	辽宁	0	5.24	6	0	2	1	2	0	2	0	5.22	0	3
6	上海	0	5.23	8	0	0	0	2	0	2	0	5.28	0	1
7	四川	0	5.23	19	0	0	0	12	0	2	0	5.25	0	1
8	湖北	0	5.19	7	0	1	0	4	0	1	0	5.28	2	10
9	广西	0	5.18	22	0	0	3	16	0	3	0	–	0	0
10	天津	0	5.17	175	0	67	17	77	0	14	0	5.20	14	76
11	吉林	0	5.17	35	0	7	0	19	0	6	0	5.24	0	7
12	广东	0	5.17	1511	0	346	1	1439	0	57	3	5.30	5	49
13	江苏	0	5.11	7	0	0	0	3	0	0	0	5.18	1	8
14	甘肃	0	5.11	8	0	0	1	5	0	1	0	–	0	0
15	安徽	0	5.10	10	0	0	0	9	0	0	0	5.15	1	3
16	陕西	0	5.09	12	0	1	0	9	0	0	0	–	0	0
17	浙江	0	5.08	4	0	0	0	1	0	0	0	–	0	0
18	河南	0	5.07	15	0	1	1	10	0	0	0	5.26	0	3
19	重庆	0	5.07	3	0	0	0	1	0	0	0	5.11	0	4
20	江西	0	5.04	1	0	0	1	1	0	0	0	–	0	0
21	宁夏	0	5.03	5	0	0	0	4	0	1	0	–	0	0
22	山东	0	4.22	1	0	0	0	0	0	0	0	5.09	0	1
23	福建	0	4.08	3	0	0	0	3	0	0	0	5.07	0	1
24	湖南	0	3.29	6	0	0	0	5	0	1	0	5.03	0	2
25	黑龙江	0	–	0	0	0	0	0	0	0	0	5.04	0	2
26	新疆	0	–	0	0	0	0	0	0	0	0	5.27	0	2
合计		7(6)	–	5328	0	966	129	3250	1	328	10	–	82	1042

每日疫情通报

①北京3例原临床诊断病例转为疑似病例。

②河北排除原临床诊断病例1例。

金秋里的收获

10 月，时属金秋，正当收获。本月夜班收获了三条重大新闻，并做了相关策划。这三件重大事件分别为十六届三中全会召开、“神舟五号”载人飞船上天和国务院召开常务会议研究粮食问题。

一、三中全会：政治大事，细细落实

10 月 11 日至 14 日，十六届三中全会召开，通过了《中共中央关于完善社会主义市场经济体制若干问题的决定》。宣传落实三中全会精神是本月报纸版面的第一重点，其策划的切入点是：认真解读，狠抓落实。解读靠言论指导，落实靠新闻导向，共分三条线展开：

一是从理论上阐述十六届三中全会的意义。共拟 5 篇评论，23 日、24 日、27 日、31 日连发 4 篇，11 月 3 日又刊出 1 篇。

二是具体解读大会文件。于 27 日、28 日、29 日、30 日连发 4 篇。

三是采写新闻，报道典型，用最能体现三中全会精神的工作信息来引导舆论，指导更具体的贯彻落实。共开设了 4 个专栏：“深化体制改革抓好第一要务”，于 10 月 28 日头版首发，当月共发 3 篇；“加强党的建设提高执政能力”，于 10 月 28 日 10 版首发，当月共发 3 篇；“注重发展生产关心群众生活”；“创造和谐环境　维护安定团结”安排在 11 月份刊出。

二、飞船上天：特大喜事，特别策划

我国首次载人飞船“神舟五号”上天是中华民族扬眉吐气的大事，是要隆重载入史册的。新闻是明天的历史。怎样重重记录这一笔，是本月夜班的重头戏。其策划的切入点是：振奋、喜庆，真实、权威。从三个方面进行组织：

1. 抵近现场搜求新闻。

为满足广大读者对此事件的信息需求，也为能给后人存一部信史，在飞船发射前两个月，本报即开始部署采访力量，准备相关资料。发射过程中的四个关键位置酒泉发射场、北京指控中心、内蒙古回收地和南大西洋测量船都有记者进驻，形成了一个周密而又最抵近现场的新闻采集网，所以能形成快速密集、全面的报道。除即时消息外，还以整版篇幅同时刊出京外三地记者的现场感言，更为亲切真实。飞船落地的前一晚，在京记者即在指挥部守候。当飞船落地时不但能抢到最新消息，而且在当时现场庞杂、多家媒体争报之时，能与指挥首长直接沟通，校准信息，准确发布。

2. 三刊并举，规模空前。

对这件空前的大事，在版面上给了足够的空间。除当日的正刊头版、2 版及国际等版隆重报道最新消息外，同时还策划了《号外》和《特刊》。《号外》为快速传达特别事件的传统形式。一般《号外》为抢时间都在事先印好。事成则发，事败则废。因此常失之于语焉不详。这次为如实记载飞船成功回收这一历史性大事，在京城多家媒体都已提前印出《号外》的情况下，我们沉着应对，后发制人，直等到飞船着陆传回图片才付印。最后签发时间是 16 日晨 8 时 30 分，记录了最新最实之信息，刊用了航天员出舱的珍贵照片及准确着陆点，在各媒体《号外》中最具收藏价值。17 日所出之《特刊》共 7 个版，在《人民日报》的《特刊》出版史上也是规模最大的一次。

3. 刊发了最权威人士的最权威文章。

从一开始策划就要求版面要有权威人士、权威文章，以便凸现这个事件的历史性意义。17 日《特刊》独家刊发了航天员杨利伟落地后为本报读者题词的手迹，发表了钱学森、杨振宁和载人航天工程总指挥李继耐、两弹元勋程开甲写的贺词，还有总装备部副政委朱增泉亲自为《人民日报》写的 1 万多字的专稿，详细记录了我航天工程的前前后后。

三、粮食问题：平中有警，提起注意

10 月 21 日，国务院召开常务会议，研究、部署增加农民收入、保护和提高粮食生产能力的问题。夜班得到这一信息后连夜部署，第二天即有报道。我国已多年粮食丰收，国库充盈，不少部门粮食安全观念渐渐淡化。此事报道策划的切入点是：警醒、务实。平常我们说民以食为天，说农业是基础，但版面上“农稿”一直偏少。过去常有按农时春种秋收报道，谓之“四季歌”，后来认为是老套，早已不唱。殊不知，这样却放松了人们对农业的关注。近几年一些地方出现了乱占滥用耕地，忽视粮食生产的情况。现在国务院及时做出部署，提醒注意保护耕地、重视粮食生产，这是我国经济工作中一项有战略意义的大事。新闻媒体要用新闻信息，用基层的新情况及时给全国特别是基层干部、农民传递一个信号，以引起其对这个隐患的重视。加上农时紧迫，此事要见快、见实。在这一点上不但要体现《人民日报》作为传媒旗舰的导向作用，更要体现作为党中央机关报的工作指导作用。为此，夜班及时要求采编部门组稿，并调度版面。在胡锦涛主席出访，1 版头条紧张的情况下，于 24 日挤出一个头条综合报道——《保护提高粮食生产能力　高度重视秋播冬种工作》。25 日 2 版刊出通讯《科技助农增产增收——“农业科技年”活动纪实》，26 日报眼位置刊出抢抓小麦播种消息。30 日以头条位置刊出《我国冬小麦播种面积比预计增加，吉林粮食产量将超 225 亿公斤，比上年增 5%》，并在报眼发表本报评论员文章《高度重视秋冬种工作》。直到月底，每天都有相关报道。温家宝总理对此予以充分肯定。

这次关于粮食问题的报道策划较好地体现了党的意志和人民的心声的统一，也较好地体现了如何运用新闻规律指导工作，服务大局。

（2003 年 10 月夜班）

“收官报道”圆满，“视点新闻”有亮点

2003年12月大事主要有两件。一是中央接连召开了两个大会：全国宣传思想工作会和全国人才工作会。本报都在头版以通栏篇幅做了重点报道，处理得大方庄重。二是纪念毛泽东同志诞辰110周年。这是一次小的报道战役，从12月23日至29日连续报道了中央和地方的一些纪念活动，发表了胡锦涛同志的长篇讲话，理论部、文艺部还制作了两块专版，深切表达了全国人民对毛泽东同志的崇敬和缅怀之情。

岁末将至，一年的“收官报道”，是本月版面的主要特点。

一、各部各版精心编发年终专稿

国内政治部16日至26日共发7篇；经济部22日至29日共发6篇；教科文部16日至23日共发6篇；国际部15日至31日共发13篇。另外，教育·科技·卫生版、国际版、文艺版和体育版都拼发了年终回顾专版。各部认真筛选，精心编排，很得好评。其中尤以教科文部12月29日的回顾专版创新感更强些。这是继2002年以来制作的第二块年终回顾版，编辑对这种形式的运用已更加成熟并有新的创造。该版的特点是把握住了政治高度，通栏主题，言论领头，然后分成科技、卫生、教育、环保四个版块，全年工作一目了然。最有创造处，是每个版块都有“关键词”“事件”和“我在现场”三部分，体现了新闻规律，突出了记者贴近实际的采访作风，也符合读者回顾阅读的习惯。经过对这四条战线全年大事的精心筛选，读者从新闻事件中感受到了祖国前进的步伐，同时还感到是记者与他们同行，对党报会生出一种亲切感。这既是我们工作的年终总结，也是在与读者同庆同贺，胜利的喜悦与年节的欢乐跃然纸上。12月23日的体育年终回顾版也很精彩。

二、安排头条工程稿圆满见报

作为党中央机关报，抓好头条工程是传达党的声音，组织动员群众完成党中央提出的战略任务的重要舆论手段。机关报是传媒的旗舰，头条就是舰旗。为贯彻落实十六大精神，宣传“三个代表”重要思想，2003 年《人民日报》共规划了三轮头条工程。进入 12 月后仍有一些稿件没有发出。12 月夜班一开始即有意识地加大力度，见缝插针，有机会就推出头条工程稿，从 19 日起又改为双头条。到 31 日止，全年共发头条工程稿 116 篇。本月共发出 18 篇。

其中 19、25、29、30 日四天都用了双头条。除北京、珠海两地外，所有省市的头条工程稿都已见报，为全年政治任务的完成画上一个圆满的句号。

三、“视点新闻”有亮点

刊发于视点新闻版（5 版），由驻新疆记者王慧敏同志采写的为民工讨工钱的一组连续报道是本月年终报道的一个亮点。本组稿件共 9 篇，从一个普通民工找到记者站，无奈地倾诉年节将至却拿不到工钱开始，一步步追踪报道，直到民工高高兴兴地工钱到手，并全县举一反三，开展为民工追还工钱大检查。故事情节曲折，文章详略得当，观点鲜明。读这组报道我们至少可以得到这样几点启发：

1. 坚持“三贴近”，抓群众最关心的问题。年终为民工讨工钱，这是一个焦点新闻。符合机关报“三点一线”选材法：中央有这方面的文件和精神，群众有强烈要求，记者又找到了一个最典型的事实。既有政治高度，又符合新闻规律，也符合 5 版的版性和风格。

2. 问题开掘得深。新闻的“新”，就是“快”和“深”。作者在“深”字上做文章，层层开掘。文章一开始，本来是为民工讨工钱，又引申到为工程承包人讨工钱，解决“三角债”，再引申到改进机关和干部的作风。一件小事引出政策调查和制度、作风建设，主题越挖越深。

3. 记者作风既深入又顽强。文章刚发之初，并没有想到会连续报道。但撕开裂口后，战果就逐步扩大，变成了一场不大不小的战斗。

记者不辞劳苦，越战越勇，后方的版面策划指挥亦进退有方。从遭遇战开始，而后演变成一场持久战、攻坚战，最后终于取得胜利。情况复杂，战局多变，时时考验着记者、编辑的意志和采编艺术。

4. 为批评报道提供了一个范例。此报道做到了“三找准”：找准了社会焦点，找准了政策依据，找准了典型事件。

5. 为编采分开提供了一个范例。5 版是率先实行编采分开的实验版，一年来成绩显著。此事更看出新机制的效率和生命力。

6. 密切了党报和群众的联系。此稿发表正当年末岁尾，收订来年新报之际，此稿大大增加了市场阅读率。相信在新疆地区和有民工的地方，报纸一到都会争相传阅。这组报道较好地体现了党的意志与人民心声的统一。这样的稿件再多一点，报纸就会有更多的读者。每年于年终之时选择发一些这类好稿，对发行工作也会有利。

(2003 年 12 月夜班)

满版春色关不住

一年之计在于春，在全年的 12 个月中，春 3 月对于我们国家来说，特别重要。这是因为：(1) 每年在这个月份召开“人大”“政协”两会，部署一年的政府工作，是个行政春月，检视上年的工作成效，进行本年的决策与动员；(2) 每年这个月正是春耕春播的大忙之时，是个农时春月，秋天收成的好坏，国库的丰盈程度，全待此月的运筹。人民群众、广大读者对本月报纸传递的信息格外关注，作为担负着指导全国工作责任的党中央机关报，本月版面承载的任务也就格外沉重，运作编排也较多费心。

今年 3 月版面特点是，较集中地体现了机关报的个性——议大事、传决策、明社情。

一、突出国事报道，精心组织“两会”新闻，是本月版面的重中之重

“两会”报道是 3 月国事报道的核心，大致有三个版块的内容：(1) 会议新闻；(2) 代表委员建言；(3) 会议文件。我们在处理这三大内容的报道中，有两个特点。(1) 给予足够的版面，声势浩大，浓墨重彩。“两会”中共用版面近 80 个，“两会”及会后中央的重大决策文件共用去版面近 20 个，总计占全月版面总数的约四分之一。由此也可以看出本月在全年工作中的决策运筹作用。(2) 虽是报道高层会议，但注重反映来自基层的声音。在“两会”报道中，除了程序性报道、领导人活动报道外，我们在头版专辟“基层代表委员的心声”专栏，很受各方关注。其中有一些篇目常被放入各新闻网站的首页。“基层代表委员的心声”专栏虽已连续多年，但今年有所不同。一是确定了三条标准：选人物瞄准县以下的基层代表委员；议国是要言之有物，体现议政水平，泛泛唱赞歌的坚决不上；篇幅要短，一般 200 字左右。

二是坚持会议期间不断线。从总编辑到版面编辑，上下齐心，想方设法，确保了这个专栏的“出镜率”。会期 12 天，共刊出 10 次，计 36 篇。在整个议国是报道中，修宪、科学发展观、农业问题、未成年人道德教育问题等，形成一个个重心，重要评论和新闻报道相互呼应，形成强势。此外本月先后刊发本报评论员文章 10 篇。

二、讲政治、顾大局，精心策划主题新闻

本月要闻版的新闻策划，紧扣中央、地方和群众一致关注的重要主题。

粮食问题报道，是本月国是报道中的一大重点、亮点，也是夜班策划力度最大的选题。围绕稳定基本农田、增加粮食种植面积、落实国家相关政策、增加农业投入、扶持春耕生产、保证粮食运输等各个方面问题，做了相当充分的报道，有效地宣传了中央的决策，配合了国务院的工作，引导了舆论。3 月中旬“两会”报道一结束，特别是节令一交春分，要闻版的春耕报道立即升温，并始终保持一定热度。每天都有相关稿件推出，各地记者努力挖掘今年春耕的新特点，精心写作，夜班精心选稿编稿。夜班认为，要从讲政治的高度理解和落实中央对粮食问题的一系列新决策。提出“春光一刻贵如金，抢农时就是抢收成，编好版就如种好田”。还自加压力，提出一个上稿标准：“力争头版每天有，不断线”。特别是版面紧张的后几天，做到了“保持晚节”，对这个专题关注到底。到本月的最后两天，3 月 30 日，刊出政治局召开会议研究支持粮食主产区和粮农的政策措施的报道；3 月 31 日，中央政治局集体学习强调农业基础地位不动摇，国务院公布九项助农保粮措施，粮食问题报道进入高潮。本月从 3 月 15 日到 3 月 31 日，共刊出三农特别是粮食问题报道 75 篇，大大高出去年本月的同题发稿量。

其他成功的专题系列策划还有未成年人教育问题、“3・15”打假，等等。

三、把握敏感问题，务使不出偏差

本月敏感问题较多，首当其冲的是风云变幻的台湾地区领导人选举。在相关报道的把握上，一方面严格遵守报道纪律，另一方面与主管部门主动沟通、多方协调，主要事态发生的几天内，不断与中宣部和国台办保持联系，做到了信息灵，反应快，报道准确、适度。同时做好各报对版工作，较好地引导了舆论。

钓鱼岛问题的报道，重点把握，轻重有度。开始是低调反应，当社会上出现一些过激反应时，及时调整报道基调，适度突出了我外交部的声音和措施。其他的敏感问题如农资价格上涨及相关问题、香港问题等等，也把握得较好。

四、编排质量全面提高

1. 周刊呈现新气象。

本月以来，周刊质量在一个高平台上运转。《教科文周刊》《经济周刊》《民主法制周刊》《新农村周刊》等都有十分成功的主题策划，新闻性、思想性、可读性三者兼容，版面表现形式上也有新的探索。

2. 引起反响的好稿多。

本月给人留下深刻印象的好稿多。以下旬为例，如头版头条《新疆生产建设兵团实现历史性跨越》（作者：王慧敏）、《一拨就灵解民忧》（作者：何伟），5 版《模范村支书雍宗满》（作者：刘裕国）、《南京：免费纪念馆遭遇新课题》（作者：顾兆农），国内版言论《贪官的嘴巴秀》（作者：夏长勇），社会观察版《一次性“卫生筷”何以保卫生》（作者：梁孟伟、鲍洪俊），体育版《73 岁的主攻手袁隆平》（作者：周立耘、彭国华），11 版《“龙芯”的成长日记》（作者：胡伟武），13 版《四亿元欠债是怎么来的》（作者：李红梅、罗宗昌、张晓鸾）等。

3. 图片报道，质量有提高。

图片报道一直是本报有待提高的着重点，摆拍多、新闻弱、时效差，是几大通病。从本月来看，图片的质量有了一定的改进。（1）新闻图片的亮点——5 版的“瞬间”和体育版的“动感”专栏，继续保持良好势头；(2) 国际版的照片很注重新闻性与画面美观的协调，成为一种常态；(3) 各版不时有精彩组照或单幅的新闻图片，夺人眼目，处理上也渐渐有出新之处。

尤其值得一说的是 1 版图片的改进，成效明显。以下旬而言，3 月 22 日、23 日、28 日的 1 版连续刊出新闻性强 (事件新闻)、时效性强 (当日新闻)、画面质量高 (抓拍)、导向正确的四优新闻图片，这是非常不容易的。本月以来，1 版的同志把选好新闻图片当作一个重要工作，紧紧抓住不放松，每天都有专门编辑花时间精选照片。好照片虽说“可遇而不可求”，但只要咬住目标不放松，就有所得。

总的来说，3 月的报纸，较集中地体现了机关报的特色，整体上质量不俗。月末前的几天，编前会评报气氛热烈，研究空气渐浓。3 月 26 日那天，评了近一个小时，大家一致认为本报好东西多了，也好看了，质量提高颇为明显。到月底时，群工部收到了一封读者来信，叫《报摊惊现〈人民日报〉》，是湖南省双峰县委宣传部的同志写来的，真实地记录了本报在报摊受到普通群众欢迎的事实。这在过去是很少见的。我们把它刊发在 29 日 4 版，标题改为《报摊喜见〈人民日报〉》。一叶知秋，可以看出广大读者对编采人员辛勤劳动的肯定。

(2004 年 3 月夜班)

6月夜班的三点思考

一、凡人典型，拨动每个人心中的那根弦

6 月份报纸的最大亮点是公安局局长任长霞的报道、豫剧名家常香玉事迹的报道，这两位人物的报道都在版面上引起长久的反响。常香玉因塑造花木兰著名，任、常这两位河南女英杰，不让须眉，是现代花木兰。报纸年年月月有典型，这次的典型更动人，真正打动了全国人民的心。任长霞去世，一个只有 60 万人口的登封市，就有 14 万人主动为她送葬。她的事迹一见报，整整一个月，来信、来稿，甚至散文、诗歌、歌曲一起上，读者自发颂英雄，这是过去的典型报道中极少见的。从中我们可以得到两点启发：

(1) 典型人物一定要按普通人来写，千万不要拔高、重塑，要自然真实。这次《人民日报》重发任长霞在网上的对话，发亲友、群众的评述都亲切真实。这是过去典型报道中少见的材料。(2) 典型要能回答群众关心的问题，典型一定是一个社会焦点，并且要有答案。任长霞是一位基层县级市的公安局局长。既是官，又是手握枪杆子的官，还是一名女官。干群关系、公安腐败问题，一直为群众所关注。任长霞这样一个身份的人，她的事迹正好回答了该怎样“执政为民”。演艺界一直有一种脱离生活、脱离群众的浮躁奢华之风，常香玉则回答了一个演员台上台下该怎样做人。一个典型对问题的回答面有多广、多深，这个典型的影响面、感染力就有多大。一般典型见报时都有“两挑”：挑时间，避开周末、假日，或与其他大消息碰头的日子；挑版面，要头版。但任长霞稿见报的 6 月 3 日，恰遇有其他大新闻，“天时”不好；稿子只好登在 5 版，“地利”不利。可是影响前所未有。孟子说“天时不如地利，地利不如人和”，关键还是人和。好典型就是要能拨动每个人心中的那根弦，要能让人都自动来相和。任稿第一次见报虽然版次、位置不好，仍引起强烈共鸣，本月共发有关任长霞的后

续稿件51篇，势不可收。

二、头版是脸，头条是眼，报纸要抓硬新闻

《人民日报》16个版，每次签样，检点各版内容都感到可看的东西实在不少，许多文字也很有魅力，但为什么又常有人说不好看，不爱看呢？关键是好头条不多。20年前，社会上就流行一句话："看书看皮，看报看题。"择其首要，先入为主，这是阅读规律。对一张报纸来讲，头版是脸，头条是眼；对一个版面来说，头条是脸，标题是眼；对一篇消息来说，导语是脸，标题是眼。这可谓"新闻三眼"。要认识一个人，或者为吸引别人，脸和眼自然是最重要的。但是种种原因，我们的报纸各版头条硬新闻少，这张"脸"或"眼"就少有吸引力。

什么是硬新闻？可考虑至少三个条件：一是事件，二是时效，三是受众。我一直主张这个新闻定义："受众所关心的新近发生的事实的信息传递。"受众、新近、事实、信息、传递，共5个要素，我们择要取其三，再不能少。这样一衡量，许多会议、综述、专访、决定、总结等报道就很难是硬新闻。它们是将要干的事，不是已发生的、做完了的事；是事物的概貌，不是事物的具体纹理。这类消息上头条，冲击力自然就小。当然重要会议新闻，也可能有冲击力，这要看信息含量的多少。最终的检验标准还是受众，这是硬新闻三要素之最。

本月夜班强调各新闻版尽量消息打头、硬新闻打头。头版头条，从本月起，再不发固定设计的"头条工程"，而是选即时即效的硬新闻。如25日的头条《瞄准市场需求盯住效益不放　山东力保种粮农民增产增收　上半年农村人均收入增幅首次超过城镇居民》。就是处于小巷深处位置靠后的各版也都精选硬新闻。如6月25日11版头条《一千多万部手机进入淘汰期内含有毒物，151个城市开始绿色回收处理》，就很实，有受众。

三、要关注党政大事，新闻人就是政治人

毛泽东曾有名言：要政治家办报。作为机关报更要讲政治。我们

要理直气壮地讲：机关报就是围着工作转，就是跟着中心工作走。而工作总是逆水行舟，解决难题，节节推进。机关报就是这逆水之舟上的一叶桨，要合着拍子，一下一下地划。

时交 6 月，年将过半。国家的经济计划完成得如何，宏观调控得如何，这与个体的读者可能关系不大，但这些问题最终都会直接或间接地影响到每个人，机关报有责任及时向群众解释清楚。本月在头版重要位置连发了 4 篇《论进一步贯彻中央加强宏观调控方针政策》的本报评论员文章及一系列经济与发展的动态消息。如 24 日头版头条《国家宏观调控取得七大成效，经济运行中不稳定因素已得到抑制，仍有五个矛盾和问题比较突出》，就处理得很醒目。

“田家少闲月，五月人倍忙。”本月正值农历五月，是夏收大忙月，也是检验去冬今春我们加紧调整耕地、粮食政策的效果的时候。本月版面一有空就刊发这方面的消息，由于提前策划，在 8 日头版即发了一篇《夏粮增产来之不易》的述评和《全国夏粮丰收大局已定》的消息。本月共刊发保护耕地、粮食及农民增收方面的稿件 98 篇。

以上这些报道见证了中央决策的正确，也让全国人民受到鼓舞，让干部更懂得科学发展观的重要。

(2004 年 6 月夜班)

大事大势，方显大报本色

媒体很多，分工不同。有的主要为读者传递身边的信息，特别是物质文化生活方面的信息。如都市报、晚报、娱乐性的杂志和广电节目等。随着社会繁荣、人民生活稳定，近年传媒服务性、娱乐性内容大增。但是社会生活中每日还在发生着一些离一般读者较远但涉及国家政务、经济运行、社会进步、国际关系等方面的大事。这些宏观信息虽不像衣食住行那样与读者贴近，但却关系到社会进步、国家利益，似远却近，似虚却重，最终还是会影响到每个人的命运。这方面的传播任务由谁来担负？在我国现行报业结构中，只有各级党的机关报能担此大任。

《人民日报》作为执政党中国共产党中央的机关报，是中国第一大报。报道好国家大事，传播好主流信息，为国家民族留一部信史，负有不可替代的责任。2005 年 10 月的版面就是最好的例证。

10 月为第四季度首月，向来是国事繁忙、大事较多的月份，今年尤甚。本月大事有："神舟六号"飞船发射成功、十六届五中全会召开、"十一五"规划建议发表、第十届全运会举行、全国隆重纪念台湾光复 60 周年、纪念联合国成立 60 周年、全国精神文明建设表彰大会召开等。这些并不是每天、每年都会发生的事，这是在全国甚至国际范围内、在一定历史跨度内发生的大事。它们有里程碑的意义，可以载入史册。它们是民族精神、国力强盛和社会进步的标志。另外还有两个重要人物（巴金和荣毅仁）在本月离世，在社会上引起反响，亦是较大新闻。安排好这些大事，还有其他重要事情是 10 月夜班的一大特点。这些事件的当日都在头版有的还是在头条位置发表。为强化效果，本月围绕这些大事还组织了特刊、专版。现列表 1、表 2 如下：

表 1　　10 月版面重要文件、讲话全文一览表

1. 中共中央十六届五中全会公报	12 日头版
2. 中共中央关于制定国民经济和社会发展第十一个五年规划的建议	19 日 1—2 版
3. 中国的民主政治建设白皮书（国务院新闻办）	20 日 10—12 版
4. 放射性同位素与射线装置安全和防护条例（国务院）	24 日 8 版
5. 在纪念台湾光复 60 周年大会上的讲话（贾庆林）	26 日 2 版
6. 在全国精神文明建设工作表彰大会上的讲话（李长春）	27 日 2 版
7. 全国文明城市（区）、文明村镇、文明单位名单（中央文明委）	28 日 13—14 版
8. 全国精神文明建设先进工作者名单（中央文明委）	28 日 14 版
9. 中华人民共和国个人所得税法（全国人大文件）	28 日 5 版

表 2　　10 月版面重要特刊、专版一览表

1. 中华再造善本介绍	10 日 14—15 版
2. 2005 年亚太市长峰会	11 日 13—16 版
3. 第十届全国运动会	12 日 13—16 版
4. “神舟六号”飞船发射成功	13 日 13—16 版
5. 2005 年亚太市长峰会	14 日 13—16 版
6. “神舟六号”飞船胜利返回	18 日 13—16 版
7. 中国东盟博览会	19 日 13—16 版
8. 纪念中国人民抗日战争胜利暨台湾光复 60 周年	25 日 14 版
9. 贯彻党的教育方针全面推进素质教育专家座谈会	28 日 16 版

以上共用版面 43 块。

本月共刊出版面 356 块，扣除广告版面 69.625 块，实用报道版面 286.375 块。为大事特别组织的新闻报道之外的专版占本月有效版面的 15.02%。

我们现在说得较多的一句话是“提高核心竞争力”。竞争力是综合的，但总有最核心的部分。一个企业的核心竞争力是它有自主知识产权的产品，物以稀为贵，唯我独有，所以能占领市场，压倒对手。一张报纸的核心竞争力，就是它的独家稿件和独有的策划。人未能有，

人莫能比。大报、主流报不与小报、都市报比奇闻、趣闻、花边新闻。俯瞰全局，记录历史，说大事、议大势方显大报本色。本月《人民日报》站在全国全局高度所选的这些大事，及其大策划、多版面的制作，独显大报风范，保持一贯权威，凸现其高屋建瓴、高出一筹的竞争能力。当然这更是一种政治任务和历史责任。

（2005 年 10 月夜班）

2005年10月25日 星期二 第四版　人民日报　要闻

“深山信使”王顺友感动万国邮联

开展“保持共产党员先进性教育活动与党的先进性建设”征文活动启事

巴金同志生平

把版面的“眼睛”做亮

2 月是全年最小的月份，只有 28 天，再加上前半月还沉浸在春节的兴奋中，应属新闻淡季。但本月夜班贯彻总编办公会强调抓新闻的思想，仍有积极创造，这就是探讨如何把版面的新闻“眼睛”做亮。

一、画版先找眼

文有文眼，诗有诗眼。版面也有“眼睛”，这就是版上最引人注意的稿件。读者打开报纸，总会有一处亮点先吸引他的目光。一个版面好不好，首先看有没有这个亮点，如果没有，这个版就是块“盲版”。读者一翻即过，编辑辛苦白费。第一道工序，在画版阶段，就要有找眼意识，先问哪条消息是眼，无眼不拼版，为版找好眼。

版面是脸，头条是眼。按常规，最亮的消息应占据头条位置。这样，稿借位势，位助稿威，内容优势加区位优势，一篇好稿的效力就可发挥到最大。2 月 13 日 10 版（政治版）的头条《四川查出 3.7 万人“吃空饷”》（作者：郑德刚）就是一篇占据头条的“眼睛”稿，它符合 10 版的政治版性，触及改革的一个深层问题——政府自身的改革。构成“眼睛消息”的条件是一大、二新，大问题，新信息。这个问题读者思考既久，今天版上突见，如老友重逢；或者虽未想到，一见心中一动，暗吃一惊。总之要有“一亮一惊”的效果。这条消息既是大问题，又是新信息，就振聋发聩，有警醒作用和指导意义。当日各大网站转载，国务院秘书长华建敏批示，全国开始清理“吃空饷”专项行动。

虽然最亮的稿子应在头条，但各种原因又常做不到这一点，这时就要考虑在其他地方补一篇“眼睛稿”。2 月 17 日 11 版的《王选遗愿》及评论《为何一生能安心》（作者：卢新宁）虽只发在左下角，但仍是全版的最亮点。王选是名人，况且其遗嘱又很有思想深度，但在名人去世时发遗嘱全文，《人民日报》还是第一次。

再退一步，万一在文字稿中仍找不到“眼睛稿”，也要找一张好图片做最后的争取和补救。

“眼睛稿”有时在没有打扮前只明眸微亮，如玉在璞，亮度不够，这就要进一步打磨加工，不要轻易出手。2 月 19 日头版双头条位置《山东推出引黄供水新模式》（作者：苏长虹）是讲我国首次将工、农业用水分开供应、分开计价，是对母亲河黄河管理的一项大改革，事关生产、生态、生活和城乡关系。2 月 17 日头版报眼位置《陕西七成灌溉农田实现节水》（作者：王科）对干旱的西北及我国农业的发展模式来说都是大事。这两条消息原来都是新华社的简讯，已经上版。看版时觉得大有潜力，就撤下简讯，约本报驻当地记者重写，第二天见报，给予重要位置，大放光彩。

二、眼睛对焦点

画完版后，进入编稿程序。一篇稿，特别是“眼睛稿”，怎么做亮？先要对焦点。上对中央精神，下对民情，中间是记者提供的典型的新闻事实，三点一线，稿子才能亮起来，亮得纯正大方。这亮光既要能照清问题，还要能照出一定的距离，才能起到导向、指导作用。这是机关报不同于一般都市报的亮处，此“亮”非彼“靓”。

2 月 12 日头版头条《福建全省推行林权制度改革》（作者：蔡小伟）就是这样一条好稿。林权问题一直是我国林业体制改革的难点、重点，由于林权及相关改革不明确，影响了群众的造林积极性，林农私下砍、烧树，造林劳模负债等事屡见不鲜。有几句顺口溜：“林主放火，政府救火，干部打火，群众观火。”可见群众对有林无权的反感，林农对树木已失去了兴趣。现在有一个省在全省范围内实现了林权改革，这是多么重大的新闻。是典型的三点一线式的“眼睛新闻”。当天画版时就引起我的注意，并当即赶配了评论。第二天《福建日报》全文转载，福建省人民政府还正式发来公函，向《人民日报》表示感谢。随后在当月召开的全国林业工作会上，宣布将在全国推行三个方面的林权改革。可以看出，真正的亮稿，同时也应该是一篇重稿。这一盏灯照亮了一大片。

我们讲编稿时对焦点，是指要“外连三点一线”，“内聚主题一点”，上述福建一稿，虽也谈到林地流转、造林成绩、林农收益等，但总不离“林权改革”这个主题。一篇稿不管它重要程度如何，一定不能主题摇摆，目光游离。常见的毛病是，作者窃喜于已得到的一个好题目、好例子，甚至自感得意的一句话、一个词，硬削足适履往上贴。这稿子就左眼望东，右眼望西，散光而不聚焦，因小巧而失大真。这些毛病本月夜班也有所见，需要编辑帮助聚焦对光。

三、做题要抢眼

第三道工序是做题。我 30 年前当记者时社会上就流行一句话：“看书看皮，看报看题”，可见标题的重要。稿件是脸，标题是眼，一条消息对读者的冲击力，大约是题七文三。要想稿子亮起来，标题就要抢眼，要抢在所有文字的前面，抢在读者的脸前。怎么抢？不能疯抢。第一种情况，工作消息、重大成果消息要堂堂正正，庄重大方，将最重要的信息摆在读者眼前，身正自生威。千万不要过多修饰，画蛇添足，画眉反碍眼。福建一稿，原题先是“福建林地完成明晰产权”，不通俗也不够有力；二稿“福建林权制度改革带来生机无限”，“生机无限”一词不是事实本身，形容词上主题画眉碍眼。见报题“福建全省推行林权制度改革”，强调“全省推行林权制度改革”，让人为之一振，有捷报和口号的效果。《陕西七成灌溉农田实现节水》《四川查出 3.7 万人“吃空饷”》都是这一类型。

第二种情况是新经验、新思路一类的新闻。这时新思想大于新事实，就要把思想、思路直接做到题上，不是用事实而是用思想去抢眼。如 2 月 16 日 13 版头条，讲煤矿职业教育和安全生产的《先上学后下井，变招工为招生》、2 月 7 日国际版一稿讲转换能源思路的《欧盟启动生物酒精燃料示范项目　汽车将从“喝油”改为“喝酒”》，都是这个类型。

以上讲了画版选稿，编稿对焦，定稿做题，这都是工作程序，贯穿着编辑的责任。编辑的责任是什么？就是尽力让稿件效能最大化。一稿到手，画版、定位、编稿、救稿、做题、配评论、配图、选字、用线等等，都是为着这个“最大化”。记者风风雨雨采得一篇稿，千里迢迢传回编辑部，编辑要像接过一个十世单传的婴儿一样，点滴哺育，小心打扮。千万不敢使之夭折，成为埋藏在稿堆中的伟岸之材。

四、留住众人眼

我们强调版面要有眼，把版面上的“眼睛”做亮，这实际是一种方法，是对编辑规律和新闻传播规律的探索，目的是让读者喜欢看我们的报纸，借助传播规律普及有益信息，引导舆论。所以前三眼，全是为了最后一眼：“留住众人眼。”报纸办得好看不好看，到街上的阅报栏前看一看就知道，哪一块版前注目的人多肯定哪块版就好看。

要问 2 月夜班的收获，可以概括成这样一首《画版眼睛歌》：

画版先找眼，眼睛对焦点。做题要抢眼，留住众人眼。

（2006 年 2 月夜班）

6月夜班三题

6月夜班头版头条稿共30篇，结构分析大致如下：胡锦涛及党中央的工作新闻12条（分别为1、6、7、14、15、16、17、18、25、28、29、30日）；反映省市地方工作的14条（分别为2、3、4、5、8、9、10、12、13、19、21、22、24、26日，涉及18个省市）；通讯4条（10、20、23、27日），内容分别为救灾、军队、卫生和教育。其印象较深，可资思考借鉴的有三处。

每临大事有静气

14、15、16日在上海召开的“上海合作组织”元首峰会，是一件大事。上海合作组织由我国发起，已成立五年，由最初的国际反恐合作已发展到多项合作。当今世界处多事之秋，美国一家独霸，“上合”组织渐现其沟通协调、维护和平、促进发展的重要作用。“上合”本由我国发起，今年又逢成立五周年，由我国做东再聚上海。共有9位国家领导人到会，环球注目，意义重大。此项活动为今年我国举办的三大国际活动之首。处理这种大事报道要充分准备、冷静沉着。进入6月以来，编辑部多次参加中央有关方面的通气会，修改制定方案。临到报道之时，北京总部和上海华东分社紧密配合，分别抽人组成统一采访组，提前两天进驻现场。要特别一提的是，除北京夜班外，实际上又组成一上海现场夜班，一名副总编和一名总编室副主任在上海指挥现场采访，及时沟通上面意图，预提方案与北京夜班不断对接。15、16、17日夜班是到5：30才签大样。共发峰会文字稿40条，照片多幅。这几日的头版堪称经典版面，可资以后类似活动参考。同时夜班也热心向兄弟报纸提供“对表”服务，上海《解放日报》怕“对表”不准还派员到夜班跟班，也和我们一样晨6时才下班。各方配合，圆满完成了任务。

一版一稿总关情

本月反映地方工作的 14 个头条，全部是关心群众生活、以民为本、创新工作方法的内容。其中以 9 日头条，《辽宁确保“零就业家庭”相对稳定就业》为代表。这条稿在上版速度上也创了纪录。从记者部直发夜班总编，到上版大约只十分钟。所以能一路绿灯，就是因为稿子好，各个环节所见略同，都抬手放行，得以荣登头条。

新闻的本质是信息，不是思想，也不是艺术，是新发生的事实。要用事实去说明思想。常见的毛病是，把一条消息当言论来构思，总怕人不知道观点和概念，到拟题时又当文学来作，求其巧而忽其质。辽宁稿没有过多旁白，而全用事实：失业人员电脑联网管理、入户调查、就业承诺、具体就业指导等。全用事实来体现思想，是机关报工作消息头条的较好典范。标题制作亦体现新闻事实为主，不巧不虚，质朴庄重，但又能传达工作思路：

肩：动态管理多管齐下

主：辽宁确保“零就业家庭”相对稳定就业

副：已对 14.3 万户“零就业家庭”实施就业援助，承诺 20 日内为有就业需求的家庭提供合适岗位

其余 13 个头条大体都接近这个水平。一版一稿，传达着各级党委以人为本、关心群众生活、改进工作的新信息。

于无声处听惊雷

月月夜班版相似，夜班月月稿不同。夜班编稿除发好计划内大稿和常规稿外，还要主动发现有指导意义的好稿，拔大将于卒伍，选新秀于未名。这是夜班体现创新精神的着力点之一。本月夜班体现这种思路的代表稿有记者龚永泉所写《灌南麦秸未收先俏》，发于 4 日头版左下。麦子是我国仅次于稻子的粮食作物，小麦好吃，麦秸却难处理。麦收后火烧麦秸，造成大面积环境污染。年年禁而不止，农民也不愿

烧，但没有别的出路。这与循环经济、节约型社会的理念大不相符。《灌》稿是讲江苏灌南县 10 万亩麦子还未收，就有板材加工厂来田间收购麦秸期货，不但消灭了污染源，还使麦农每户增收 200 元。这篇稿正常流入稿库，静候选用，没有特别说明，也未电话催问。但夜班还是快速选用并上头版。是编辑于无声处听惊雷，感到了此稿的潜在影响力。灌南十万亩麦田可以这样做，全国有 3.3 亿亩麦田，又将如何？本稿指导意义巨大。它将启发人们观念和工作思路的创新。果然，到 6 月后半月，河北又出现火烧麦秸、烟熏北京城的事件，省政府又是紧发通知制止，又是推广新技术（见 26 日 6 版）。

一项新技术、一个新观念、一种新生产方式的推广普及也许要数年、十数年的时间，但新闻就是要先声夺人，新声导航。记者要善写这类稿，编辑要善发现这类稿。草色遥看近却无，于无声处听到惊雷，是为新闻。

与上稿有同样意义的，还有鲍洪俊所写，发于 24 日头版同样位置的《从漏斗到聚宝盆》，是谈机关后勤改革的。

（2006 年 6 月夜班小结）

栽者有其权　百姓得其利（编后语）

党中央强调，要让人民群众享受到改革发展的成果。读完这篇报道，福建林农因改革致富的激动场面让人心头甜甜的，久久不去。与当年的土地承包制一样，林权制度改革也是一场深刻的变革。执政为民，以人为本，我们一切改革都是为着群众的利益。

编完这一篇报道，又有几件往事浮上心头。20 世纪 80 年代，记者采访一位造林模范，他穷数年之功，将千亩荒山变成了林地。为了寻求资金的再投入，他贸然砍了几棵树，却因此由功臣变成了罪人。这是产权不明晰带来的悲剧。20 世纪 90 年代，西北出了几个有名的治沙英雄，但他们亲手建起的“绿色银行”，无法提现，成了没有经济回报的吃钱老虎，自己则成了愁绪满怀的“负翁”!

现在，我们欣喜地看到了在福建全省推开的林权改革：以法律形式颁发林权证，建立林权流转平台，农民可依法将其拥有的林木所有权和林地使用权流转、买卖、变现！造林者的积极性调动起来了，“绿色银行”活起来了，林农的投入，每天都在阳光下增值!

马克思说：人们为之奋斗的一切，都同他们的利益有关。又说：分配关系是生产关系的表现。我们欣喜地看到，以人为本，生产关系的调整是怎样又一次带来生产力的解放。当栽者有其林时，广大群众潜在的造林积极性就极大地调动起来、释放出来，百姓富了，山绿了，生态好了。一个多么有效的举措!

(2006 年 2 月 12 日凌晨夜班为头条
《福建全省实行林权制度政策》配言论)

一剪梅·报社夜班

遥夜如水灯静照，
窗外星光，桌上电脑。
夜班昨夕又今宵，
钟摆漫摇，键盘轻敲。
闲拍电话等新稿，
车声迢递，东方破晓。
长夜最是把人熬。
白了青丝，黑了眼梢。

（2006 年 2 月夜班）

标　题　篇

先学走，再学跑；先准确，再生动

新闻写作为求生动常用比喻，尤其在标题上更多见，为的是叫你眼前一亮，赶紧抓住报纸，细读全文。但这比喻的前提是要准确，然后才谈得上鲜明、生动。

有这样一个大标题《28个“婆婆”逼良为娼》，是讲煤矿安全的。婆婆怎么会逼自己的儿媳为娼呢？不合常理。作者只顾到管理者与煤矿的“婆媳”关系，没有顾及婆婆与媳妇的伦理关系。

还有一篇稿是讲过去打官司，行政、公安、法院、检察院都自设鉴定机构，常常互相打架。近来全国人大通过一个决定，这类鉴定机构统一由司法行政部门登记，相对身份独立。作者用了两个比喻性的小标题。一是《从“各自为战”到“统一入学”》；二是《从“行政血统”到“市场血统”》。由“各自”到“统一”是相对的，但“入学”则不好。入学才是取得个学习资格，而鉴定应是学成毕业已经有独立的身份。从执法部门自我鉴定到专门部门独立鉴定，这不是从计划到市场的转变，它主要是一个从权责不分到权责分明，“运动员”“裁判员”分开的转变。作者没有搞清基本概念和逻辑关系。后来见报标题改为《统一鉴定人和机构的登记管理》，小标题改为《统一调整鉴定机构》《统一规定执业活动》。

这种貌似生动，细推敲却站不住脚的比喻不但不能加深读者对文章本意的理解，反倒另生歧义，影响读者的集中阅读，好比走在一条路上，本来街面整洁，绿树成荫，但路边的墙上、电杆上却闪出一些无关的杂乱的小广告，叫人分心和不悦。

为什么会出现这种弄巧成拙的现象呢？原因在作者的兴奋点没有集中在对这条信息本质的挖掘上，而是集中在弄巧、出彩上。这种情况一般都是作者先想到了一个好的比喻，心中窃喜，以为亮一手的机会到了，摩挲把玩，不忍舍去。于是削足适履，宁肯脚疼一点也要穿上这双漂亮鞋。过去我曾专写过一文《勿因小巧失大真》，专谈这种现象。

列宁曾有言“比喻总是跛足的”。对比喻不能苛求完美。但新闻与文学不同，文学是形象艺术，属积极修辞，新闻是消极修辞，要求准确、鲜明、快捷。在这个基础上如有可能再求一点文学效应。作者拟题时的切入点应该是先准确地抓到这条信息的本质，再确定是直接说还是借比喻曲说。“直”与“曲”都是为了文意更明白，而不是为了出“花”。好的比喻应该能强化主题的准确性。比喻做得不好有两种。一是不准确，有疑团，让读者多一层思量，反而干扰了对主题的阐述；二是在准确上虽没有大错，但没有更深一层的引申，对比不强烈，也不能算成功，不如不比。比喻要避免原地踏步，近亲结婚，要远缘杂交。越是貌似不沾边的事物，如能准确地比出一个道理，就越生动，越成功。比如《人民日报》2005 年 9 月 22 日头版曾有这样一条消息：

肩题：市场供地货币直补 自主购房透明运作

主题：日照市经济适用房变“补砖头”为“补人头”

文章是说调整政策，从给盖经济房补钱，变为给住房人补钱，就是在准确的基础上传神，引导人们更准确地理解这一消息的主题思想。

（2005 年 9 月）

未成稿时题为梁，成稿之后题为眼

记者在采访时，随着材料接触的增多，就开始打腹稿，开始提炼主题。提炼主题的同时，也会提炼标题。这个阶段，标题和主题往往是重合的。标题是主题的最集中表现，是用最少的、最形象的文字概括出来的主题。这个构思中的标题就是整个文章的大梁，是撑起文章的支柱。所以我们说“未成稿时题为梁”，有了这根梁、柱，心里就有主心骨，不会来回犹豫，空耗精力，这样可及早地进入构思和写作过程，胸有成竹，收事半功倍之效。

平时我们说标题是眼睛，主要是说见报之后。其实，标题的作用是双重的，未成稿时题为梁，成稿之后题为眼。

有句俗语“上梁不正下梁歪”，一组房子、一个大的宫殿，肯定有一个主梁。作文好比盖房，我们在构思稿件的过程中，首先要思考的就是这根大梁。2005 年 9 月，我带记者组赴陕西以“科学发展观”为主题进行采访，采访时大家一直研究、思考陕西的变化。慢慢发现有两个点。一是生态的变化。过去砍林造田，破坏了生态，现在要恢复谈何容易，可能要十几年甚至更长时间，因为树要长，有周期。但陕西的生态建设使人震撼，也让人感动。第二个变化是，生产发展了，人民生活富了，日子更红火了。

采访组采访时，看到陕北沙漠边缘树绿了，陕南中药材开发了，西安发动机厂自主创新打入国际市场了，汉中地区丰收的苹果红了……所有这些材料最后都集中在一个主题上，就是生态变了，生产发展了，人民生活变好了。

当然，从主题向标题过渡，主要是文字上更讲究、更形象，但再形象也不能离开主题。最后采访组提炼出这样一个标题“绿了黄土，红了三秦”。我原来特别想找一句“信天游”作标题，这主要是从“眼睛”功能考虑，有陕北个性。但信天游形式上美，有个性，却找不到与文章内容贴切的句子，只好不用。于是套用宋词的“红了樱桃，绿了芭蕉”，有了现在这个标题。这一“绿”一“红”，反映生态变化、事业发展、生活兴旺，完全起到一个大梁的作用。“上梁正了”下梁自然也竖了起来，几个子标题也有了，材料就可以很好地驾驭。

绘画有“画龙点睛”之说，画形和点睛可以分开，文学作品也可最后点睛。新闻报道则不行，它主要是提供信息，不是审美，强调写实、导向，又要速成。所以构思标题和提炼主题是一个同步对接的过程，主题越来越清晰，标题也就水落石出。标题有两个效果：一是一看标题就知道文章的主题，因为标题即主题；二是一读标题，就有个性，能够吸引人，标题即眼睛。

标题刚开始是梁是柱，并不意味着直接拿一根大梁就可做标题。就像盖房一样，用梁把房子撑起来盖好房后，还要装修，“雕梁画栋”，让它更美。成文后的标题更像眼睛，“成稿之后题为眼”。只是，一般人特别是读者只看到这一点，而不知还有“未成稿时题为梁”，这只有写稿人甘苦自知了。

［附］

绿了黄土，红了三秦（2005年度特稿⑤）

本报赴陕西采访组

（小标题）黄土地绿了，绿了山峁峁，绿了沙窝窝——绿色成为发展的主旋律

（小标题）苹果红了，红在田间，红在小院——数百万农民走上致富路

（小标题）人的观念变了，思路更清晰，底气更足——科学发展构筑“西部桥头堡”

（《人民日报》2005年11月8日）

人民日报
RENMIN RIBAO

2005年11月8日 星期二

今日16版 华东、华南地区20版

人民网 网址:http://www.people.com.cn 手机:http://wap.people.com.cn

人民日报社出版

胡锦涛主席给2005北京国际可再生能源大会的致辞

中华人民共和国主席 胡锦涛

2005年11月6日

胡锦涛在给2005北京国际可再生能源大会致辞中强调

加强可再生能源开发利用 实现人类社会可持续发展

绿了黄土，红了三秦

黄土地绿了，绿了山峁峁，绿了沙窝窝——绿色成为发展的主旋律

2005年度特稿⑤

温家宝在全国职业教育工作会议上强调

大力发展中国特色的职业教育 加快培养高技能人才和高素质劳动者

黄菊主持会议

全国有个东西差距，江苏有个南北问题。随着区域共同发展战略的实施，人均GDP不到全省平均水平一半的苏北地区，如今成了一方创业的热土——

苏北：融入才能赶上

"让苏北3200万人民充分享受到发展的成果"——"四项转移"加速苏北发展

新闻摄影

精简会议见节约

为您导读

宇通客车

好标题的标准：读者说好，编辑能说清楚为什么好

我刚参加工作时社会上就流行一句话："看书看皮，看报看题。"说明"皮"和"题"是阅读的第一道门坎。现在我已退休，这条民间阅读定律还是没有变。无论纸质的还是电子的读物，每天都有海量的涌现。如果"皮"和"题"都不惹人爱，人家怎么会有耐心继续往下读呢？精力所限，每日读报更是"看报看题"了，但就是这么随便一扫，也常有怪题入眼，如迸进沙粒。大概有这几种类型。

一是文字干涩、生硬，佶屈聱牙。

《胡锦涛在海南考察工作：谋科学发展　绽琼岛新颜》（新华社通稿 2011 年 4 月 16 日）

"谋科学发展　绽琼岛新颜"，作者很想编一副对联，但编得蹩脚。谋与绽，两个单音节动词后面拖了一个内容宏大的词组做宾语，头小身子大，小车头拉着一列长火车，很是吃力，都能听见在喘气。

最别扭的是这个"绽"字。凡用词都有个习惯搭配，约定俗成。绽，当动词时有裂和开之意，常说绽开、绽放。绽开一线，绽开一朵花，云绽开一条缝，等等。而现在让它来绽"琼岛新颜"，勉为其难，很生硬。琼岛是指海南省。新颜是全省的工作有了一个大的转变，出现新气象、新面貌。工作是过程，新颜是结果。领导来视察一遍，讲几句话，全省就绽开了新颜，那不成变魔术了？如果反过来"琼岛绽新颜"，还勉强，但也有点吃力。国家领导人视察的政治新闻，是大新闻，头条工作新闻，标题本应实实在在地告诉读者有什么重要指示，视察中有哪些敏感的动向性的信息，以指导工作。结果想玩个花活，还没有玩好，如相声演员使劲抖了个包袱，却发现观众不笑，尴尬。

二是概念错误、逻辑不通。

《劳动创造光荣和梦想》（《人民日报》2010 年 5 月 1 日社论）

劳动可以创造具体的东西，创造财富，直至创造一个美好的社会。

甚至如马克思所说，劳动创造了人。劳动也可以创造精神性的东西，如艺术。很多脑力劳动者都在创造精神财富。但不管物质的还是精神的财富都是具体存在的。不能劳动一场，创造的结果却是一个虚幻的泡影，这样谁还会去劳动？这题目里要创造的光荣和梦想，都是空的东西。

光荣与成绩连在一起，如果硬说劳动创造光荣，也还勉强。准确的说法是：劳动是光荣的。因为它创造了成绩，所以光荣。先要有实在的业绩。一个劳动者今天去上班，心里想着该干什么活，而不是想着怎样光荣。就是大到国家领导人也是想着今年要为国家干什么大事，而不是想着怎样让自己光荣。至于说劳动创造梦想，就太离谱了。梦想是什么，就是一场梦，辛苦了半天就是为了创造一个虚幻的梦？况且梦是无法创造的。一个人无法决定今天晚上做什么样的梦。或许作者可以强辩说我这个梦想是指理想。告诉你，理想也不能创造。理想是计划、设想、蓝图，还是空的，而且是引导劳动的。可以是按照理想去劳动，却不能用劳动创造理想。只能妈妈生儿子，不能儿子生妈妈。

《这条让无数市民期期艾艾的地铁线终于要开工了》（《广州日报》2016 年 1 月 18 日）

这条也是用词大错。作者文字常识太差。“期期艾艾”是形容人口吃、结巴，说话说不利落。作者理解成期待。这“期”不是那“期”，这一错就成了“这一条能让无数广州市民变得口吃、结巴的地铁终于开工了”。

做标题的第一个功夫，是把字词推开揉碎，先求准确。

三是似是而非，自鸣得意。

某报纸副刊发了一幅国画，有山有水有云。标题是《泉水一道带，风出半云尺》。好像很有诗意。我怀疑是校对错误，可能原题是“风出半云天”或“半天云”，就打电话到编辑部，编辑又打电话问作者，对方坚称没错。说“云尺”是个专门量词。查字典，云尺是技术人员用的一种画图工具，类似三角板。“云尺”有多大，是多少尺还是几里？

不好意思再去追问了。总之，从责编到部主任、值班总编、校对，大家都不懂，又不好意思问。一个似是而非的标题就这样出笼了。报纸发行三百万，全国三百万个读者都在传看这件“皇帝的新衣”。

这使我想起好多年前某报副刊也有一幅国画，题目是《李白月下宴桃》。画面是月下花园里，李白举头望月，桌子上摆着一盘桃子。显然是取意自李白的文章《春夜宴诸从弟桃李园序》。李白在一个名桃李园的地方请几个堂弟吃了一顿饭，就变成了李白请桃子吃饭了。这与上面那个结巴标题一样，望文生义了，虽在名桃园的地方，并无桃子，更不宴桃。

不管作者多么自负，自认为自己多有才，多么专业，也不管他怎么玩深沉，编辑一不要被他唬住；二心里要明白，报纸是大众传媒，要对读者负责。美学讲接受美学，报纸稿件的效果如何，先要看读者接受不接受。这就像街上常有奇形怪状的建筑，群众看不惯，常取笑它。央视大楼就被取名“大裤衩子”。建筑师用内行的身份，辩解说这多么好，还得过什么奖。不屑一顾那些马路评论家。但建筑业出身的李瑞环却有个很妙的说法：好房子的标准是外行说好，内行能说清为什么好。一篇文章的标题好不好，要读者说好，内行能说清为什么好，这才是真好。读者看不懂，内行看着有问题，作者、编者，怎么说好也不行。

四是不通俗，不替读者想，可算是目中无人。

《留尼旺流行基孔肯尼亚》（人民日报 2006 年 2 月 15 日）

相信所有的读者都不知道这个标题在说什么。整个一句话里只有“流行”两个字能看懂。原来是说印度洋上有一个小岛叫“留尼旺”，最近突然流行一种过去没有见过的怪病，这个病的名字叫“基孔肯尼亚”。那你干脆就说“印度洋一小岛流行怪病”，不就一目了然？为什么要专门让人看不懂呢？还是那个根本问题，心中没有读者。

（2017 年 5 月 19 日）

政　治　篇

拥军不是男痴女俏

军队是国家的盾牌。拥军是国策，是报纸等媒体离不开的话题，也是小说等文艺作品常用的创作题材。由于军队基本是男性社会，出于这个特殊点，许多稿件总喜欢在男女方面做文章。这里面有情、有理，也有政治。拥军是国事、大事，不能庸俗化，爱情是真情、至情，不要扭曲它。尤其是大报、严肃的机关报，更不能玩小技，追异趣。要于细微处见政策，在整体上守住品格。

有两篇稿件处理值得一说。

2000 年 8 月，有一篇散文《多情的彩照》已经在副刊上版，准备隔日见报。这是一篇描写部队生活的稿件。边防某连队，排长漂亮的妻子前去探亲，长久未见女性的战士，按捺不住地躁动，都想争着去握握手（实际是想摸摸手），但又不敢。就一起列队，向她敬礼。她说，我是排长的妻子，是你们的嫂子，愿为你们服务。接下来探亲的十几天里，她洗衣、做饭，殷勤服务，特别是一有空就坐下来为大家唱歌，每一个战士都可以点歌，点什么唱什么。临走时全体战士握着嫂子的手，含泪不言，不忍嫂子离去。真有点“执手相看泪眼，边关外晓风残月”的味道。最后，嫂子想出一个办法，说我回去就给你们寄照片来。果然就寄来一大堆照片，排长也大方，每个战士发一张。战士“喜得比当了新郎还高兴”。怎么保存这玉照呢？讨论再三，大家议定放在各人随身用的小镜子后面，战士们每天都拿出来看几回。一次将军来连队视察，听说此事，还很认真地对着小镜子后的玉照敬了个军礼。

此稿情节也算巧妙，文字也算优美，但是看过之后总觉得有点别扭，既不合情，也不合理。我只好批道：“换稿。此稿煽男女之情太重。发杂志或他报还可，发我报不行。且小说痕迹亦重。”

品读此文，主题是写拥军，但却在借此打擦边球。文章透出军营对女人的饥渴，作者在引导读者去欣赏这种饥渴。排长再无私，也不能违背爱情规律，如此大方。要解决战士的人伦之情，只能安排好休假，不休假时就设法丰富健康的文艺生活。

这篇稿件着重表现“含泪不言”“每天看几回”，夸大了军营的性饥渴，仿佛“小镜子的背后”的彩照具有神奇的力量，以至于将军也要感谢地敬个军礼。我们都知道军营生活的艰苦，除了其他方面以外，远离家庭、远离亲人对青年战士来讲是十分艰难的。这是客观事实，但这里有一个导向问题。正如军旅歌曲中唱的“说句心里话，我也有情，常思念梦中的她”，但如果我不站岗放哨，“谁来保卫国家，谁来保卫她”。党报要唱响的正是这种声音。如果把着力点放在这种小说式的情节上，迎合某种阅读需要，特别是对男女之情渲染过度，未免媚俗。

大约与此稿同时，还有记者送来的另一稿，是说某地一男青年见一军属大嫂因男人因公牺牲后生活孤苦，就下决心上门为婿。女比男大十岁，又有两个孩子。男的挑起家庭重担，并表示再不要孩子，待这两个孩子如同己出，被当地评为拥军模范并推荐本报采用此稿。

这篇稿件所讲述的故事，如果是两情相悦，互敬互爱，男青年娶一个丧偶的比自己大的有孩子的女人为妻，也很平常。但就因为这个故事中的女主人是军属大嫂，于是男青年就被树为拥军典型。这确实值得一辩。

一是拥军牺牲爱情是否值得提倡。中华民族自古推崇牺牲精神，有多少仁人志士为国之大义牺牲个人的爱情乃至生命。最有名的如林觉民所写《与妻书》、刑场上的婚礼等。但现在的故事却是混淆怜悯和爱的概念，不是牺牲爱，而是不懂爱。顶多让读者产生同情，而非崇敬，不能起到拥军效果。

二是怎么解决军属的困难。军人特殊的职业导致军属在生活中遇到各种困难是常有的。特别是军人的负伤、牺牲更会给小家庭带来巨大的灾难。军属遇到这样的困难应该怎么办？这个故事会让读者觉得当军人面临困难时，得到的只是好心人微薄力量的相助。帮助军人克服困难应该由国家负责，特别是民政部门要进一步健全和完善拥军措施，即使是感情领域的丧偶之痛也应该由当地政府及民政部门、妇联等相关部门帮助解决，让身处困难中的军属感觉到给她们关怀的是整个社会。

三是新闻工作者如何把握典型的全局意义。记者在采访过程中会遇到各种各样的事例，也会接触到一些部门在工作中推出的典型。有些也许仅仅是在一定时间、一个小范围内、一个特定情况下有积极意义，放到全国的大环境下、大政策下，放到党报的版面上就不适合了。这就需要党报的新闻工作者学会站在全局的高度对典型进行选择。

（2000 年 8 月）

对国家领导人不应称爷爷

政治就是“一大二公”：是国家大事、公家的事。讲政治就是要分清大小，分清公私。大事不能乱，公私不能掺。报纸宣传尤要注意。一些细节，虽一时无大碍，但潜移默化，事关规矩。社会运转自有一套大规矩、大程序，是公共程序。在这套程序中，从国家领导人到平民百姓各有定位，各尽其职，各尽其责，这就是政治生活。政治是严肃的，唯其严肃，才有效率。政治生活之外，还有人情、人伦的私生活，但两者不能混淆。北宋名臣富弼出使辽国，一走数月。有人捎家书来，他不拆，直接放灯上烧掉，曰：“徒乱人心。”当此时也，他如无家、无妻儿，只有使臣身份。我们一些报纸，一些记者，常用孩儿语、私家情去写严肃的政治，弄得不伦不类。如报纸上报道孩子们对国家领导人的称呼常用“爷爷”。到过“六一”儿童节，整版通栏大标题喊爷爷。个别稿子，可以动笔改一改。但对这种风气，便只有认真向有关部门反映，提请研究改正。下面是我当时写给中央有关部门的一封信，并得到重视，已通知各媒体注意改正。

某某同志：

您好！

最近的“六一”报道中，许多报纸提到孩子们对国家领导人称呼时都用“胡爷爷”“温爷爷”等，以前也有这种情况。我觉不妥。一方面欠严肃，另外，也涉及未成年人教育的一个问题。从晚辈尊老的角度讲称爷爷当然是对的，但更重要的是要从小培养孩子们的国家意识、领导人意识和社会观念。一个看似简单的称谓，实际上是在潜移默化地对孩子进行爱国主义和宪法、法律的启蒙教育，是个政治问题。孩子一懂事，除了让他们懂得家庭、亲情、尊老爱幼外，还要逐渐让他们懂得自己是生活在社会上和国家中，这样才会有责任感和纪律性，进而有爱国心。像“主席”“总理”这样的职务是代表国家的，在媒体上的公开宣传报道中还是称职务好，比较严肃。20世纪幼儿园、小学里教育孩子也是称“毛主席”，而不是称“毛爷爷”。我们提倡党内称同志，但在报纸上对国家领导人还是称职务好。

不知妥否，谨供参考。

(2005年6月5日)

2003年6月2日 星期一 第四版

人民日报

要闻

让鲜花与爱心一起绽放

——记抗击非典战斗中的全国公安民警

“我是所长，我先上!”

北京市东城区民警在给医护人员的联络卡片上写道：“请及时拨打我们的电话，把危险留给我们吧！”

人的生命只有一次，当必须在职责与生命之间作惟一选择的时候，在人民警察心中，职责永远重于泰山

我们决不辜负党和国家的关爱期望

少儿代表和少儿工作者学习座谈胡锦涛给小记者的复信

危难时刻看干部识人才

人民论坛

胡爷爷给我们回信啦！

南京重大项目投资洽谈会将举行

郑州：整治城乡环境卫生

石家庄：革除陋习清理卫生死角

讲文明讲卫生讲科学树新风

刘仁保同志逝世

明天天气预报

国家气象中心

就取消北戴河暑期办公给党中央的一封建议信

党中央：

今特向中央提一建议，谨供参考。

十六大以后，党中央新的领导机构有几项举措深得民心。其中包括政治局成员亲访西柏坡，重提“两个务必”；中央领导同志深入基层，访贫解难；在传媒上改进领导人活动的报道等。我觉，还有一事，下面反映较多，这就是中央领导每年夏天前往北戴河暑期办公，也可以改进。

理由有五：

一、当年我们的办公和生活条件很差，北京夏热又无空调设备，为此中央领导就近安排在北戴河休假并办公很有必要。现在京城的条件已大为改善，似无必要再来回迁徙办公。

二、对地方来说，每年接待中央领导休假和办公是件大事。当地干部反映，虽工作头绪千条，每年唯此为大，各方举财劳民，如履薄冰。这难免增加地方负担，分散正常工作精力。

三、对中央来说，每年一次离京办公，必然带来大量工作人员往返奔波，各部呈文送信、汇报请示、后勤供应、生活服务等大增劳务。有时因一事之商也要请多个部门负责人离京赴议，增加行政成本。

四、北戴河近年已渐成旅游胜地，客流涌动，人声嘈杂，此处已非殚精竭虑、忧国治事之所。况且时当盛夏兼有休假避暑，领导人必携带家属。工作人员也难免呼朋唤友，优游嬉戏，有碍工作，有失威重。

五、其时正当旅游旺季，重要车辆来往于京戴两地，必然清道警戒，与民争路，易起非议，影响干群关系。

因此，建议将办公与休假分开，可轮流休假，办公则仍在北京。过去前几代领导人暑期京外办公，或因京城条件所致，或因年事较高兼顾休息，群众还可理解。现在中央新班子年富力强，锐意进取，正可借机革此旧制。虽一事之易，其精神号召力当不同凡响，它最可表明新一届中央正党风、恤民情、重实效之决心，定会得到广大人民和干部的拥护。

谨以一个普通党员新闻工作者的忧国爱党之心竭诚进言。

敬礼

梁 衡

2003 年 4 月 17 日

（说明：中央领导从 2003 年夏季起已不在北戴河暑期办公，而只在那里接见休假的劳模。）

新闻与政治

新闻有三个最亲近的邻居，一个是文学，一个是文化，一个是政治。其中与政治的关系更复杂微妙一些。一部现代政治史几乎就是一部新闻史，而一部新闻史最离不开的话题就是政治。政治没有新闻的帮助，几乎不可能运转，而新闻离开政治，也不可能有大的成功。对一个新闻人来说，成也政治，败也政治。现在我们来辨析新闻与政治的关系。

一、什么是政治

1. 政治是大事。

词典解释："政治是政府、政党、社会团体和个人在内政及国际关系方面的活动。"这些活动是大活动，与其他社会活动，比如吃、喝、演戏、打球当然不一样，是关系到民众、社会、国家的公活动，不是私活动。这些活动的主体，即政治的主体是政府、政党、团体、个人。在常态下执政党和政府是主要主体。

政治活动的特点可以概括为"一大二公三集团"。

先说大，大到什么程度？有两点：(1) 涉及的人多面广；(2) 作用时间长。

一是涉及的人多面广。凡上升到政治层面的事，必涉及最大多数人的利益，受到最多数人的关注，是全社会关心的事。比如 2008 年年末的"金融危机"，全球都在议论。用政治术语说，是关系到最多的群众。用新闻术语说，它有最多的受众。政治有进步和反动之别，先进和落后之分。但不管哪一种政治，它一动作，必然涉及民众、民众的意愿、民众的利益。

涉及人多就必然要关系到全局。有时可能事发一点，但其影响已超出自身范围，而关系到全局的变化。2001 年美国的"9・11"事件，本是一次恐怖袭击，却改变了全球防卫思想；2003 年的“非典”危机，本来是公共卫生事件，却引起全国性的恐慌；2008 年的“5·12”地震，本是一次自然灾害，但立即成了全国大事，影响全国的人心、生产和秩序。其他如环境问题、安全事故、企业转产、职工下岗、移民拆迁、农民失地等等，这些本是局部的问题，如果处理不好，都可能上升为社会危机，成为社会焦点，成为政治事件。

二是作用时间长，影响到社会的进步和历史的进程，成为历史前进的里程碑。凡是大的政治事件，不只影响当时，也影响未来，其历史影响越深远，政治意义就越大，越不会被人忘掉。如中国现当代历史上的五四运动、“卢沟桥事变”、“西安事变”、“8·15”日本无条件投降、1949 年新中国成立、“文化大革命”开始和结束等。相对于其他内容，政治大事总为新闻报道所首选。

下面我们抽选政治新闻十件大事，并随机抽选另一个行业，比如体育业的十件大事来进行对比。就会发现，任何行业，其重要性、其影响都大不过政治。

下面是 1949 年到 2008 年《人民日报》刊登的重大政治新闻和重大体育新闻，可以看出，再重大的体育事件也难以与政治事件相提并论（见表 1、表 2）。

表 1　　中国政治新闻十件大事（1949—2008）

序号	时间	版面	事件	意义
1	1949 年 10 月 2 日	第一版	《中华人民共和国中央人民政府成立庆典》	新中国成立
2	1950 年 11 月 2 日	第一版	《实行抗美援朝保家卫国》	开始抗美援朝
3	1957 年 7 月 12 日	第一版	《反右派斗争是关系国家存亡的斗争　陆定一在全国人民代表大会上阐述同右派的根本分歧》	“反右”开始
4	1958 年 6 月 8 日	第一版	《思想大跃进　小麦加一翻　燎原社打破了“条件论”和“习惯论”》	“大跃进”开始 “放卫星”

续前表

序号	时间	版面	事件	意义
5	1966 年 5 月 9 日	第一版	《向反党反社会主义的黑线开火》	公开打倒“三家村”，成为“文革”的导火索
6	1978 年 12 月 24 日	第一版	《中共十一届三中全会公报》	党的十一届三中全会召开，改革开放新时期到来
7	1997 年 7 月 1 日	第一版	《中英香港政权交接仪式在香港隆重举行》	中国对香港恢复行使主权
8	2001 年 11 月 11 日	第一版	《中国加入世贸组织决定获通过》	中国加入世贸组织
9	2002 年 11 月 9 日	第一版	《中国共产党第十六次全国代表大会在北京开幕》	中国开始全面建设小康社会
10	2008 年 8 月 9 日	第一版	《北京奥运会开幕》	中国首次办奥运

表 2　　中国体育新闻十件大事（1949—2008）

序号	时间	版面	事件	意义
1	1956 年 7 月 19 日	第四版	《陈镜开创造的最轻量级挺举世界纪录被列为正式世界纪录》	中国运动员创造的第一个世界纪录
2	1959 年 4 月 6 日	第一版	《在世界乒乓球锦标赛中容国团荣获世界冠军》	中国获得的第一个世界冠军
3	1960 年 5 月 28 日	第一版	《我登山队登上世界最高峰》	人类第一次战胜珠穆朗玛峰北坡天险
4	1971 年 4 月 14 日	第六版	《中美两国运动员进行乒乓球友谊赛》	“乒乓外交”打破中美关系僵局
5	1986 年 9 月 14 日	第一版	《中国女排连续第五次夺冠》	女排“五连冠”
6	1984 年 7 月 31 日	第一版	《奥运会开赛第一天传来“零的突破”喜讯》	中国第一次夺得奥运会金牌

续前表

序号	时间	版面	事件	意义
7	1990 年 9 月 23 日	第一版	《第十一届亚运会在北京隆重开幕》	中国第一次举办亚运会
8	2001 年 10 月 8 日	第二版	《中国足球队闯入世界杯决赛圈》	中国足球队首次进入世界杯决赛圈
9	2002 年 2 月 18 日	第一版	《杨扬获短道速滑女子 500 米冠军》	我国实现冬奥会金牌“零的突破”
10	2008 年 8 月 9 日	第一版	《北京奥运会开幕》	中国首次办奥运

2. 政治是服务社会的公共活动。

政治家的任务是：第一，管好国家，对人民进行具体的服务，做人民的公仆；第二，高瞻远瞩，为国家民族的前途进行战略决策，完成重大项目，不做历史的罪人，做民族的功臣。

从政治学的角度讲，政治是民众将公共权力让出来，请公共机构及其人员，代为行使，管理社会，协调诸事，服务民众。所以孙中山说政治是“管理众人之事”。中国共产党十六届五中全会总结执政经验是：“权为民所用，情为民所系，利为民所谋。”这样，我们可以通俗地说，政治是公众之事，社会公共之事。每个社会团体、政党和政治家都标榜自己是为社会、公众服务的。连封建皇帝也说“民为重，社稷次之，君为轻”，封建政治家范仲淹为治好国家，也提出“先天下之忧而忧，后天下之乐而乐”，先公后私。这不是作秀，是政治文明。只要在政治高位上就必须这样做，许多人都做到了这一点。

问题在于理论和实际的距离。一个政权和它的政治家、公务员到底能把公心推到多大，能坚持多久，它怎样来使用公众让出来的请它代行的这个权力，会不会以权谋私？新闻的人民性正体现在它从人民利益出发帮助政府及其官员更彻底地为人民服务。好则表扬，不好则批评。

3. 政治是通过一定的集团和工作人员来运作的。

政治，从理论上讲是公事，但一定要由具体的机构和人去做。于是就有政党，就有政府，就组成党政机构，就有公务员。政治是为社会服务的，同时又要养一大批工作人员。这里就难免会理论和实际脱节，出现权力之争、弄虚作假、贪污腐败等。政治自身也经常要进行吏制改革、人员教育等。毛泽东在 1945 年与民主人士黄炎培谈话时说，让人民来监督政府，政府就不敢腐败。新闻媒体的责任之一就是代表人民来监督政府。

二、什么是新闻

1. 新闻的定义。

新闻是受众所关心的新近发生的事实的信息传播。

新闻的定义有五个关键点：受众、事实、信息、时效、传播。过去传统的新闻定义讲“新闻是新近发生的事实的报道”，这个定义忽略了受众，也就忽略了政治。我们在这个新定义里强调“受众”“信息”和“传播”，这几个新概念都与政治有极密切的关系。受众就是政治家讲的民众、人民；而“信息传播”则常常是政治活动中不可或缺的手段。

2. 新闻的属性。

新闻具有四个基本属性：信息属性、政治属性、商品属性和文化属性。

信息属性是新闻最本质的属性。新闻的存在就是为了传播信息，凡社会上所发生的一切事情都可能是新闻所传播的内容。而信息属性的最基本要求就是坚持事实的真实性和追求信息传播的最新、最大化。这一点可能会与政治运作发生矛盾。

新闻有政治属性，是指它要受政治的领导和制约。政治代表社会的最高利益，要求新闻遵循政治导向和讲社会效益。新闻也大可不必因此而不悦，因为政治不只是对新闻，而是对整个社会都起着领导、制约和驾驭的作用。新闻因其所传播信息的敏感性，和它对舆论的影响力时刻影响和威胁到政治，政治当然不可能不注意它、利用它。新闻也就天然地具有了政治属性。

在现代社会里信息是商品，是一种产业，新闻也必然表现出商品属性并作为商品而存在。媒体广告是新闻商品属性的典型表现。政治属性的制约作用很大一部分是针对新闻商品属性的，防止新闻只为求经济利益，而出现市场负效应。

文化需用一种精神标准来衡量，有先进和落后之分，它包含有知识、道德、思想和审美内容。这些文化内容都会自然地体现在新闻信息中，新闻必须达到一定的文化水准，才对社会有益。新闻传播信息的同时又是在积累文化，所以它有文化属性。政治对新闻的指导包括对其文化内容的指导。

这样我们可以把新闻概括为“五点四面”，即定义中的五个要素——受众、事实、信息、时效、传播，四个属性——信息、政治、商品、文化属性。新闻与政治的全部关系——矛盾与统一、对立与合作就是“一大二公三集团”与“五点四面”这些要素的碰撞（见图1）。我们关于新闻与政治关系的研究将在这里展开。

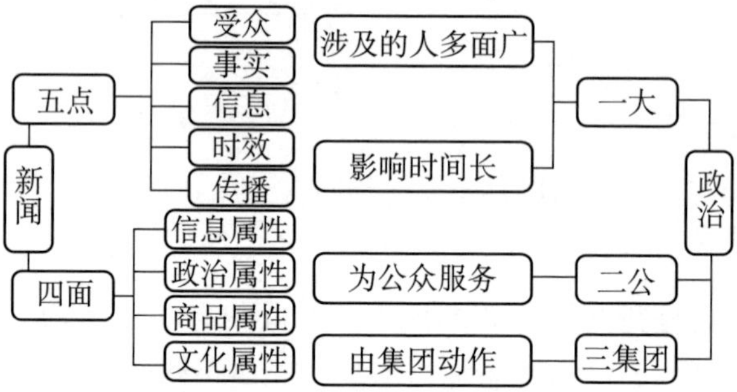

图 1　新闻的“五点四面”与政治的“一大二公三集团”各要素之间的互相碰撞与组合关系

三、政治和新闻的相通之处

1. 都以民众为对象。

政治家的目标是能拥有最多的群众。新闻人的目标是拥有最多的受众。毛泽东当年在陕北考胡耀邦说：“政治是什么?”胡答不上来。毛说，政治就是把我们的人搞得多多的。他离开陕北时给佳县县委题词："站在最大多数劳动人民的一面。"

我国新闻鼻祖徐宝璜说："新闻者，乃多数阅者所注意之最近事实也。"前面我们对新闻定义的界定也特别强调"受众"："新闻是受众所关心的新近发生的事实的信息传播。"任何一个记者都希望自己的读者多多的。不管是群众还是受众，在争取"最多"这一点上，政治家和新闻人是相通的。

政治事件既然总是涉及最大多数人的利益，新闻媒体去传播它自然就会有最多的受众。所以说政治事件天然地具备最大新闻性，这和记者追求信息效果最大化、受众最多化，天然吻合。

这一点从中国每年的"两会"中可以证明。每年 3 月既是政治家最忙的季节，也是记者最辛苦的时候。美国四年一次的大选也是这样。全国人民的眼球都被政治明星和媒体所吸引。

2. 都在关注社会焦点。

如果一件事能引起社会上全体受众的关心，那它就是社会焦点。新闻总是在追逐报道社会焦点。甚至"唯恐天下不乱"：有时实在太平静，媒体还要策划制造一点新闻。

而对于政治来说，一件事能引起社会大多数人的关注，必然会影响到全社会的平衡、变革、发展，必然牵连到大多数人的利益，形成社会焦点。这当然是政治家万万不敢掉以轻心的，而有时为改变形势，政治家也常会制造一个焦点，如发动战争转移国内注意力，等等。

比如 2008 年的"汶川地震"，无论对于媒体还是政府，都是其关注的焦点。媒体报道连篇累牍，政治家和政府想尽一切办法不遗余力救灾。新闻媒体作为公众的代言人、政府作为公众的代权人，都将"社会焦点"作为实现自己社会价值的切入点。

以"汶川地震"为例。事件发生时温家宝总理本是在外地准备回京的路上，他立即拨转车头直奔机场，第一时间赶到现场指挥救灾。而媒体几乎是隔几分钟就发一新稿，中央电视台和四川电视台更是滚动播出（见图 2）。在这场救灾中，政府和媒体的行为高度一致，二者的威信也都因此而大大提高。

□ 14:28 分，地震发生。
□ 14:46 分，新华社消息　四川汶川发生 7.8 级地震。
□ 15:50 分，新华社消息　成都军区已派人前往震中。
□ 15:55 分，新华社消息　温家宝总理赶赴灾区。
□ 16:00 分，新华社消息　民政部从西安调 5 000 顶帐篷送往灾区。
□ 16:49 分，新华社消息　中国地震局一支 180 人的救援队开始集结。
□ 19:22 分，中央电视台播出温家宝在成都指挥救灾画面。

图 2　"汶川地震"媒体抢发新闻时间表

3. 都在追寻历史坐标。

有为的政治家和新闻人除服务现实外，还总是从历史的高度去分析问题，决定自己的取舍，以青史留名。

重大政治事件不但是当时社会的制高点，也可能是历史的转折点、里程碑。我们看一本世界通史或中国通史，总以政治演变、政权更替为主线，而没有见到以经济发展、艺术发展，或者体育运动的发展为主线的。前面抽取的近 60 年政治与其他行业十件大事对照表也能说明这一点。因为政治是经济的集中表现，也是整个社会各种关系的集中表现。无论当时还是事后，政治影响总是超过其他所有行业的影响。古往今来的政治家无不追求干成一两件政治大事以名留千古。

新闻也是这样，所谓今天的新闻是明天的历史。但不是所有的事件都会载入史册，只有那些当时就有较多受众以后又长期影响人们的生活的大事才能成为历史的坐标，而这种大事就是重大政治事件。所有的记者都在捕捉这些大事，以载入史册。

可以说，政治家总想干成一件里程碑式的大事，而新闻人总在跟踪记录这些大事。两者都在历史坐标点上去寻找自己的价值。一个人，如果不能做创造历史的主角，那么可以去做记录历史的主笔。像斯诺写《西行漫记》，记录了中国共产党命运转折的一瞬，还有《人民日报》关于开国大典的报道（见图3）、《深圳特区报》关于邓小平南方谈话的报道，这都是政治和新闻在历史坐标点上经典汇合的范例。

我们研究新闻与政治的相通点就是研究新闻怎样利用政治规律，媒体怎样主动去借政治的东风，记者怎样站在政治这个巨人的肩膀上去采写大新闻，即受众多的新闻、社会焦点新闻和在历史上能留存下来的新闻。凡历史上留名的大记者走的无不都是这个路子。这是记者成功的一个秘诀。就像科学研究，你要想得诺贝尔奖，先得选一个最前沿的关键课题。当记者而不知首选政治大事，却去抓社会趣闻、去追星，不会有大出息。从来没有听说“狗仔队”里能出名记者。

人民日報
首都三十萬人齊集天安門廣場隆重舉行慶祝典禮
中華人民共和國中央人民政府成立
毛澤東主席宣讀中央人民政府公告
朱總司令檢閱海陸空軍宣讀人民解放軍總部命令
中華人民共和國中央人民政府公告
中央人民政府委員會首次會議
正副主席及委員宣佈就職
中國人民解放軍總部命令
不可戰勝的人民國家

图3　1949年10月2日关于开国大典的报道

四、政治和新闻的不同点

1. 新闻遵循信息传播规律，政治遵循政权运作规律。

新闻遵循的信息传播的规律主要有以下几条。

第一，追求事实的真实性。只有传播真实信息，媒体才能生存，才能发展。现在网络发达，但是人们在网上看到消息后还要看看报上怎么说，这说明传统媒体的真实可靠度高一些。

第二，追求消息的爆炸性。这主要指“求新”。在本质上，新闻永是求新的，“唯恐天下不乱”。2001年美国“9·11”事件，瞬间让全球都一片惊讶声。

第三，追求快速传播。采访往往是一种速度竞赛。谁最先抢到新闻，谁就能争取到读者。通讯社、报纸常常用这个“快”压倒对手，这不但有业务竞争上的意义，也有商业意义。因为你是“第一”，读者就争着买你的报纸，甚至其他新闻单位也要来买你的稿子，转载你的消息。同是一个“9·11”事件，内地和香港就只有一个凤凰电视台在第一时间播出现场画面，并不停地滚动，吸引了全国观众的注意。

第四，追求信息的效果最大化，传播面越大越好，知道的人越多越好。传媒是靠众多的订户、广告客户来“养活”的，名记者是靠读者捧红的。所以报纸追求大发行量，电视追求高收视率，并且尽量报、台、网联合互动，形成集团力量。

从这四个主要点可以看出新闻求实、求新、求快、求大，像一个老实直爽、城府不深的年轻人。而政治则不同，它是一个城府很深、经验老到的老人。同样一件事该快就快，该慢就慢，而要发表时，有时抢时间发，有时故意迟发，有时只许某一媒体、某个范围内发，有时虽然确有其事但又装聋作哑。

政治是代表民众行使权力，草率不得。一个政党不得不考虑与对手的竞争，一个政府不得不考虑全国的大局，不得不考虑外交。政权运作有一套复杂的规律。它与新闻会发生的矛盾可能有这么几点。

第一，稳定性。这与新闻的爆炸性相矛盾。对于执政党、政府来说，推行任何一项政策，都会考虑到稳定，而不愿意引起社会的剧烈动荡。邓小平曾指出，没有安定团结的政治环境，什么事情都干不成，中国的问题，压倒一切的是需要稳定。没有稳定的环境，什么都搞不成，已经取得的成果也会失掉。现在更是提出，稳定是前提，改革是动力，发展是目标。如 2003 年，全国“非典”蔓延很快。政府立即将卫生部部长和北京市市长撤职以稳定局势，并要求媒体配合。在这一点上政治不希望新闻来添乱。

第二，全局性。这与新闻追求信息最大化有矛盾。政治要考虑全局的牵一发而动全身。无论是政策的制定还是执行，都要通盘考虑，掂量各方面、各个地区的平衡，处理好全局和局部的关系。毛泽东曾说过，懂得了全局性的东西，就更会使用局部性的东西，因为局部性的东西是隶属于全局性的东西的。经常有这种情况，局部发生的事情最好局部解决，不要蔓延。许多政局的突变都是由一点火星扑灭不及所引起的。政治家最不希望把地方上的一个小事件一下拿到全国来报道。如泰国和柬埔寨两国就吴哥窟文化遗产长期有争议，泰国一部电影中有一句相关台词，被报纸作为新闻刊发，引起两国的外交事件，几乎导致战争（见《深圳特区报》2003 年 1 月 31 日）。

第三，导向性。每一个政治主体都有自己的纲领，并依此制定策略，按此方针来吸引民众改造社会，并且总是希望新闻来帮助政治，通过消息、典型报道、言论等的传播把社会组织起来，共同迈向这个方向。

2. 新闻讲商业效果，政治排斥商业效果。

新闻从产业角度看属于信息产业，它要发展，必须遵循经济规律，要投入、积累，要有产出、利润。它必须表现为一个具体媒体的存在、生存、发展。过去我们讳言媒体的商品属性，事实上报纸有纸张、油墨、印刷等成本投入，还有发行的费用、编采人员的工资等，报纸通过商品交换才能到读者手中，这一切都表明报纸具有商品属性。媒体在运行的过程中要发生成本，而且肯定需要一定的赢利，所以新闻是要讲商业效果的。但它必须遵守国家法律和商业道德。

政治则不同。政治抽象地代表全社会的利益，是一种原则、制度、理念。理论上说，它不允许有具体的商业利益来收买和干扰。任何一个比较健康民主的政权，都会对与商业和金钱的关系保持警惕和克制，小心地划定界限，让商业的归商业，文化的归文化，政治的归政治，社会的归社会。防止商业原则侵入文化、政治和社会领域。比如，任何一项政治活动，都不会考虑商业利益而搞个“冠名”。政治是严肃的，排斥商业效果。

政治不允许新闻因商业利益而有害于社会，甚至有时还要求它牺牲商业利益为政治服务，这是一组矛盾。

3. 新闻兼顾媒体利益，政治兼顾集团利益。

虽然新闻考虑大众利益，但如前所说，它也要讲商业效果，这就使得新闻在实际操作过程中要兼顾媒体利益。比如，在广告出现前，报纸与杂志的赢利，取决于它的发行量。广告兴起后，广告成为媒体的主要收入来源。一般而言，广告的收入占报纸总收入的 75%以上，占杂志的 50%以上，广电媒体则几乎是占百分之百。根据一项 1992 年针对美国报纸所做的研究显示，93%的报社编辑称广告主曾因为新闻内容威胁要撤回广告，其中 38%的编辑称广告主曾成功地影响报纸的内容。更有一种所谓“软广告”的说法，就是以新闻形式登广告。

政治本质上是代表大众利益的，但在具体操作过程中，政治也要兼顾集团利益。这些集团可以大到一个政府、政党，小到一个机构、一些领导者。民众把权力交给执政者，从理论上讲，执政者应无私利。但具体执行中，总不免“近水楼台先得月”，总会照顾到执行人的利益。所以就会有政治腐败，这在任何国家的政治中都是无法绝迹的。从理论上讲，不管是新闻还是政治都要守法，都不能为自己的小团体或个人谋私利。但这个客观存在一时还无法根除。二者常会攻取对方的弱点进行干预，这也是新闻与政治的一组矛盾。

五、新闻与政治的对立统一与矛盾互补关系

政治和新闻各自在理论和实践中表现出来的两重性，以及各自的具体特点，即政治的“一大二公三集团”和新闻的“五点四面”，决定了新闻与政治的对立统一、矛盾互补的特殊关系。这种关系可以概括为“四点交叉律”。可以用图 4 表示。

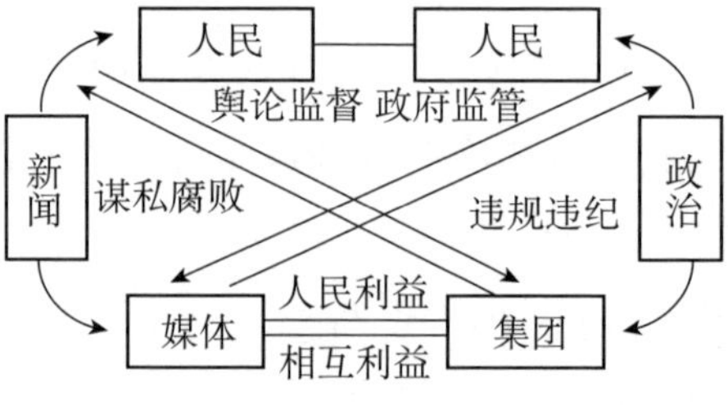

图 4 新闻与政治“四点交叉律”

它含六层意思：

第一，新闻与政治在本质上都是代表人民大众的意愿，人民大众，政治称之为“群众”，新闻称之为“受众”。

第二，因为有了这一点，二者有共性，目标和服务方向是一致的。

第三，但具体运作中二者又都有自己的“私利”。新闻由具体的媒体组成，有时表现为“媒体利益”，会违规、违纪；政治由具体的集团组成，表现为“集团利益”，会谋私、腐败。

第四，当新闻违规时，政治就以人民的名义来监管它，发挥国家管理的作用；而当政治腐败时，新闻就以人民的名义来监督它，发挥舆论监督的作用。

第五，从而形成一个体现民意、推动社会进步的合力。

第六，集团和媒体抛却人民利益，而互相利用，沆瀣一气，那是最糟糕的情况，此时社会就需要改革、革命，以新的政治和新闻组合来代替之。

这个新闻与政治“四点交叉律”，是政府管理媒体和媒体对政府进行舆论监督的理论根据。

当然，这个规律的实现，要求新闻和政治都能大公无私，都切实站在人民的立场上。如果政治专权，新闻臣服，甚至推波助澜（如“大跃进”“文革”时期），或者政治腐败，新闻无言，甚至帮助粉饰，就是新闻违背自己的意志，没有尽到责任。如果媒体以权谋私，有偿新闻，操纵舆论，传播淫秽内容，而政治不能对之有效管理，则是政治失职。

新闻和政治将既按照自己的规律行事又尊重对方，在对立统一中存在和发展。人民群众的实践和历史将会检验它们的成败。

六、新闻工作者的政治责任

我们详细辨析研究新闻与政治的概念及它们间的相通点与不同，是为了自觉担负起政治责任。主要有以下这样几条。

1. 传播责任。

这里主要指的是对政治信息，即国家政令、社情民意和重大消息的传播。我们知道民主政治有一条基本的要求就是尊重民众的知情权，让老百姓充分知道国情、政情，这样才能最大限度地调动民意，凝聚民心。知情的主要手段是新闻传播，这方面新闻是政治最好的助手。全世界现在已经有 40 多个国家有了信息公开法，我国在 2008 年 5 月起也施行了《政府信息公开条例》。

政治意义上的传播责任有两层含义。

第一，记者不能借政治焦点制造假新闻。说白了就是新闻不能假借舆论的注意力来“绑架政治”。

前面我们谈到新闻由它的信息属性所决定，总是追求爆炸效果。而政治事件是全社会的焦点，最易引起爆炸效果，于是总会有人去投机，专门制造政治性的焦点假新闻，达到获取名利的目的。而这种假新闻一旦发表就不只是造成经济上或道德上的一点损失，而是在社会上造成很坏的政治影响。比如“纸馅包子”事件之后，社会上对国家食品安全和媒体真实性的信任感大大降低，要经过相当一段时间才能恢复。

第二，媒体要如实及时地反映社会实情，传达党和政府的声音。不能借口政治需要封锁消息。否则既是政治上的失败，又是新闻传播的失败。

媒体既是政府的喉舌，又是人民的喉舌。因为政府的权力本来就是人民出让的，二者本质上是一致的。民众要有知情权，这本身就是政治文明进步的一部分。例如，遇到突发事件，政府依靠新闻传媒正确传播信息是第一上策，这样才能扼制谣言，争取支持，控制舆论，掌握主动。

这方面，我们有教训也有经验。比较典型的事例是关于三次大地震的报道。

第一次是 1970 年 1 月 5 日发生在云南通海的大地震，震级 7.8 级，死亡人数 15 621 人。当时对外严格保密，死了多少人，连救援指挥部都不能问，只能按地震波面积派兵抢险。新闻记者一律不许进入灾区，只许科技人员拍照，而且只能拍物，不能拍人。当国外提出要帮助救援救灾时，一律不接受。对国内也是只提自力更生，只收慰问信不接受物资援助。最后收到数十万册《毛主席语录》《毛泽东选集》，数十万枚毛泽东像章，十多万封慰问信。直到十多年后这次地震情况才被逐渐透露出来。这是一个被彻底掩盖了的没有传播的新闻案例。

1976 年 7 月 28 日唐山发生 7.8 级地震，死亡 24 万人。这是我国历史上死亡人数最多的地震灾害。但是，当时仍然沿用了云南通海大地震的新闻纪律，不报死亡人数，只向外发简要消息。直到三年多后，1979 年 11 月 17 日在大连召开全国地震会商会议的最后一天才透露唐山地震死亡人数，但仍不许公开。与会新华社记者一再说明，事情已过去三年，国外谣传很多，甚至说死人 70 万，再不报道更加被动，这次是对外公布的难得机会，才勉强让发表。这是一条迟到了三年多的新闻，使政府在国内外都很被动。

而 2008 年对“5・12”汶川大地震的报道是一次成功的传播。这时中国已改革开放 30 年，大力推进民主政治建设，党和政府已懂得让人民知情才能上下协力，共渡难关。从中央到地方媒体，一起无保留地向国内外报道地震情况，得到了国内外的最大力度的支持。中国政府的形象也大大提升。

2. 安全责任。

安全，指信息安全。报道的消息不能危害到国家利益。记者要顾大局，要遵守宣传纪律，还要讲究报道的方法，要掌握一个度，也就是我们常说的登什么、何时登、怎么登。不能轻率，不能只图一时痛快，不能哗众取宠，不能因为自己不负责任的报道引发社会的不安定，破坏国家和社会安全。这时候，记者的政治素质就表现为要能牺牲个人和媒体的“新闻利益”，保证社会效果。

3. 导向责任。

所谓导向性，就是政治敏感性。记者除了直接采写政治大事外，还要练一手功夫，就是捕捉政治方向。在小事中见大事，使稿子见报后能起到社会导向的作用。

日常生活中划时代的大事毕竟是极少数，所以一个政治上成熟的记者还表现在他能小中见大，于普通事件中发现本质的东西。记者要能“于无声处听惊雷”，捕捉具有政治生命力的新闻信息。要能在“没有新闻的角落”写出头条新闻。

例如，当年东西方处于“冷战”时期，毛泽东、周恩来能从中美乒乓球队的接触中找到打开两国僵局的机会。而新闻界抓住这一契机报道，就是一种导向。

又如，2003 年 5 月正是全国抗“非典”工作进入高潮时期，《人民日报》十分小心地组织稿件和版面，引导舆论工作（见图 5、图 6）。

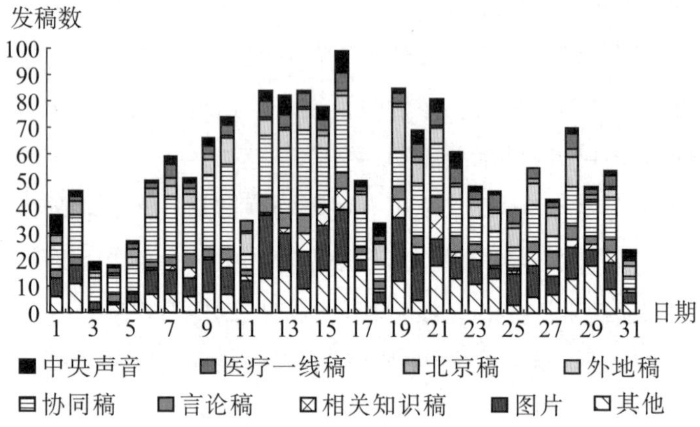

图 5 《人民日报》2003 年 5 月抗“非典”报道分类统计图

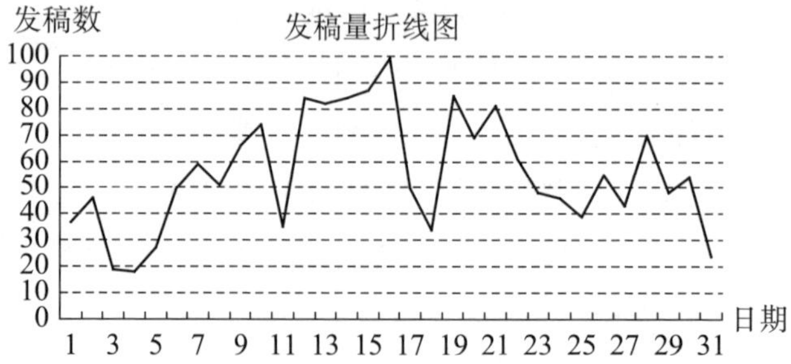

图 6 《人民日报》2003 年 5 月抗“非典”报道发稿数变化折线图

4. 监督责任。

舆论监督是媒体的一项重要职能，正确的舆论监督对于改善党和政府的工作具有积极作用。“舆论监督”是社会良性运转的润滑剂，被世界各国普遍载入宪法。胡锦涛在主持中共中央政治局第十二次集体学习时发表讲话：“要进一步加强各项监督制度建设，把党内监督、专门机关监督、群众监督和舆论监督紧密结合起来，保证把人民赋予的权力真正用来为人民谋利益。”而在各种监督手段中，新闻传媒的监督是成本最低、反应最快、影响最大的。

没有监督的政治肯定是腐败的政治。政治作为一种权力，在实际执行的过程中，肯定会出现一些问题，如果没有必要的舆论监督，政治会明目张胆地考虑其集团利益，会离民主越来越远。比如“广西南丹事件”、“西安体育彩票事件”、陕西的“周老虎事件”等，都是通过新闻媒体的监督，才使正义得以伸张。政治要真诚地与媒体合作，利用新闻监督来惩治腐败，提高施政效率；新闻要铁肩担道义，主动大胆地对政治进行监督，以表达民意，同时提高自己的权威性。如《南方都市报》2003 年 4 月 25 日报道了《被收容者孙志刚之死》后，两个月内国务院即发布了新的管理条例。

新闻与政治确实是一对你中有我，我中有你，谁也离不开谁的“冤家”。新闻人只有借助政治才能成功，政治只有尊重新闻规律才能更得民心。新闻人要懂得借助政治这架云梯去攀登自己事业的高峰。

（《当代传播》2012 年第 5 期）

浅谈什么是政治

政治是被人误解最多的一个概念，也是定义最不确定的一个词。它常被人误会为权术、争斗或干脆曰：说不清。

词典解释：“政治是政府、政党、社会团体和个人在内政及国际关系方面的活动。”这有点就事说事，没有讲出事情的本质。政治学的解释，政治是民众将自己的权力出让出来，委托给公共机构及其人员代为行使。这倒是说出了本质，但有点绕口，很学术。政治家又各有自己的说法。孙中山说：政治是管理众人之事。毛泽东说，政治就是把我们的人搞得多多的，把敌人的人搞得少少的。中国共产党十六届五中全会总结党的执政经验是：“权为民所用，情为民所系，利为民所谋。”

我长期当记者，深入百姓，出入官场；后来又从事管理，身为官员。经历了老百姓怎样看政治，官场怎样看政治。我想从百姓所望和官员所为角度给政治下这样一个定义：政治是一定的个人或集团借用公民所委托的权力来为社会和民众办大事。这里有几个关键词，一是“办大事”，不是做小事，不要作秀，不要庸俗化；二是“公民委托的权力”，你手中的权姓公不姓私，政治家干的事是公事，不是私事；三是“个人或集团”，就是说再大的事也是要落实到具体的机构或人来干，可能干好，也可能干坏，因此必须有监督和制约。以上这些再简化一点可概括为：“一大二公三集团。”用这三点去判断和分析政治，如用数学公式解题，对于普通人来说或更方便些。下面分别说之。

“一大”

凡政治之事都是大事。这个“大”有三层意思。一是它和多数人的利益相关，为多数人所关心。二是这事情的覆盖面大，影响全局。可能是一地、一省，也可能涉及全国、全球。三是作用时间长，影响到历史的进程，成为历史的坐标、里程碑。凡大的战事、灾害，及一切涉及大多数人的利益的事件、决策、成就等，都是政治。如新中国成立、十一届三中全会、中国收回香港主权，还有美国 2001 年的“9·11”事件，等等。反之，那些八卦新闻、明星隐私、家长里短、游山玩水之类的琐事都不是政治。而作为政治家，要考虑国计民生的大事，干关乎百姓生活、国家安危、社会进步的实事。讲话、视察、发奖、慰问，甚至于显示才艺，那不是政治，只是政治的花絮或者作秀的演出。政治家虽然也需要造势，但本质上是要做人民的牛，最终的成功也是看他能不能干成实事和大事。社会五花八门，政治之外当然还有其他门类，如经济、军事、教育、卫生等等。不是说这些事不重要，是说一般情况下它们都在自己的范围内动作，当它们越出自己的范围而影响到更多数人的利益、覆盖全局、影响历史进程时，它也就不能自已，再扩大、深化而演变成政治。如 2003 年中国的“非典型肺炎”，由公共卫生事件上升为政治事件；2008 年的北京奥运会，由体育盛事上升为政治大事。军事上的许多大战役都是政治，因为它已经影响全局。

一部世界史、中国史就是世界和中国以往的大事记。而文学只要是有影响力的，又经常以政治为题材。如中国古典小说《三国演义》《水浒传》，现代许多二战题材的小说、影视，还有从贾谊的《过秦论》直到梁启超的《少年中国说》的散文，都是在说政治。

“二公”

凡政治之事都是公事，是公开进行的为公众的事。政治姓公不姓私。解放初老百姓常把政府工作人员称为“公家的人”，现在则称为“公务员”，又有一个新词叫“公共服务”。“为人民服务”是对政治最好的诠释，人民是最多数的公众。公与私是政治与非政治的一条分界线，也是底线。政治可以有不同的派别、观点，它们分别代表着一定范围和数量的公众。封建社会“朕即国家”（路易十四语），帝王认为他就代表了所有民众，百姓仰视“真龙天子”，愚昧、奴性，服从专制，这是封建政治。到资产阶级思想家出现，说不行，不能你一人说了算，不同阶级、派别都可以表达和维护自己的利益，这就是近代的政党政治、民主政治。总之，政治之“公”一是为公，去努力代表最多数的民众；二是公开，透明、竞争、监督，好争取到最多的人自觉跟你走。

关于为公和公开这一点，梁漱溟批林彪堪称一例。1971 年，林彪出事，全国批林，梁在政协学习会上说：“一个政治家为国家、民族之前途而提出的公开主张，才称得上是路线。林彪不是路线，是阴谋，政变夺权而已。刘少奇有许多公开的主张，彭德怀有给毛主席的公开信，都是为国家、民族，只是政见不同。”他说这个话的时候，刘、彭还正在被“打倒”，戴着“反党”“反革命”的帽子呢，而他自己也不避斧钺，敢于公开说出。他是在讲政治。随着世界政治的进步，这种公开、公平的竞争将越来越多地取代专制和阴谋。

“三集团”

政治是由人，由组成集团的人来具体实施的，需要监督。从理论上讲，政治是民众把自己的权力出让，委托公共机构去代为行使。但这个机构不是一座办公大楼，不是一个会议室，而是由人组成的管理集团，是一群人，包括这群人的领袖。他们的活动是政治活动，他们是政治人物。政治人物不是神，不是机器人，是活着的有血有肉、有情有感、有私有利的人。这就生出两个问题。第一，人孰能无错？他们在办事过程中，因知识、能力、经验所限，可能会犯错误。第二，人孰能无私？他们可能碍于私情，动了私心，为集团或个人之利办一些损公利己的事。这样就会有工作的失误或吏治腐败，有贪有诈，这是古今中外一切政府都不可避免的，是政治运作中一个永远的难题。于是就需要监督。权力与监督如人之双腿、鸟之两翼，失去一方就不平衡。要做到政治清明，只有两种情况：要么，当政者自制力极强，觉悟极高，修养极好，不用监督；要么，有一套有效的监督机制。过去，中国的老百姓总是盼望能出一个好皇帝，幻想中的尧舜。领袖人物中也会有清教徒式的自我约束力极强的人。但这只是个别的、短暂的现象，从来没有什么自觉的政治，只有监督下保持平衡的政治。监督的办法包括权力机构的相互监督、法律监督、舆论监督等。如果监督无效，当权者就有可能出现失误、腐败，矛盾就会激化，最后就要更换管理集团，更换领袖。千百年来就这样演绎着权力更迭、改朝换代的故事。

一个合格政治家的标准

怎样依据这个道理去实践政治？对政治家、公务员的最低要求是守住四条底线。

第一，要干事，干一点大事。本来老百姓给你权力就是要你办实事、办大事的。你看他们是怎样评价政治家的："毛主席让中国人站起来，邓小平让中国人富起来。"这些政治人物都曾在自己掌权时办过大事。一般来说，给你千里之地、百万之众，两年之内应有政绩。"滕子京谪守巴陵郡，越明年政通人和"，谪贬之臣都能出政绩，何况我们多是提拔的新秀呢？可惜现在平庸的官太多，升也平平，去也无名。官声人去后，去后悄无声。

第二，为公不要营私，更不要贪污腐败。一朝为政，就要准备奉献、牺牲。周恩来所谓"我不下苦海，谁下苦海"，范仲淹所说的"先忧后乐""居庙堂之高则忧其民"都是讲的为公为民这个理。政治本来就是借民之权，为民服务，姓公不姓私。按孙中山的说法是"管理众人之事"，不是"苟营私人之事"。不要让你保管一下玉玺，就以为自己是皇帝；给你一张任命书，就以为是尚方剑、免死牌，胆大包天，滥用其权，循私舞弊。

第三，光明正大，公开透明。虽然政治斗争离不开策略、方法、保密等，但玩阴谋却要不得。因为政治说到底是看你能代表多少人，如毛泽东所说：把我们的人搞得多多的。而搞阴谋终会失人心，虽胜一时，终输历史。

第四，勤政敬业，勤学多思，尽量少犯错误。政治家以个人之身担天下之事，其压力可想而知，这就更要如履薄冰，虚怀若谷。毛泽东这样的伟人，稍一不慎都会犯错，况我们这些普通公务员呢?

对一般人来说，也不要鄙视政治，不要存偏见。不要与己无关，高高挂起，不要以远离政治为清高，不要把政治家都看成阴谋家。政治毕竟是大事，是大家的事、国家民族的事。天下兴亡，匹夫有责。而且我们生活的好坏，确实也脱离不了时局，脱离不了政治。无论是从前老百姓盼望能有一个好皇帝，还是现在人人议论政治改革、经济改革，包括议论物价、治安、环境等，都说明人们心里还是有政治的，从来也没有忘记过政治。

（《北京日报》2012 年 8 月 27 日）

官员答记者问的 14 个“不要”

因为长期从事新闻工作，经常采访官员和参加各种官员举办的记者招待会，总觉得我们官员答记者问的水平还待大大提高。这首先是一个认识问题、态度问题，然后才是技巧问题。答记者问是现代政治的一种运作手段，是政治文明的一部分，是主动提供信息、沟通意愿、争取民心、获得支持和改进工作的重要途径。切不可有应付、对抗的心理。以低标准来要求，起码须做到 14 个“不要”：

1. 不要做报告。答记者问是有问才答，不问不答。虽有时也可借题发挥，但不可太多。常见的毛病是不管人家问什么，只管念自己事先准备好的稿子，做了一个小报告。甚至是故意占住时间，怕人多问。

2. 不要抖家底。一些地方官，不管回答什么，总要不厌其烦地将自己所辖地的土地、人口、物产、产值，甚至山川、历史、气候，全都抖落一遍。这些并不能见报，也无人关心。

3. 不要居高临下。答记者问就是答客问。对客人要尊重、客气。和气生财，谦虚生威。

4. 不要顾左右而言他。这样不礼貌，人家觉得你心不诚。相反，答问时你最好始终看着对方的眼睛，人和人的交流主要靠语言，而无言的交流主要靠眼睛。语言加眼睛，诚恳而生动。

5. 不要以不变应万变。不要用外交辞令，这样给人“滑”的感觉，自以为得计，其实有损形象，吃大亏。

6. 不要有对抗心理。所提问题有时可能尖锐，但不必介意，不要立即摆出一副防范、抵抗状，这样问答将无法进行。

7. 不要念稿子。凡问答都是即时的，试想，你与亲人、朋友谈话，或者你年轻时谈恋爱是否也先有一份稿子？有稿，就有其心不诚，其人无能之嫌。

8. 不要上专业课。答记者问就是通过媒体普及你的思想、你的观点。你讲得又专又深就等于白说。钱学森要求大学毕业生交两篇论文，一篇专业论文，一篇科普文章。真懂是能深入浅出。官员也要有两种本事：一是起草文件、写工作报告；二是动员群众，包括回答记者。

9. 不要假装幽默。幽默是宽余的表现。是达到目标的同时还有一点花絮，如篮球的空中扣篮，足球的倒勾射门。没有真本事，不要幽默。许多官员以为答问时，幽默就能得分，结果，身子能倒钩，球却进不去，弄巧成拙。

10. 不要借机捧上级。大型记者招待会，有时是各级官员出场，由最高官员主持。常有低级官员借答记者问，捧上级，让人肉麻。虽面向记者，却心系领导。这是封建政治、奴性人格的表现。无论民主政治还是现代传媒都无此内容。

11. 讲话的前奏不要太长。答问，是借问作答浑然一体，如太极拳之借力发力，四两拨千斤，一开口即要接上记者的问话，不要自加前奏，自泄其气，反招人烦。

12. 讲话不要超过 5 分钟。长则有水分，长则惹人嫌。

13. 不要讲空话、套话。你要明白这些话统统不会见报，所有的记者都是挑最有个性的材料和语言来写稿。

14. 不要向记者发脾气，更不可动粗，弄不好身败名裂。就算已看出是对方设的圈套，也要机智地、有风度地绕过去。

这 14 个“不要”都是我在记者招待会上屡屡看到，现仍在发生着的。特整理奉上，以资官资政。

（《人民日报》2010 年 3 月 24 日）

文 化 篇

新闻与文化

清华大学李彬教授研究新闻与文化，在他的著作出版前嘱写几句话。我曾应他之约到学校讲过两次课，这个题目也是有话想说的。

谈到新闻与文化的关系，先说说什么是新闻。关于新闻，学者给出的定义很多，但核心都离不开“新近发生的事情”，新闻的本质是信息。我主张的新闻定义是：“受众所关心的新近发生的事实的信息传播。”这里面有受众、时效、事实、信息和传播五个要素。信息怎样传播，近几十年大学里已经有了一个专门的课程——传播学。在国外，20 世纪四十年代出现信息论，七十年代出现传播学，后逐渐引入中国。在没有信息论与传播学之前，中国课堂里的新闻学是连内容带形式一起讲，而且更重内容，像一门政治宣传学。新闻的内容是什么？是各种信息，各种文化的信息。这就要说到什么是文化。

文化的定义是：一切社会财富的总和，但一般特指精神财富。既然是总和，它就能概括一个时代、地区，代表一个高度。如汉代文化、中国文化、美国文化、农耕文化等。但这还不具体，我们还可以从内容和形态的角度细分为六种，即信息、知识、思想、道德、审美和制度文化。信息是文化的第一层。风起于青蘋之末，无论文化的何种内容总是先从信息开始显露、传播，然后才沉淀为知识，提炼为思想，升华为审美，规范为道德，最后固定在法律制度的框架内，如校规、军纪、国法等，一个国家最大的框架就是宪法。可以看出，在文化这个大系里，新闻只负责信息这一小块（正如图书主要负责知识、思想这一块），只占六分之一，而且是最初始的表面的皮毛的文化。信息还不是知识、思想，是“毛知识”“毛思想”。但是，百丈之木发于毫末，没有信息的披露、传播，就没有后来知识、思想等各阶段文化的积累、形成。从这个意义上说，信息又是文化的胚芽、花粉、种子。而新闻则是它们的载体，是吹撒花粉的春风，是育苗的土壤。它是一个举重若轻，以轻带重的行业。

像其他事物都有先进落后之分一样，文化也有先进落后之分。这是比较而言的。在同一种文化形态中更适应生产力的发展，适应人的生存，适应历史进步的文化就是先进文化。比如，在制度文化中民主比专制先进，经济管理中股份制比单纯雇用制先进；道德文化中人与人的平等比封建等级、依附关系先进。知识文化中新知识更是不断地淘汰旧知识。先进文化的形成有四个条件，或曰四个步骤：一是要充分地积累；二是要批判、扬弃旧的东西；三是要创新；四是普及推广，去为实践所检验。可以看出在这四个步骤中，文化每前进一步，都离不开新闻传播的推动。远的不说，1978 年中国改革开放之初，为打破过去僵化的政治、经济体制和陈旧的思想观念，报纸上关于真理标准的大讨论，无数激动人心的改革事例的报道，大大促进了这一时期新文化的诞生。中国社会在知识、思想、道德、审美、制度，各个层面都焕然一新。因为信息的本质是推陈出新，新闻总是传播新事物，摧枯拉朽，是新文化、新时代的接生婆。

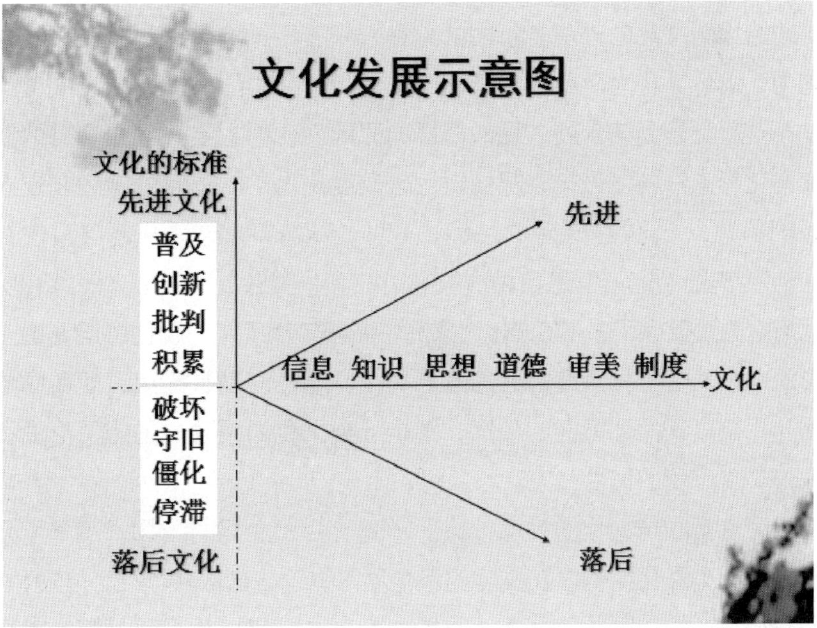

过去社会上曾有一种说法，新闻无学，新闻浮浅，是狗熊掰棒子。这是一种偏见，一种误解，没有看到新闻的文化潜力。没有看到它于无声处的存在，润物无声的功力和以轻举重，四两拨千斤的作用。没有看到新闻信息在暗中推动文化进步的作用。新闻学和信息论都是到了近现代，文化发展到一定阶段才出现的。一般说，世界上第一张报纸是 1615 年德国人办的《法兰克福新闻》，中国人办的第一张报是 1873 年的《昭文新报》。中国的新闻学出现于五四新文化运动时期，1919 年徐宝璜在北京大学开讲《新闻学》。可以看出，新闻是文化大潮的弄潮儿。潘阆的词《酒泉子》："弄潮儿向涛头立，手把红旗旗不湿。"与身后的滚滚大潮相比，一面小红旗不算什么，但它却立于潮头在引领大潮，是方向，是坐标。我在当记者时曾写过一篇采访体会，《在春风中寻找破土的新芽》，新闻记者永是新信息的发现者、鼓动者。这就是新闻与文化的关系，信息文化与整体文化的关系。

信息经新闻传播后，就立即发酵、生长，它可以悄无声息地推动其他五种文化形态中的任何一种。比如当年发了一条好战士雷锋的消息，推动了社会道德文化的变化；发了一条学习焦裕禄的消息，推动了政治思想文化的进步。新闻信息是一只看不见的手，是一种冥冥中的力，信息文化力。所以随着社会的进步，在实际操作中信息文化又从第一层上升到第六层，从最低层的原始文化形态上升到最高层的制度文化形态。各先进国家都懂得用硬制度来保护软信息，专门制定有保护信息（新闻）传播的法律。1766 年瑞典制定《出版自由法》，1966 年美国制定《信息自由法》，2010 年中国公布《中华人民共和国政府信息公开条例》。在文化大家庭中新闻传播既是一种信息层面的无形流动，又是一种制度层面的有形约束。这种流动和约束，即新闻传播和用制度来保证新闻的传播，都是社会文化的需要，是为了形成和保护文化进步的良性生态。

研究新闻与文化的关系，除了研究社会大文化的结构，还离不开新闻人的小文化结构。在文化的六个形态中，信息是最浮浅、最短暂、最易变易逝的。因此新闻人不可能如学者、专家、政治家、艺术家那样业务专深。但是，为了能把握、识别、传播信息于一瞬，他又必须有非凡的鉴别、决断能力与表达力。这就要说到新闻人的文化修养。他虽从事文化形态中的六分之一的工作，却要以其余的六分之五为基础。他虽从事表面信息的采集、传播，“风起于青蘋之末”，但自己不是随风吹的浮萍。他有深深扎在文化土壤中的根。一般来讲要有一条主根，比如你是时政记者，你要通晓政治知识；你是金融记者，你要通晓金融知识。还得有许多毛根、须根，文学、历史、哲学、美学、社会学等等，用各方面的知识来濡养自己。弄潮儿在潮头能“手把红旗旗不湿”，功夫不在手上，而是脚下对大潮的把握。他虽然报道的是“春风中破土的新芽”，但他深知冬去春来的规律。他站在田垄上望着天安门，甚至望着全世界。他是一个全科医生，手中一管墨，胸中墨一桶。纸上十分钟，纸下十年功。而许多新闻人长期实践的结果也真的变成了学有所长的专家或可驾驭全局的帅才。一个好的新闻人最后必定是一个文化人。

新闻人是时代和社会的弄潮儿，他手中的那面红旗虽然不重，很容易举起，但是要练就立在潮头，“手把红旗旗不湿”的功夫，却不是一蹴而就的。这是新闻人与文化的关系。

（《新闻与写作》2015 年第 11 期）

不要在岳飞、文天祥身上做文章

2002年12月的一个晚上，这篇稿已上了大样。当天下午教育部开了一个新闻发布会，说的是一个最敏感的话题：岳飞、文天祥是不是民族英雄？这个问题难道还用说吗？但几年来，社会上总有阴风。风也有源，是2002年新版的《全日制普通高级中学教学大纲》中对岳飞、文天祥的淡化，不再理直气壮地宣传岳飞、文天祥的民族大义。而且还有参与编教材的学者公开说不能再称他们为民族英雄。理由是岳飞抗金、文天祥抗元，那是一千多年前的事，现在各族和睦相处，重提此事，增加民族矛盾。有人不懂，学者随便说说都可以，问题是教育部代表政府，该是什么态度？在这次发布会上始终不敢响亮地说一句“岳飞、文天祥是民族英雄”，而是犹抱琵琶，说“没有涉及这个问题”。事关民族大义、历史评价、青少年教育、爱国主义传统，可惜，教育部的发布会含糊其词，不敢大声说岳飞、文天祥就是民族英雄，而是说：我们在大纲里没有涉及这个问题。还说，这个问题学术界有分歧，不宜引入中小学教材。

这篇稿被我坚决撤了下来。这虽然是一个正式的部级新闻发布会的稿子，但还是不能用。

第二天，记者说，幸亏我们撤下这篇稿，各网站就这个话题已吵翻了天。

现摘录几段以为存照：

网友（搜狐新闻留言板）：按照这种观点，那秦桧真的是英雄了，因为他促进民族统一；按照这观点，中国所有对历史人物的评价都要改写！我现在才知道为什么中华民族的气节越来越不行，越来越奴化，就是因为这些文人垃圾的出现。这个观点有什么可以商讨的。中国政府不是说代表人民吗？那就应该为这件事负责。

让管教育的人出来负责，中国缺少了责任。做出如此可笑的事情，我怀疑真的是出书的别有用心，用文化来侵略中华民族的气节。岳飞坟墓上应该再多跪一个人。如果大家同意我的意见，多对这篇文章发表看法，以引起高层的重视，抗议、抗议、抗议、抗议！

东方网友评论：我们之所以称岳飞和文天祥为民族英雄，是因为景仰他们为维护民族独立、保卫民族尊严所做出的巨大贡献。我们要提倡的是一种不屈不挠的民族精神，这样的精神，是各民族的共同财富。“人生自古谁无死，留取丹心照汗青”，说的是民族气节和奋斗精神，难道可以因某种狭隘的观念而加以抹杀吗?!其实，历史上的抗金、抗元、抗清，和后来的抗英、抗法等，从本质来说，并无二致：都是为了国家和民族的生存而战，为民族独立自由而战。按照他们的逻辑，秦桧和吴三桂岂不是顺应国家和民族统一潮流，成民族英雄了吗?

北大未名 BBS 讨论：说不定过 N 年后所有民族合并成一个国家一个民族了，按现在的逻辑，那抵抗也不是为民族而战了。那还抗什么日，让日本打过来成立一个亚洲民族好了。干脆再与时俱进一点，人类本身就是一族，中华民族也不要复兴了，等全人类一起复兴好了。

从以上网友留言可以窥见这是一个多么敏感的问题。一石激起千层浪。

岳飞、文天祥已成了民族精神的代名词，成了正义的化身。方志敏在《可爱的中国》中写道：“读中国史，一心又想做岳武穆。”叶挺在狱中的《囚语》曾言：“幼年甚爱读前后《出师表》、《正气歌》、苏武致李陵书、秋瑾及赵声等诗，感动至流涕。”我不知道教育部怎么会犯这个低等的错误。从哲学上讲，历史唯物主义是最普通的常识；从政治上讲，这种事还能搞新闻发布会？势必引火烧身。2005 年 11 月我有缘到河南去，专门到岳飞故里汤阴县去看岳庙。众多的塑像，岳飞、岳母、岳飞的部将，还有秦桧等反面人物，连同碑、柱、牌楼、楹联、石刻，这些文物经千年的积淀已形成一个主题文化：岳飞文化。这是几个文人政客就随便能从历史上抹掉的吗？主人邀我写句话，我又想到三年前值夜班的那件事，挥笔写道：

“英雄一掬悲国泪，后人常歌满江红。”

（2005 年 11 月）

岳飞、文天祥是否民族英雄

——教育部有关负责人就高中历史教育中的有关问题答记者问

本报记者 温红彦

“三十功名尘与土，八千里路云和月。”“人生自古谁无死，留取丹心照汗青。”这些流传了近千年的壮丽诗句，曾鼓舞了多少爱国志士，造就了多少民族英雄。而作为民族英雄中的代表，岳飞、文天祥的高尚品质和坚贞气节，始终是中华民族历史上两面鲜明的爱国主义旗帜。 然而，近年来总有一些人对这一问题提出异议。近日，一些媒体和网站又在以新版《全日制普通高级中学历史教学大纲》（试验修订版）中的有关内容，炒作岳飞、文天祥是否民族英雄。今天，教育部基础教育课程教材发展中心有关负责人就此问题回答了记者的提问。

问：一些媒体和网站所传的新版《全日制普通高级中学历史教学大纲》（试验修订版）称岳飞不再被认为是民族英雄，是否真实？你们对此事有何看法？

答：所传内容与事实不符。现在全国使用的是 2002 年新版的《全日制普通高级中学历史教学大纲》，在这个新版《教学大纲》里没有涉及“岳飞不再被称为民族英雄”的问题。

教育部 1996 年颁布的《全日制普通高级中学历史教学大纲》，以及 2000 年的《教学大纲》（修订版）均没有具体涉及岳飞、文天祥等不再被称为民族英雄的内容。媒体和网上所传内容实际是指 1996 年《教学大纲》颁布后，为帮助教师了解历史学界的一些观点和看法，有关方面组织部分专家、学者编写了《学习指导》作为参考，《学习指导》收集的是部分专家、学者个人对涉及历史教学一些问题的看法，并不是《教学大纲》文件本身的内容。从今年开始，以前颁布的《全日制普通高级中学历史教学大纲》（试验修订版）已经停止使用，

问：在新版《全日制普通高级中学历史教学大纲》中，是否重新定义了“民族英雄”这一概念？

答：从 50 年代后期以来，在中小学的历史教学大纲和教材中，对岳飞、文天祥的评价都是一以贯之的，不存在重新定义岳飞、文天祥是否“民族英雄”的问题。

问：在中小学的历史教学中，如何评价岳飞、文天祥等历史人物？

答：岳飞、文天祥在中国历史上历来被认为是民族英雄，但学术界也存在着不同的学术观点。早在 50 年代后期的学术界，就有学者提出称岳飞为民族英雄是否会影响某些民族的情感。在学术界有分歧的问题，不宜引入中小学教学大纲和教材，这是我们在进行中小学历史教育时一直遵循的原则。

2002, 12. 10. 大样

一把跪着接过的钥匙

报载北京市盖好第一批专供低收入家庭使用的廉价住房，业主代表感激万分，在接钥匙时向领导下跪。报纸以赞赏的口吻报道此事，标题大意是“首个限价房项目某某家园交用，市委书记、市长发钥匙，入住廉租房，业主跪地谢”，并配有下跪的大幅图片。这条消息刊发在7月1日，党的生日当天，显然是一项计划好的“送温暖”活动。消息一见报即引起议论纷纷。

《新京报》2009年7月1日消息配图

自从1944年毛泽东同志发表《为人民服务》以来，全心全意地为人民服务，已经是中国共产党人上下一致的信念。老一辈革命家和无数普通的前辈党员、干部都为我们做出了榜样。干部为人民办事是应该的，很自然、平常，没有什么可自诩、自豪、自矜、自炫的。功高如邓小平，他仍说："我是中国人民的儿子。"共产党立党为公，绝无一点私利，也绝不要什么回报，包括什么报恩、答谢。今天，我们只不过用纳税人的钱为老百姓盖了几间房，就心安理得地接受人民的跪谢，这成何体统？报上登的是一把跪着接过的新房钥匙，而这恰是我们解开执政理念的一把思想钥匙。

下跪人与受跪人之间是什么关系？是下对上、晚辈对长辈、奴才对主人、受施者对恩人。所以有子女跪父母、学生跪老师、仆人跪主人，而从没有反过来跪的。即使这样也是封建遗风，民主社会任怎样地感激、崇敬，有话尽管说，也是不必下跪的。21世纪的今天，忽然冒出一幕小民下跪的镜头，并登之于报，能不让人大呼怪哉？这镜头里透出的显然是民在下，官在上；民为子女，官为父母；民为受恩者，官为施恩者。这一跪就是人格问题、道德问题、政治问题。跪者不自爱，受者不警觉，时代大倒退。自辛亥革命推翻封建体制已98年，马上就要一个世纪，封建残余还如此顽固，正应了孙中山那句话："革命尚未成功，同志仍需努力。"问题是我们从建党那一刻起，不，从建党前五四时期的思想准备阶段算起，就高举民主、平等的大旗，以后为此又不知付出了多少牺牲。现在掌权既久，怎么倒淡忘了初衷？我们不是常说自己是公仆、是人民的儿子吗？假如父母向你下跪，那是什么滋味？

突发之事最见真感情、真水平。这件事是考验我们执政理念的试金石。虽然报上说领导赶快去扶下跪的群众，但我怀疑其内心仍有一种以恩人自居，受人一跪的窃喜。要不，为什么不当场严厉批评，坚决制止，并不许登报呢？当年彭德怀保卫延安，转战陕北，屡建奇功，一次开庆功大会，彭一进会场，看到主席台上挂着他的头像，便勃然大怒，说："还不快把那张像给我撕下来？"这是真谦虚，动真情。如果这件事能像当年彭总那样处理，坚决制止，并仔细讲清道理，岂不传为美谈？如果报纸报道出来，是多么生动的一场立党为公、执政为民的现场教育课？说不定还是一条得奖好新闻。

我还想如果毛泽东在世碰到这件事，他一定又要写一篇新版的《为人民服务》。大意是：我们共产党的干部是彻底为人民利益工作的。我们为了一个伟大的目标，已经走了 88 年，走过了建国，走过了改革开放。我们为人民办了许多好事，但是还不够，还要办得更多一些。因为胜利人民会感谢我们，但我们千万不可骄傲。今天，我们只不过为人民盖了几间房子，发了一把钥匙，就弄得百姓来向我们下跪，这值得我们深思。这说明我们还没有真正弄懂党和人民的关系。只有这个问题解决好了，我们的事业才有希望。

（人民网 2009 年 7 月 7 日）

文化贴牌无异于自杀

前几天张家界忽将自己最著名的景点“南天一柱”改名为“哈利路亚山”。原因是美国人拍了一部电影《阿凡达》，景区就慌忙把祖宗留下的真山改为电影里虚幻的山名，还自我壮胆说，这不是崇洋媚外，是为了发展旅游。这多少有点像一个贪官在外面包了二奶，又连忙解释，我真的是为了爱。在网民的强烈反对下，这个闹剧虽然收场，但还是给我们留下了文化思考。

这件事不由使人想起国门打开以来的“更名热”。商品改名，民族工业中许多著名品牌不见了；人改国籍，去年曝出一部《建国大业》电影中有众多中国明星原来已不是中国人。现在却要轮到中国的名山大川换洋名了，如此下去什么不能改？只怕长江要变成亚马逊江，泰山要变成阿尔卑斯泰，老子、孔子也改作老乔治、孔耶夫了。

记得改革开放初，民间戏将老歌词“帝国主义夹着尾巴逃跑了”，改为“挟着皮包回来了”。这不奇怪，同处一个地球，本来就是国与国之间的你我竞争，发达国家或经济攻势，或文化攻势，都是允许的，虚心学习也是应该。当年中国积贫积弱，高喊要自立于世界民族之林，现在我们早已主权独立，最近传来的消息经济实力也跃居世界前列，但还有一个“自立”没有彻底解决，即精神自立、文化自立。外国人说：中国能出口电视机，但出口不了电视节目。张家界更名一事正透出了国人在文化方面缺乏自信。湘西一带，人文有贺龙、沈从文、黄永玉等，自然风光世界独一无二。现在巍巍秀峰，铮铮石岩，却要弯腰去俯就一部外国电影，一个一关电源就什么也没有的虚影子。更何况，那电影就是在张家界采的景。就像《红楼梦》里的元春，本来就是贾家的姑娘，才嫁到宫里没几天，再回娘家，全家人就要下跪。这是一种文化的自卑。明天英国、法国、日本再来拍一部电影，你改名不改？

向来，改用外来地名，大多是政治原因。如英国殖民者到处命名“维多利亚”。在那些人迹未到的地方，探险者总是抢先命上本国名字。最近我们终于出版了一本中文命名的南极地图，宣示了我们的科学探险能力。还有一种情况是为了友谊，也是政治需要，如解放初个别城市的“斯大林大街”，现在还在用的“白求恩医科大学”。从来还没有听说过把自己的名牌山水又贴上一个外来地名去发财的。恐怕钱还没来，异化的名字倒先引来消费者的反感。

一个民族的独立、兴旺、发达，要靠武力强大、经济独立，更要靠精神自立。我们这个民族始终有坚强、勇敢、自信的一面，从文天祥的“天地有正气”到共产党人的自力更生。但也有奴性残余的一面，鲁迅当年就曾为此终身战斗，可惜还是劣根难尽。一个没有了自立意识、自立愿望的人还侈谈什么发展产业。在商品生产上靠贴牌销售终归没有出路，在文化产业上贴牌更是一种自杀。

事实上，张家界景区改名的做法已遭到国民的反对。据湖南本地红网，外地凤凰网、环球网的调查，反对者分别达 70.94%、82%、91.9%，国内媒体一片批评。事后，当事者解释说是为促销，是民间所为。但不管怎么解释，以一座标志性的名山来试刀，这总是干了一件蠢事，这说明乱改洋名这根神经碰不得。

张家界本来是一处发现较晚，大自然为我们保存较好的原生态景观，也因此获得世界自然遗产的殊荣，祖宗有功，湖南有幸，自应珍重。前几年张家界曾因无序开发，乱建宾馆、电梯，为了“申遗”又不得不强行拆迁。那一次“土折腾”，余影犹在，现在又来了一次“洋折腾”。胡锦涛同志在纪念党的十一届三中全会召开 30 周年大会的讲话中用了“不折腾”这个词。希望重读一下讲话，真的少来一点折腾。

（《人民日报》2010 年 2 月 5 日）

怎样区分低俗、通俗和高雅

一次谈文化，有人问什么是低俗、通俗和高雅？我一时语塞。如果凭感觉来回答，当然谁都知道，再往深说，有什么理论根据呢？我就赶快回来查书和旧日的读书笔记，于是有了一点新的梳理。

谈这个问题先得承认一个基本的事实，人是由动物变来的。

恩格斯在《自然辩证法》中说：在最初的动物中发展出脊椎动物，而在这些脊椎动物中，最后又发展出这样一种脊椎动物，在它身上自然界获得了自我意识，这就是人。于是人就有了两面性：动物性与人性，物质性与精神性。一般来说，“俗”是指人动物性、物质性的一面；“雅”是指人性、精神性的一面。黑格尔在《美学》一书中将人与外部世界的关系分为三种。一是欲望关系，占有的欲望，如见美食就想吃，见好衣就要穿，一个猎人见了老虎就必定要捕杀它。欲望关系以占有、牺牲对象为前提。二是研究关系，只想弄清对象的真相、规律，并不占有或牺牲它，这是科学的任务。如动物学家跟踪老虎，只是为了研究，绝不干涉老虎的行为。三是审美关系，只是欣赏，并不占有，也不想对它做更深研究。黑格尔称这为心灵的美感。它的特点是不把对象看作实用的个体，心中不起欲望，与其保持一定的距离，只生起一种愉悦的美感。如观众看演出，旅游者看山水。我们从欣赏角度看老虎，也只欣赏它的花纹、雄姿，而绝不会有捕杀的欲望或研究的耐心。

就是说人面对一物会有三念：占有的欲望、冷静的思考和愉悦的欣赏，就看你选择哪一种。这三种念头第一种源于人的动物性、物质性，可称为“俗”；第三种体现人的精神存在，可称为“雅”；俗与雅之间还有一个过渡地带，这就是“通俗”。

人自身的两面性与对外的三种关系，就使人在行为方面产生了六项精神需求，也可称为阅读需求。它从低到高分别是：刺激、休闲、信息、知识、思想和审美的需求。大致说来，前两项刺激、休闲是满足物质需求的，可归于“俗”；后两项思想和审美是满足精神需求的，可归于“雅”；中间两项比较模糊，兼而有之。但最低、最高的两项，即刺激与审美的需求却是很典型的。刺激就是勾起人的欲望，满足人的动物性，是最低的一档。这是一切黄色、凶杀、打斗、赌毒类低俗作品的心理基础和市场基础。过去我在新闻出版署工作，人们常问：“扫黄”“扫黄”，为什么总是扫不完呢？它不可能扫完。只要人动物性的一面还存在，人与外界的欲望关系还在，他就要寻求刺激、发泄与满足。我们只能把它控制在最低限度：不公开传播，不以赢利为目的，不危害青少年。相反，这六种需求的最高一档，即审美需求则是来满足精神的心灵的需要，常表现为纯艺术。其代表如已被历史洗练、陶冶过的唐诗、宋词、古典音乐、名画及一切经典作品，它没有任何物欲的刺激，全在净化心灵，这无疑是最高雅的。但是人们食人间烟火，正常的欲望还是要的，还得有作品去满足他的休闲需求、信息需求、知识需求等等，这里有物质的也有精神的，这就是“通俗”。通俗的标准是不刺激人的欲望心理但又不脱离人的物质的现实。所以纯艺术、纯思辨性的作品不在通俗之列，它归于高雅；另外，纯刺激性的作品也不在通俗之列，它归于低俗，或名粗俗、庸俗。

上面我们从接受角度，即人接受作品时的“两面性、三种关系、六项需求”谈了低俗、通俗和高雅的存在基础，这样我们就知道社会上为什么会有三类截然不同的作品，古今中外，概莫能外。低俗的作品是从人的物质欲望出发，刺激并满足人的贪占、享用要求；高雅的作品是从愉悦人的精神出发，满足人的审美要求。低俗作品让人回归动物的、物质的一面；高雅作品让人升华精神的、道德的一面。

通俗则是低俗与高雅间的过渡地带。但我们一般说的通俗是有方向性的，它是指从高到低的过渡。就是说作品内在的思想、艺术（审美）水准已经很高，但是照顾到接受者的接受能力，兼顾到他的需求(通常叫大众需求)，而采用了他能接受的方式。注意，这里的要害是“高起低落”，是从高雅的标准出发落实到一个通俗的效果，从而避免了低俗。如果反过来从低俗的标准出发，就会滑落得更低，而永远不可能达到通俗的效果。就像委派一个大学文化程度的教师去教小学，可以把小学生培养成人才；而委派一个小学文化程度的教师去教中学，则只能把人才教成废才。真正的好作品都是“高起低落”，深入浅出，专家学者看了不觉为浅，工人、农民读来不觉为深，这就是通俗。这方面著名的例子，文艺作品如中国的四部古典名著，现代作家老舍、赵树理的作品，哲学著作如艾思奇的《大众哲学》。

（《人民日报》2010 年 8 月 19 日）

故 事 篇

一张照片招来的检查

没有来报社前，就听老总编说他在总编任上写的检讨比稿子多。我上班不到半年就赶上一回。

2000 年 9 月我的夜班。9 月 1 日是全国中小学开学的日子，夜班选了一幅本报记者拍的一年级新生第一次走进校门的照片。大家都说好，还说肯定能得奖。凌晨下了夜班，我在办公室稍事休息，便匆匆赶到郊区参加一个会议。

午后突接电话让回报社。一进门，总编辑许中田就说头版的照片《上学了》有问题，上面提出批评，他已先在电话上检讨。上面问，为什么李鹏委员长的照片发在 3 版，不发头版。我们解释，国外新闻，惯例发国际版，而且接见六国议长，六张片子也不能都放头版。又问 9 月 2 日发开学消息和照片有无先例，我们解释，年年都发。又要求报以前各年情况，一直倒查十年。许总刚开了一张单子。最后以许总名义写了一个检查，我也在上面附了几句检查的话。我很为自己新来乍到就给领导惹麻烦而内疚。再后来，又传出话，不知谁发现画面上小学生旁边站着六位老师，而右面一侧标题新闻说“李鹏委员长接见六国议长”，似有影射李为小学生之嫌。我们有口莫辩。

后来我问过随李鹏同志出访的一个老同志，在国外看到报纸，听到什么没有？他说李鹏同志对报道很满意，从没有说过什么。我才放下一条心。但这次检查让我懂得版面语言的讲究，做版看样如履薄冰。

人民日报
RENMIN RIBAO
今日8版
网址：http://www.peopledaily.com.cn
国内统一刊号：CN11—0065
第19047期 （代号1—1）
人民日报社出版
2000年9月
2
星期六
庚辰年八月初五
北京地区天气预报
国企：一鼓作气决战决胜
——促进全年经济增长系列述评之五
本报记者 王彦田
“三紧贴”推动酒钢创一流
本报记者 李战吉
万里长城西尽头，茫茫戈壁滩，屹立着西北最大的钢铁生产基地——酒泉钢铁（集团）公司。多年来，这个公司注重紧贴生产、紧贴改革、紧贴职工，扎扎实实做好思想政治工作，开创了企业建设和生产经营新局面。在十里钢城的采访中，记者处处感受到思想政治工作之花散发的阵阵清香。
紧贴生产 为创造一流产品献策
紧贴改革 为建设一流企业鼓劲
紧贴职工 为培养一流人才铺路
在出席千年议长大会期间
李鹏委员长会见六国议长
（详见第三版）
上学了
9月1日晨，一个6岁多的儿童在家长和老师的注视下步入校门，开始成为一名小学生。 本报记者 蒋铎摄于北京呼家楼中心小学
DELIXI
新闻摄影比赛

朱镕基改稿

夜班最怕长稿，更怕领导人活动的长稿，还怕先预告又迟迟等稿。因为这种稿子必上头版，有时还要转其他版，再一等稿，后面的版也不敢定，大家都不能下班。

昨夜9时，一上夜班就接到预告有一条朱镕基、尉健行、李岚清参观“国有企业改革与发展暨技术创新成果展”的稿。长短不知，但我们想三个常委出马，一定不能太短，便在头版留下地方，又在4版留下一块备用转稿的地方，就开始紧张的工作。过了12点，稿还不来，就耐心地等。谁知到12时40分时，国务院办公厅电传稿过来了。朱镕基亲自动手改稿，将5页稿纸，1 500字的原稿，改得还剩300字，其中有一整页被撤掉了。几个值班编辑都相对一愣，几秒钟后，大家都笑起来，高兴地举着改样去干活。

近来稿子长风越演越烈。许多人争版面，争字数。三个常委看展览的消息只用300字（同看展的还有另10个国家级领导人），这可真是新闻史上的一段佳话。改掉的文字主要是两方面的内容，一是记者的议论部分，二是对朱镕基的描写：“朱镕基十分高兴……指出”之类的话。我连忙嘱人将这篇改稿复印留存。

（2001年6月22日凌晨）

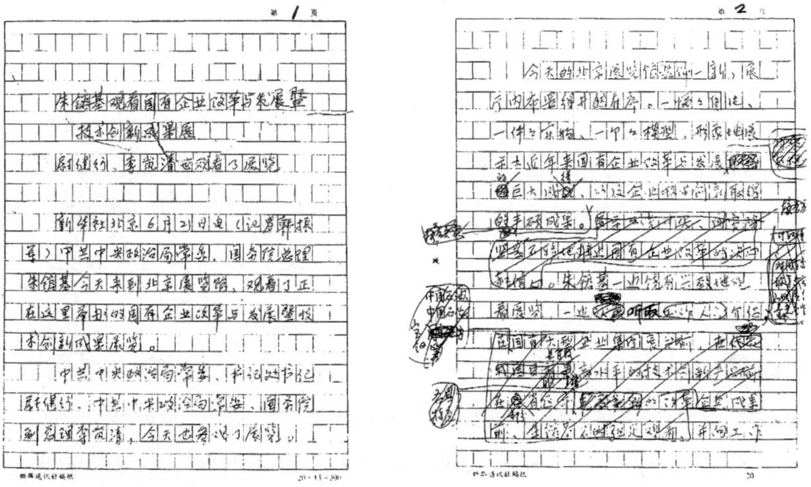

朱镕基亲笔改写的新闻手稿

向季羡林先生约稿

4 月 6 日上午，我去看望正在住院的季羡林先生。先生已 93 岁，仍关心国事。我提到最近公布了《中共中央国务院关于加强和改进未成年人思想道德建设的若干意见》，报纸正组织力量宣传。教育部最近又专门通过一个《中小学开展弘扬和培养民族精神教育实施纲要》。

一说到爱国主义教育和青少年教育，季先生就很激动，他说："爱国是我们中华民族的传统。一是我国统一的历史长，比欧洲那些国家长得多，文化悠久；二是历史上我国总是边患不断，爱国就显得更迫切。我过去一再提议要居安思危，包括平时就要培养青少年的爱国心，将来好当大任。我小时上学就有一门课叫'公民'（坐在一旁的助手，比季老约小 20 岁的李玉洁教授插话说，到她上学时叫'修身'），这是一门品德课，里面讲爱国、爱乡、尊老爱幼，这都是人生起码的品德，永远不能丢。"

他说："我历来主张对中小学生要讲四句话：热爱祖国，孝顺父母，尊重师长，同伴和睦。"我知道先生年轻时出国，在第二次世界大战动乱的年代，困居国外 11 年，他又学贯中西，致力于中西文化比较研究，这四句话该是他全身心的体会。

李玉洁教授说，先生曾专门把这四句话写在一张大宣纸上，她可以抽空回北大给我取来。我说："不要再取了，现在就请先生再写一幅吧。"季老欣然命笔，为我报教科文版重题了这四句话，表达一个老学者、老教育家对全国中小学生健康成长的期望。

（2004 年 4 月 6 日）

2004年4月8日 星期四 第十三版

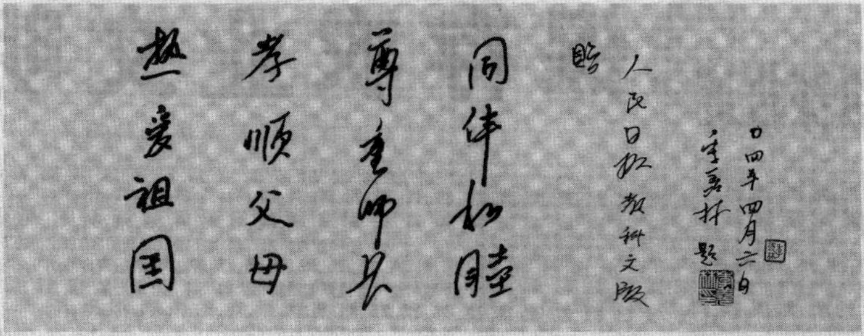

季羡林先生
给中小学生写了四句话

4月6日上午，我去看望正在住院的季羡林先生。先生已93岁，仍关心国事。我提到最近公布了《中共中央国务院关于进一步加强和改进未成年人思想道德建设的若干意见》，报纸正组织力量宣传。教育部最近又专门通过一个《中小学开展弘扬和培育民族精神教育实施纲要》。

一说到爱国主义教育和青少年教育，季先生就很激动，他说，爱国是我们中华民族的传统。一是，我国统一的历史长，比欧洲那些国家长得多，文化悠久；二是，历史上我国总是边患不断，爱国就显得更迫切。我过去一再提议要居安思危，包括平时就要培养青少年的爱国心，将来好当大任。我小时上学就有一门课叫《公民》。(坐在一旁的助手，比季老约小20岁的李玉洁教授插话说，到她上学时叫《修身》)，这是一门品德课，里面讲爱国、爱乡，尊老爱幼，这都是人生起码的品德，永远不能丢。

他说："我历来主张对中小学生要讲四句话：热爱祖国，孝顺父母，尊重师长，同伴和睦。"我知道先生年轻时出国，在二战动乱的年代，困居国外11年，他又学贯古今，致力于中西文化比较研究，这四句话该是他全身心的体会。

李玉洁教授说，先生曾专门把这四句话写在一张大宣纸上，她可以抽空回北大给我取来。我说："不要再取了，现在就请先生再写一幅吧。"季老欣然命笔，为我报教科文版重题了这四句话(上图)，表达一个老学者、老教育家对全国中小学生健康成长的期望。

梁 衡附记

2004年4月6日

在新华社新闻研究所成立三十周年座谈会上的讲话

原来没准备发言，主持人让说几句，我谈一点感想。

这个楼我来过好多次，但是来参加学术年会是第一次。我坐在这个地方，感触很深，我一进这个大楼，特别看到这十根大柱子，就有一个感觉，我觉得新华社这个大厦是一座名副其实的新闻大厦，是一座象征新闻事业的大厦。新华社确实是我们国家新闻事业的支柱，这栋大楼有象征意义。

我今天我是诚心诚意来学习的。我刚调到《人民日报》不久，分管记者工作，也分管报社的业务刊物《新闻战线》。它和新华社的《中国记者》是全国知名的兄弟刊物，今天《新闻战线》的同志也来了。我深感到我们在业务研究工作方面，包括办杂志，和新华社的同志相比差得太远，这不是谦虚。我刚去，一接手这个刊物的时候，我就说，我们要以新华社为目标来追、来赶。最近，稍稍地赶了一点，包括得到新华社领导南振中同志的支持，穆老的支持。特别是田聪明同志刚上任社长，我一写信他便赐稿，很给面子。人民日报社和新华社，是新闻界的两大家，拆了墙就是一家。新华社是新闻界的大户人家，名门望族，有大家气概。为什么我会有这种感觉呢？坐在这儿，看到这几根大柱子，就如在殿堂之上，不是在小户人家。现在，社会上有个词叫小报小刊，每天喊要整顿小报小刊。一些小报小刊，确实有点小户人家的感觉。大户和小户之别，就是有没有规矩。新华社有大户人家的规矩。最主要的规矩之一，就是注重搞研究，办事有章法。某些小报小刊可能也今天抓一篇新闻引起轰动，多发行出去 10 万，但明天犯错误，可能就被吊销了。过去我搞管理，经常遇到这种事。新华社确实从 70 年前建社，到 30 年前建所，一板一眼，有规有矩，特别是每年开一次学术研讨会，这很值得我们《人民日报》学习，起码我回去后要在我分管的、力所能及的范围内认真推广这一点。

这几年，新闻界繁荣丰富，气象一新。这与我们国家的改革开放有关，与打开门户有关，产生了很多值得研究的问题，一些是新问题，一些是老问题，都值得研究。过去有一句话，叫“新闻无学”，这个“新闻无学”的问题，在新闻界自己没有彻底解决，在社会上也没有彻底解决掉。我在新闻出版署 13 年，是实践管理的 13 年，但深感到很多新闻理论问题并没有解决。比如新闻法的制定现在停下来了，就是因为在制定过程当中，有好多法理问题没有研究透，没法往下进行。一些看起来很简单的问题，一遇到理论难题就被挡住了。我总爱说一句话，每当我们越过了一座理论的高山，眼前就是实践的一马平川。谁要是能解决一个理论问题，马上就会给实践带来许多的红利，新闻界也是这样。

我这次从管理岗位再次回到了业务部门后，才发现很多常规性的问题从理论上并没有解决。比如稿子的长与短。我相信人们总是爱看短稿子，但是，为什么几十年了，长与短这么普通的问题就是解决不了？还有消息写作的五个要素，五个 W，这也是常识课。但是我上夜班、看大样，到最后签样的时候，才发现好多稿子找不到关键的新闻要素，以致半夜三更打电话到各个省里去核实。还有办报与看报的问题，我们办报办得很辛苦，夜班为了一个字，为了一个版式，为两张照片之间相差一毫米，费尽九牛二虎之力地调整，结果报纸出来后，读者可能翻一下就扔在一边了。美学界不是有接受美学吗？我们也要研究研究新闻接受学，实际上就是报纸的市场学。很多实际问题、业务问题中都有理论问题。比如市场经济下的发行问题、广告问题。我刚才翻了下这一期的《中国记者》，中间有非常漂亮的插页，但是这个插页要钱啊，这一张铜版纸要多少钱？我们的《新闻战线》也想上啊，但是没钱。没钱怎么办啊，能不能把广告效应和宣传效应结合起来，这是个实践问题，也是个理论问题？我们人民日报发行 200 万，发行数子大是个好事，可是上一个广告就要拿出二百万张白报纸，这钱也不少。你抬高广告费，客户又不干。怎么平衡？

新华社新闻研究所 30 年如一日坚持新闻业务研究，为我们中国新闻界做了很多工作。我当年在新闻出版署的时候，对这个刊物就非常关注。当时我也自不量力，同时也是出于管理需要，在新闻出版署办了个刊物《报刊月报》，曾经想和《中国记者》，还有人民日报社的《新闻战线》三足鼎立。但如今我调到《人民日报》了，转身一变成了《新闻战线》的人了。我走了，《报刊月报》也停办了。现在三足鼎立变成两山对峙，变成两条腿走路了，但你们是右腿，我们是左腿，你们力量大，我们紧跟。

好多理论问题，新华社已做了大量工作。我今天是诚心诚意来学习的，同时也受到了一点刺激。我们回去后，马上就研究怎么赶。同时，也请新华社的老前辈、老朋友穆青同志、田聪明同志、南振中同志继续关照我们，支持我们，包括继续给我们赐稿。

谢谢！

（2001 年 10 月 24 日）

以后这样的人不多了

从医院里看范敬宜同志回来，第三天就收到他去世的消息。我们是很熟的，曾在同一个单位工作，又住在同一个大院里。但那天去看他时，却几乎是相对无言。过去常说的话题，如写作，如社会上的事，如新闻业务，都已无力再谈；而病情，心照不宣，又谁也不愿提及，不敢提及。我极难过，生离死别，竟是这个样子。又怕他累，说了一点不着边际的话，就赶快退了出来。回到家里，就找他过去送我的《敬宜笔记》看。老范从小受过严格的国学训练，又上过教会办的大学，“文革”前让政治风浪打到东北一个农村劳动，改革开放后得以重新回京。论学问是中西合璧，论经历是七上八下，论意志和信念可谓九死而不悔。他曾主持《经济日报》《人民日报》两大报纸，成绩显著，且人又十分温和善良。每个人总是属于自己的时代，有自己的基因，我想今后中国新闻界这样的人是不多了。

我想到老范可与两个人相比。

一是邓拓。邓是《人民日报》第一任总编。在过去的十多任总编中，论学识之富，笔耕之勤，当数邓、范。新闻因实用性强，社会上曾流传“新闻无学”。我曾有专文《新闻有学，学在有无中》谈此事。其实大新闻人必是大文化人，胸中自有八方之学。邓、范都够得上。当年邓拓曾在《北京晚报》开专栏，写《燕山夜话》；老范在《新民晚报》开专栏，写《敬宜笔记》。邓拓从《人民日报》离任时曾有赠诗，中有“笔走龙蛇二十年”“文章满纸书生累”的佳句；范离任时亦有赠诗，其中有“风晨雨夕赖相持，剑气箫心喜共鸣”的佳句。邓说“不当新闻官”，躬亲版面。而范写稿编报至细。一次，我当夜班，他出国，远在万里之外的莫斯科，两次来电话只为稿中的一个字。真如古诗所说：“吟安一个字，捻断数茎须。”他未当总编时有名篇《莫把开头当过头》，当总编后又有大量新闻作品和多次著名的策划。总编之职，说难亦难，说易亦易。大学问家有之，甩手掌柜有之。看大样签字点头亦可，殚精竭虑审稿、拟题、配言论亦可。办报是政治把关，文化兜底，把关易，兜底难，能言传身教，提升记者、编辑和版面的水平更难。办报是很累人的，我们这些人常感叹是误入歧途，只好舍命相陪。他却从来没有把编报看成负担。按说总编辑不必细看副刊的大样，但他说这是他的爱好，常常能从稿中学到一些东西。当然，他也常挑出一些错误。他给我讲过一个例子，说年轻记者对旧典不熟，易出笑话。有一篇言论批评我们的干部和市场走得太近，说是“依市门”，殊不知“依市门”是指妓女拉客。范敬宜骨子里还是一个文化人。他继承了中国报人的正宗一脉，警醒于政治，厚积于文化，薄发于新闻，满腹才学，发为文章，并带出一批高徒。在新闻界大家都知道他谦虚随和，乐于助人。20 世纪 90 年代初，我在新闻出版署主办一本管理杂志《中国报纸月报》，为活跃版面，拟在每期封面发一个新闻名人漫画头像，同时发一个人物小传。那时人们还不习惯正面人物用漫画，特别是封面人物。我们正愁这个策划无法实现，他却很痛快地愿意为我们第一个“以身试画”。有他这个名人带头，这个创意终于成功，并一直使用了两年。我从心里是很感谢他的。他平时勤读好学，不耻下问，毫无架子。一次在小饭店里吃饭，见墙上贴着一篇《红烧肉赋》，感觉有趣，便放下筷子，从头至尾抄下来。服务员大奇，以为这文中有什么毛病。一天早晨，他突然来电话问我：“你谈夜班体会的那八个字是什么?”原来他正要登车出门去讲课。我读《敬宜笔记》，看其随手列举诗、词、书、画、古籍、掌故，总想起瞿秋白的一句话：以后这样的文人是没有了。就是那天在医院里，桌子上还摆着他刚画完的一幅山水，竟成绝笔。

二是范仲淹。这么比，好像说远了，但确实他最堪其比。当然，不是比功业，而是比精神。范敬宜是范仲淹之后，又是范仲淹思想研究会会长。蒙他错爱，我忝为这个研究会的顾问，近两年常在一起搞范学研究。范仲淹提出“先天下之忧而忧，后天下之乐而乐”，“居庙堂之高则忧其民，处江湖之远则忧其君”。范敬宜完全彻底地继承了先祖的忧国思想。他是九届全国人大常委会委员，一次他提出要到北京的外地人口聚居区视察，答曰：治安不好，环境不好，最好不去。他说："这样就更要去了。"事后他给我谈起感想说："回来七天，我的鞋上还有腥臭味，其生存环境可想而知。"戚然良久，忧心不释。到外地视察，他往往直言政弊，恳切献策。他退休之后还常给报纸写稿。一次春节过后他传来一稿《风雪念村官》，原来他与自己30年前"发配"东北农村时的老房东、老支书还一直保持联系，年节通电话查问民情，知惠民政策见效，喜上心头，急草成一稿。夜班的编辑们都深为感动。他是人大代表，每年开"两会"时都不忘搜集民情，写成稿件。这本来是普通小记者做的事情，但他自觉去做。这正如范仲淹所言："求民疾于一方，分国忧于千里。"试问，一个部级干部，一个70多岁的退休老人，还这样牵挂民情的能有几人？

范仲淹为政，每到一地必先办书院，一生不知亲自提携、资助了多少后进。范敬宜退下来后即被聘为清华大学新闻传播学院院长。按说人家是要他这个名，大可不必去多管事。事实上在其他院校也多是这样。但他很认真，还备课，给本科生上课，带研究生，甚至亲自组织课堂讨论，批改学生作业。这几年大学毕业生就业成了老大难，每到学生毕业时他又四处托人找工作。一年他带的一个研究生毕业，他这个导师要回避，又找我去帮忙主持答辩。我说："老范，你这哪像个院长？"事实上在清华，学生背后都叫他"范爷爷"。看来他这一辈子也不会当官。当总编，改稿子；当院长，改作业：实在是忧心太重。就是社会上许多求文、求字的事他也是有求必应。一次我在刊物上读到他应人之请写的《重修望海楼记》，大喜。其结尾处的六个排比，气势之宏，忧怀天下之切，令人过目难忘，真正是一个《岳阳楼记》的现代版。当世之人，我还少见可与并驾之笔。现抄于此："望其澎湃奔腾之势，则感世界潮流之变，而思何以应之；望其浩瀚广袤之状，则感孕育万物之德，而思何以敬之；望其吸纳百川之广，则感有容乃大之量，而思何以效之；望其神秘莫测之深，则感宇宙无尽之藏，而思何以宝之；望其波澜不惊之静，则感一碧万顷之美，而思何以致之；

望其咆哮震怒之威，则感裂岸决堤之险，而思何以安之。”没有一生坎坷、满腹诗书，一腔忧心，何能有这样的文字？

《人民日报》十多位总编，自邓拓之后，其才学堪与其比者唯老范一人；范仲淹倡“先忧后乐”已千年，我身边亲历亲见，能躬行其道的新闻高官，唯老范一人。我只有用《岳阳楼记》的最后一句话来说：“噫！微斯人，吾谁与归？”

（《新闻战线》2010 年第 12 期，《文史参考》2010 年第 23 期）

作者（左一）与范敬宜同志（右一）交谈

夜幕下的北京城

在报社最怕值夜班时生病。病痛本身不足畏，是病的时机不好，不好意思张口请假，有逃难、避苦之嫌，只好挺着。

12 月又轮到值夜班。正是北京最冷的季节，说怕病，病真的就来了。挺了几天，这天实在挺不住了。凌晨两点下班后路过航天桥下的 302 医院，便想进去打一支退烧针。我从来没有半夜进过医院，大楼里静得怕人。空荡，昏暗，无声。我刚从夜班平台下来，觉得像从闹市一下被推进了百年前的一座老宫殿里。接诊护士睡眼惺忪，问："怎么这个时候来看病？"我说："报社的，刚下班。"她大奇，瞪着眼道："报社还有夜班？我还以为这北京城里只有我们医院才上夜班呢？"我说："没有夜班，你白天怎么能看到报纸？"本想打一针，赶快回家睡觉，医生说，一针不顶用，要输液。这下可糟了，起码要三个小时。大厅里空着几张输液用的躺椅。我拣了一张，老老实实等那瓶子漏声迢递到天明。

身上发烧，脑子里一片混乱，正强迫自己闭目小睡一会儿，突然一阵清脆娇媚的笑声震入耳膜。我睁眼一看，两个漂亮的女孩相扶着走进大厅。一个穿着红色的羽绒大衣，一顶浅蓝色的绒线帽，另一个着黄色风衣，一条宽大的花围巾，潇洒地甩到肩后。她们也在接诊台前办了手续，就在离我不远处拣了一张躺椅输液。那红衣女孩躺在椅子上，嗓音有点沙哑，是感冒了。黄衣女没病，是来陪女友的。她俯在椅背上，病友半仰着头，两人亲密地聊着。"这衣服真漂亮。""是我换季新买的。""你每月的钱够花吗？""够，反正我每月给我妈寄 5 000 元。"这话像一颗小炸弹，震醒了蒙眬的我。好家伙，什么工作啊，小小年纪，每月只寄回家的钱就比我这个党报老总的工资还多。难得她还很孝顺。我没有了睡意，也忘了发烧。

正待侧耳细听，右边的屏风后面，医生正在大声地训斥一个急诊病人。“你叫什么名字?”没有声音。半天，“给我喝点水”。“你连名字都不说，还想喝水?”没有声音。“说，是谁送你来的。”没有声音。那两个女孩子也停止了谈话，大厅一片寂静。一会儿，红衣女说：“去看看。”黄衣女就小跑着到了屏风后面。医生还在大声问：“说，你怎么进来的?”这时我才依稀看清屏风后的一张急诊床上躺着一个汉子。原来，不知什么时候110车悄悄送进一个人来。送的人放下就跑了。看样子是斗殴，这男子伤得不轻，对方定是怕出人命，偷偷把人推到这里。但是，没有事主或家属，医生坚决不接病人。就这样僵着。那黄衣女孩看了一会儿，就回去复命，只听红衣女问：“那娃子漂亮不漂亮?”回答说：“还行，看不大清。”

我的心还是惦记着这一头。一会儿医生转出屏风，从我身旁过，我说：“严重吗？不行，先治病再说?”我心想，不就几块挂号费吗?我垫上也行。医生说：“不行，这种事我们见多了。”我说：“那怎么办?”“还打110，让他们把人领走，要不就等找见家属再说。”我心想，在这座城里他哪里有什么家属?

医生走了，那边两个女孩子还在低声私语。那汉子一会儿怯生生地喊一句要水喝。我只觉得浑身软软的，忘了手上的针头，也忘了身上的高烧。半个小时前，我脑子里还是新闻、大样、标题，现在却一片空白，只觉心里酸酸的，说不出的味道。

要不是凌晨就诊，真还不知道版面以外，夜幕中的京城还有这样的故事。

（2005年12月）

在退休座谈会上的讲话

刚才宣布了我的退休决定。相处七年的同事就要分手，我在《人民日报》的这一段美好时光就将成永忆。

这个消息我是十多天前知道的，这几天恰逢秋冬之交，报社大院里绿荫渐稀，红叶满地，正是王勃所谓："潦水尽而寒潭清，烟光凝而暮山紫。"我心里像秋色一样宁静，又有一种交替换季中的欣喜。虽然我喜欢绿色，常愿北京和我们这座大院四季常绿，但一绿之静总是不如四季之变。辩证法告诉我们，事物总在运动变化，永不停止。今天在这个会上，新同志初挑重担，老同志重负即去。这是辩证法的胜利，也是我们事业兴旺发达的表现。

我在这里向新上任的同志表示衷心的祝贺。

感谢编委会对我这几年的工作说了许多溢美之词。我扪心自问，七年来主要只干了两件事。一是主管记者部工作期间，提倡以稿为本，改善管理。从 2002 年到 2006 年的五年间，基层记者见报稿分别比上年增长了 42%、10.9%、13.3%、6.7% 和 5%，五年累计增加 77.9%。二是主管教科文、群工、国内政治部等几个业务部后，强调专版也要抓新闻，提倡编采合作，多用来自基层的新闻稿。教科文部 2004 年与 2002 年相比，基层记者用稿增加了三倍；2006 年比 2005 年又增了 50%。国内部 2005 年和 2006 年分别比上年增加了 25%和 35%。数字背后，更重要的是作风的转变和新人的成长。我说这一点，毫无邀功之意。菩提本无树，功过何挂哉？况且这些都是依据中央"三贴近"的宣传方针，在历届编委会的领导下，全体同志共同努力的结果。这里举贤不避，大胆提及，是念及改革如逆水行舟，一个新理念和制度的形成来之不易。还望继续坚持，当然还要改进。人之将退，其言也善，算是对以后工作的一点小建议。

另外，我还与出版社、《新闻战线》、《京华时报》，还有总编室及其他部门的同志共事，大家相处甚洽，多有建树。同时，工作中也暴露出我的诸多缺点。最大一点是批评太多，是朱镕基式的“黑脸工作法”，改稿、撤稿、退样、指错，常让人难堪。特别是我所管国内部、教科文部的四位正副女主任，红颜新秀，常不得不面对一个黑脸判官。现在想来，实在对不起，我在这里向所有挨过批评的同志道歉，好在这些将永成过去。

从今天开始，我将离岗退役。革命先辈瞿秋白曾说过，人生白天工作，晚上睡觉是小休息；一生辛劳，最终离去是大休息。我再加一句，退休离岗，是中休息。事业诚可贵，生命价亦高。在我谨遵天命进入中休之际，愿各位在岗同仁多多保重，争取为国家为人民再健康工作 10 年、20 年、30 年。

是为话别。谢谢！

(2006 年 12 月 4 日)

山还是那座山

也许是因为我的姓氏里有一个木字，或者我命中本来就缺木，反正我是发疯地爱树。只要听说哪里有一棵奇一点儿的树，就千方百计地去看、去摸、去抱。十年前南下到宁波出差，临返回时在机场听说当地有一棵特大的树，树身中空，人民公社时生产队在里面养了两头牛。惜未能谋面。过了两年我终于找到一个机会再到宁波，一下飞机不进城，径直去拜树。虽然又过了几十年，树洞里淤了不少土，但依然老干如铁，青枝绿叶。村民在树洞里摆了一张八仙桌，大大方方地请我们喝了一壶茶。去年北上到内蒙古出差，见宾馆院里有一棵不知名的树，枝头吊着指肚大小的菱形果实，甚奇。问之，曰丝绵树，秋后，果实会炸开，垂下丝绦万千条，属卫茅科。我不顾体面，用房间里的水果刀，十指并用，“偷挖”了两棵。惹得一路同行的人和机场的安检、空姐不断地拷问。苍天不负有心人，这两棵他乡客居然生根发芽在京城，单等来年此情绵绵寄相思了。

我这样爱树，是因为曾经很少见到树。我大学一毕业就分配到内蒙古，守着乌兰布和沙漠，吃不尽的黄土，看不完的黄沙。外出采访，要是走路，得帽檐朝后；要是坐车，风沙起时得停车让过风头。这时车子就像掉进黄汤海里，人像坐在潜艇里，透过车窗看黄浪从两边滚滚涌过。那时最想看到的是一点绿，一棵树。我坐火车过河西走廊，一个白天，一个晚上，又一个白天，还是没有一棵树。我在河套的黄河湾子里护过林，那是什么“林”啊，只有拇指粗，每年春天绿，冬天死。晋西北倒是有大片的杨树林，那是永远长不大的“老头树”。不但野外缺树，城里也少树。近二十年城市建设提速，房挤树，路挤树，人挤树。一次我走在昆明街上，因为扩路砍光了树，主人还说：“我们这里山好水好，四季如春。”我不顾礼貌，脱口而出：“山好水好，就是官不好，为什么不栽树？”回来后我在《人民日报》发了一篇短文

《好山好水更求好官》。什么样的官才算好官？起码有一条，要栽树。

因为爱树，就关心和同情栽树的人。最让我激动的一次采访是在雁北，一位 81 岁的老人带着棺材进山，15 年绿了几座山。真有点《三国演义》上庞德抬着棺材战关羽，或者左宗棠抬着棺材去收复新疆的味道。最得意也最伤心的一次采访是写一个劳模，那稿子还得了全国新闻奖。但几年后他儿子来找我，说父亲进了班房。原因是他栽了很多树，只用了几棵树就犯法。这是什么法？难怪没有人栽树。有人说按统计数字，我们栽的树已经绕地球几圈了，但还是不见树。

终于在 2006 年春天，我望见了一大片新绿。不是在山上，也不是在平原。说来好笑，是在报社夜班平台上的电稿堆里。福建记者蔡小伟来稿说，那里全省都已把山分给了农民，老百姓种树积极性大增。我如获至宝，或者说是终于找到一根救命的稻草。莫谓书生空议论，稻草也能当金箍棒用。我要借这篇文章浇我胸中的块垒。立即制了一个大标题：《山定权，树定根，人定心，福建全省推行林权制度改革》，立发头条。我又想到马克思的一句话：人们为之奋斗的一切，都同他们的利益有关。就把这话拉来当大旗，配了一篇评论：《栽者有其权，百姓得其利》。签发完稿子，我重重地吐了一口气，一口压了几十年的气。半个月后福建省林业厅厅长黄建兴来京开会，他一住下就来报社，要请我吃饭。这之前我们并不认识。我问他怎么这样热心林权改革。他讲了一个故事。2001 年福建有 7 万农民因建水库失地闹事，他时任省政府秘书长，到一线去处置此事。却发现有一个村子很平静，没有一人参与闹事，便问何故。支书说："我们前几年就分了山林，每人每年收入 4 000 元，还会闹吗？"福建八山一水一分田，山稳民就稳。他当即说，如果我当林业厅厅长，就先给农民分山。不想，三个月后他果然被任命为省林业厅厅长。他农民出身，当过生产队长，深知农民对土地的感情，一朝权在手，便把令来行。在全省积极实验林改，福建成了全国林改第一省，也是森林覆盖率最高的省。他林改有方，从厅长任上下来后又被任命为国家林业局林改领导小组副组长。林改就是土改，是一场藏于绿叶下的红色革命。

可能还是命中脱不去与树的缘分，我退出新闻一线后又被安排到农委工作，就急切地想去看一下当年曾经纸上谈兵的林改如何。今年正月十五刚过，年味还在，就踏上去福建的路。

如果说福建是全国林改第一省，永安就是全国林改第一县（县级市）。这里动手早，出经验多，是国家和省两级林改试验点。八年来已接待参观者 26 000 人，市委书记江兴禄开玩笑说："我陪客喝的酒，累计也有一吨多。"我发现凡成一件大事，其中必有一些中坚和先锋，黄建兴是一个，江兴禄也是一个。他在县委书记任上已经 15 年，参与了林改的全过程，还编了一本极有实践兼学术价值的书。这天他陪我走访了中国林改第一村洪田村，其地位类似于中国承包第一村的安徽小岗村。但村里的建设比小岗村气派多了。村民全住进了两家一楼的别墅。幼儿园、小学、热闹的街道、店面，仿佛进了县城。走进展览馆，迎面是一座群体雕塑，几个胼手胝足的汉子正拧眉锁眼，在灯下议论着什么。说明牌上只有一句话："今晚不议出个名堂，谁也不许回家!"说的是 1998 年 5 月 27 日那晚，全村开会讨论山林到底是分还是不分。已是后半夜了还没有个结果，村支书邓文山就拍着桌子喊出了这句话，然后从笔记本上撕下一页纸，裁成 26 条，同意还是不同意，每家立字为证。这很悲壮，像当年小岗村干部为分地按红手印准备去坐牢。我脑海里一下闪过了水泊梁山、绿林、赤眉。我找到邓文山，想不到却是个文静的汉子，看来事逼人为，不到绝路不破釜。这一逼倒逼出一条新路。墙上贴着一张 1997—2009 年，全村经济发展统计表：人均林业收入由 313 元增至 3 931 元，电话由 25 部增至 662 部，机动车从无到 375 辆，电脑从无到有 81 台……这些财富都是农民在分到手的山上种出来的。

从洪田出来，江兴禄带我们去看一座竹山。春雨绵绵，千竹滴翠。竹子这东西实在是人见人爱，且不说它的用途，你看一眼都舒服。它年年发笋，当年成林，一劳永逸。新竹碧绿如玉，每拔一节就留一条白线，微风吹过，林子就白绿相间，翩翩起舞，好一幅水墨写意。老江招呼人去找这片山的主人，一会儿竹林子里就钻出一个汉子，眼大身瘦，戴斗笠，系腰带，蹬雨靴，肩扛一把细嘴镢头，仿佛是封神榜上的人物。他叫杨国松，名下分得 126 亩竹林，已经营十多年。斜风细雨里我和他算起这几年的收入。竹子在文人眼里是清供之物，在农民眼里可是摇钱树。他说，冬挖冬笋，春挖春笋，林间还有药材。冬笋贵，每斤 5 到 8 元，春笋 5 毛，一亩地可产三四千斤竹笋。每亩竹子 280 根，每根卖 30 元。林改前他家年收入 5 万元，去年已增到 20 万，家里还供着两个大学生。我们说着走着，江书记脚下一软，说声“有货”，便去摘老杨肩上的镢头，原来他踩着一棵冬笋。多年的媳妇熬成婆，他这个多年的书记熬成“农”，对这山里的一草一木都有情。只见他蹲下身子，用镢头拨开落叶，围着笋尖小心清土，就像考古队员发现一件宝物，最后一把拉起一棵大冬笋，足有一斤半。大家就提着这笋照相，说中午有好菜吃了，就像抓到一条大鱼。

我们说着走着，转过一面坡，眼前一亮。竹林下的红土地上仰躺着一座大青石碑，足有十多米宽，上书三行大字：“山定权，树定根，人定心”，落款是甲申年春月。碑多直立，像这样大的碑仰躺于地还不多见。这是乡民为纪念林权改革而立。他们说这样设计，上可对天，下可对地，民心可鉴。我问老江，林改前后永安的集体林地每亩增值了多少，他答：从 300 元已增到现在的 5 000 到 6 000 元，是原来的 20 倍。又问老黄全省如何，他说：“从 300 元增到 1 000 多元，3 倍多。福建有集体林 1 亿亩，全国 27 亿亩，你算一算，这一项改革增了多少财富，富了多少农民？这还不算生态效应和民心效应。”

我久久地注视着那块石碑，党中央机关报的头条标题变成碑文立在竹林里，这就是党心民意。又觉得“甲申”这个词好眼熟，噢，想起了，上一个甲申年郭沫若曾写了一篇《甲申三百年祭》，毛泽东很推崇的。那是反思明末一场农民运动的失败。从那时到立碑，过了六个甲子，360 年。中国农民经过了太平天国革命、辛亥革命、两次土地革命，改革开放以后的土地承包、林改，终于真正成了土地的主人。

百年岁月，万里河山，山还是那座山，只是换了人间。

（《人民日报》2011 年 3 月 11 日）

时　评　篇

工作不要挂在空挡上

一次在基层采访，听群众批评干部的作风说："工作挂在空挡上。"此话很深刻，也很生动。

空挡者，马达轰鸣，只有声不做功。现实中这类事可谓不少。比如会议多，干实事少；会上的空话多，听者如风过耳；文章越写越长，读者不能卒读；文件简报多得看不过来，检查评比一拨又一拨，等等。时间一长，好像只要走走这些程序就算工作。其实，会议、文件、简报、讲话、文章、检查等，都是工作的形式，它还应该有更重要的内容。聚在一起开会，是为了碰撞产生新思想；讲话、写文章，是为了启示新思路，给人新目标、新方法；检查评比，是为了揭示新矛盾，解决新问题。如果没有这些内容，就是在挂空挡。

这几年有的地方，干部作风飘浮，练出了一批"空挡车手"，油门踩得震天响，就是不见车轮转。虽然我们有大庆、胜利等大油田，也经不起车辆日夜不停地空转；虽然我们经济发展，国力增强，也经不起这种无休无止地空耗。

中央确定今年是全党转变作风年，让我们诚恳地记住群众的这一批评，自问自想，戒之慎之。哪个地方工作还挂在空挡上，赶快换成前进挡。

（《人民日报》2002年1月22日）

有感于某些干部“不会说话”

在一次干部座谈会上，主持人一再提醒与会者讲实例，讲自己的理解和认识，但一天下来仍是千篇一律，个个如念文章、读文件。结果弄得听者呆坐，记者叫苦。现在某些干部学历挺高，文化不低，却为何“不会说话”了呢？

细细观察有三种“不会说话”。一是离了稿子不会说。某些干部张口就是拿稿来。讲话必要稿子，甚至主持会议的几句开场白、结束语，包括感谢、鼓掌之类的话也要打印工整。真不知道这样发展下去，请客宴宾是不是也要备下“请饭词”，与菜单同步置于桌面，每菜一句，直到“再见，慢走”。讲话不是不能用稿，重要的场合不仅必须用稿，而且还要反复讨论几易其稿。但如果没有稿子就不能讲话，这已不是说话的能力问题，而是为政者的为政资格问题。

二是交流性的话不会说。常见一些讲话者，一念到底，听者反应如何、会场效果如何全然不管，讲完了就完了。讲话是一种交流，在会场上讲话虽不能如朋友聊天那样一来一往，但总要看看听者的眼神专注不专注，会场气氛集中不集中。现在科学已发展到人机对话、人机交流，连电脑都能感知人的情绪，根据人的要求应变，而我们一些干部反倒成了落伍的机器，许多会开得不生动，讲话不引人，就是因为讲者缺乏这种随机应变的本事，而这本是一个常人最普通的本能。成语“对牛弹琴”，就是说不看对象，不求效果。人家来开会，听你讲，是带着问题来，想解决问题。对这些不管不顾，只能说明讲话人或是官僚主义应付差事，或是不具备分析问题的能力和应变的智慧。如果考察干部，只看这一条，就能看出他的工作态度及智商的高低。

三是举例说明不会说。这说明他没有干多少实事。人总是在用思想指导行动，干部指导工作除了有思想，还要有典型，这叫有虚有实。但许多干部在讲话时却只虚不实，你让他举例说明，他做不到，即使做了，也例不证理，驴唇不对马嘴。平时本来就少调查研究，心中没有典型，没有自己的切身体验和悟出的道理，从来没有完成过一个实践—理论—实践的全过程。中央文件传到省，省到县，县到乡，等到向上汇报时，嘴上说的还是文件上的话。一个不会用自己亲历亲为的事例来说明问题的人，在思维上必然没有从感性到理性的转换功能，在工作上也绝对不会有什么新创造。

如果离开稿子不会说，回答问题不会说，举个例子不会说，还会说什么话呢？就剩下官话、套话、虚话、假话，工作也成了演戏、念台词、走过场了。这种干部要之何用！

（《人民日报》2002 年 4 月 1 日）

房高不要超过树高

偶读杂志，看到一篇文章，说的是我代表团到印度洋岛国塞舌尔访问，见当地有一规定：房高不得超过树高。

我方人员奇之，问诸主人，答曰：此岛本荒凉，经树木慢慢滋生方得以有生态改善，有雨水、有荫凉及各种植物，气候适宜，生态平衡，人们乐居其间。还说，因为他们是岛国，生存空间狭小，一旦生态变坏人便无处可逃，所以特别小心翼翼地求之于树，依赖于天。

人生活在地球上第一离不开的是水和氧，而这两者都得力于树，树可造氧这是人人皆知的。记得二十年前我就看过一则报道，说一棵大树靠着它的根系和树冠，一昼夜可以调节四吨水，吸纳、蒸发，循环不已。我们生活在地球上，就像睡觉盖着一层棉被，这棉被就是水和氧，而制造调节水和氧的就是绿树。一个人如果大冬天赤条条地被扔到室外会是什么样子？地球上没有了树，人的难堪大致如此。小时在村里听故事，说项羽力气大，能抓着头发将自身提离地面，孩童无知，很是惊奇而向往。后来学了物理才知道那是不可能的。我们也曾犯过这种傻，以为不必借助生态，人们想干什么就干什么，想要什么就有什么，想怎么活就怎么活。最典型的是在1958年的“大跃进”，我们抓着头发，想把自己提离地面。后来才明白，这不可能。

这几年砍树之风是基本刹住了，西北地区也大搞退耕还林。但是在城里却拼命地盖高楼，楼房和树比赛着往高长，在人为因素下，树当然比不过楼。于是满城都是证明人的伟大的水泥纪念碑。三十多年前，在北京上学，四合院的墙头不时伸出一株枣树或柿子树，那时真是住在树荫下，走在绿荫里。城市要发展，当然不能总是四合院。我仔细观察过，一棵大树可长到六七层楼高，欧洲许多城市的房高也多是六七层。我们却非要高过树，挤走树才甘心。每次我登香山，远眺京城插着的一座座水泥楼，灰蒙蒙一大片，总让人联想到一片墓碑之林。在和树比高低的竞赛中，我们迟早要葬送自己。

（《人民日报》2002 年 4 月 16 日）

2002年4月16日 星期二 第十二版

人民日报

大地·副刊

房高不要超过树

温塘桃花女

雄风颂

王屋山：关于水的报告

大地

远山深处

畲乡笋包

一脉相承说发展生产力

脉者，脉搏、脉络。对一个人来说，它主精神，营气血，决生死，关健康。一个政党也是这样，也有其脉，这就是它的理论、路线、策略。

生产力标准向来是马克思主义者判断社会进步并据以决定自己政党政策的重要前提。马克思当时看到了蒸汽机，就立即形象地指出：手推磨产生的是封建主的社会，蒸汽磨产生的是工业资本家的社会。后来，列宁看到了电气化，立即指出：共产主义就是苏维埃政权加全国电气化。毛泽东同志在 1945 年就看到了中国生产力落后是民族苦难的症结，指出：中国一切政党的政策及其实践在中国人民中所表现的作用的好坏、大小，归根到底，看它对于中国人民的生产力的发展是否有帮助及其帮助之大小，看它是束缚生产力的，还是解放生产力的。可见，这个问题在老祖宗的书本上是清楚的，但真正搞好，还要靠实践。

今天提出“代表中国先进生产力的发展要求”，饱含着我们对科学社会主义的认识及进行社会主义建设的经验和教训。这里，关键是要从唯物史观出发，不只是认识到生产力的重要性，还要能够在实践中动态地、辩证地理解和判断先进生产力在即时阶段的要求，处理好它与生产关系的组合。任何时候都不能把这种“要求”估之过高，那样实际上是在破坏它；也不能估之过低，那样实际上是在束缚它。这需要很高的理论水平和实践艺术。现在我们讲“一脉相承”，可以先溯流而上，到马克思的《政治经济学批判》序言里找到那段名言：无论哪一个社会形态，在它所能容纳的全部生产力发挥出来以前，是决不会灭亡的；而新的更高的生产关系，在它的物质存在条件在旧社会的胎胞里成熟以前，是决不会出现的。这段话深刻地说明了“先进生产力的发展要求”是什么，它怎样按照自身规律在发挥作用，我们该怎样对待它，代表它。

我们再顺脉而下，会在毛泽东同志那里看到一张他根据对生产力发展要求的认识而开列的建设社会主义的时间表。1955 年 3 月，他说把我国建成强大的高度社会主义工业化的国家要有 50 年的时间。后来，他把这个时间表先后调整为 50 年到 75 年、50 年到 100 年，或者更多的时间。1962 年 1 月，他进一步指出：中国的人口多，底子薄，经济落后，要使生产力很大地发展起来，要赶上和超过世界上最先进的资本主义国家，没有一百多年的时间，我看是不行的。从这张时间表可以看出，我们党的第一代中央领导集体的核心毛泽东同志是怎样科学地对待先进生产力的发展要求的。邓小平同志作为我们党的第二代中央领导集体的核心，总结过去的经验教训，从唯物史观出发，提出了科学技术是第一生产力、发展是硬道理等光辉论断，为我们科学规划了“三步走”战略。江泽民同志联系党成立以来的全部经验，总结我们党带领人民建设中国特色社会主义事业必须坚持的基本经验，创造性地提出了“三个代表”重要思想。

由上可见，我们党的三代中央领导集体核心一脉相承地注重发展社会主义生产力。当然，在实践中，毛泽东同志曾有过失误，而失误就是在对待“先进生产力的发展要求”上没有把握好。是邓小平同志在理论上接通了马克思主义生产力学说的这根主脉，在实践上开创了建设中国特色社会主义的正确道路。“三个代表”重要思想，将“始终代表中国先进生产力的发展要求”放在第一位，是因为只有生产力的发展，才能为先进文化的发展提供雄厚的物质基础，而“中国最广大人民的根本利益”的实现，归根到底，也取决于生产力的发展。

从《共产党宣言》发表算起，世界社会主义的探索已有 150 多年，其间关于生产力发展要求的这根主脉忽沉忽浮，时隐时现。回首沧桑，我们感悟到马克思生产力学说的可贵，感到脉之所系是社会主义命运之所在。同时，也更认识到“三个代表”重要思想是对这一主脉的回归、升华和发扬光大，标志着我们党更加成熟。只要始终沿着这根主脉，紧紧抓住这根主脉，我们就一定能在建设中国特色社会主义的道路上实现中华民族的伟大复兴。

（《人民日报》2002 年 7 月 11 日）

一个老虎也吃人

一个老虎也吃人

梁衡

非典疫情猛于虎，一个月来全国人民都在为每日疫情公告栏上新发病例的数字揪心。今天这公告牌突然让人眼前一亮:8例！全国第一次下降到了个位数，北京降至最低数5例。中央在前几天就提醒我们，抗非典切莫松懈。今天在欣喜之余，我们千万不要忘记：一个老虎也吃人！况且非典之吃人不必虎啸，不用虎牙，悄无声，来无影，借载体就明传病毒，有空气就暗送疫情。其魔火虽缩至一豆之灯，遇风即可陡长为十丈之焰。可记得，一个月前，京城一夜风声唳；万不敢，疮疤还在就忘痛。只有等到什么时候，我们彻底弄清了病源，找到了新药，制出了疫苗，才算是画地为牢，老虎进笼。那时才敢松一口气，切记，切记。

“非典”疫情猛于虎，一个月来全国人民都在为每日疫情公告栏上新发病例的数字揪心。今天这公告牌突然让人眼前一亮：8例！全国第一次下降到了个位数，北京降至最低数5例。中央在前几天就提醒我们，抗“非典”切莫松懈。今天在欣喜之余，我们千万不要忘记：一个老虎也吃人！况且“非典”之吃人不必虎啸，不用虎牙，悄无声，来无影，借载体就明传病毒，有空气就暗送疫病。其魔火虽缩至一豆之灯，遇风即可陡长为十丈之焰。可记得，一个月前，京城一夜风声唳；万不敢，疮疤还在就忘痛。只有等到什么时候，我们彻底弄清了病源，找到了新药，制出了疫苗，才算是画地为牢，老虎进笼。那时才敢松一口气，切记，切记。

（《人民日报》2003年5月27日）

有感于“群众利益无小事”

7 月 1 日，在中南海怀仁堂聆听胡锦涛同志的讲话。一句“群众利益无小事”，使我浮想联翩，心绪难平，有情感之动，也有理论之思。

首先联想到的，是 60 多年前毛泽东同志在江西瑞金召开的第二次全国工农兵代表大会上的一次讲话。他说：“我郑重地向大会提出，我们应该深刻地注意群众生活的问题，从土地、劳动问题，到柴米油盐问题。妇女群众要学习犁耙，找什么人去教她们呢？小孩子要求读书，小学办起了没有呢？对面的木桥太小会跌倒行人，要不要修理一下呢？”“总之，一切群众的实际生活问题，都是我们应当注意的问题。”

红军时期，现在似乎已觉遥远，那时我们党只是星火一点，正待燎原。靠什么？靠关心群众利益。当时最大的利益是给农民土地，所以称之为土地革命，一切服从革命战争。但就是在这样的情况下，我们党也没有忘掉群众利益，千方百计地为他们排忧解难。革命大目标是和群众利益紧紧连在一起的。每当有一批群众翻身，让他们有地种、有饭吃，根据地就扩大一片，革命就这样成了燎原之势。

长征之后，我们党在陕北寻求立足，建立了抗日根据地和边区政府。当时条件极为艰苦，一切为了抗日，但这也不能忘了群众利益。我又想起一个关于毛泽东同志的故事。一次陕北天降大雨，雷鸣电闪，劈死了一头毛驴。一农民说：“咋不劈死毛泽东！”边区公安局认为这真是反动之极，就把他抓了起来。毛泽东同志闻讯后却说：放人，他这样说必有其中的道理。问之，原来是边区农民负担过重。毛泽东同志就下令将公粮 20 万担减至 16 万担，又听从民主人士李鼎铭的建议，精兵简政。群众利益保证了，边区渐渐发展壮大，直至抗日胜利。

这两个故事说明：要得天下，先得民心。这是社会历史之大理。不只有共产党如此，任何一个政治集团都如此。《三国演义》里刘备在曹兵紧追不舍时，仍偕百姓同行；曹操则明令践踏庄稼者斩，他的马惊了，踏了庄稼，他就拔剑自刎，部下夺剑相劝，他就割了一段头发代替。有人说，曹、刘的举动是假意为之，是一种姿态。但这至少说明他们懂得只有赢得民心才能得到天下。民心如海，滴水汇聚成其汪洋；民利如山，寸土累积成其巍峨。赢得民心的过程，也就是成就事业的过程。问题的关键就看得天下之后能将这个理念坚持多久，能不能跳出“其兴也勃，其亡也忽”的周期律。

共产党是准备跳出这个周期律的，党的宗旨明确表明是为最大多数人谋利益。《共产党宣言》宣告：代替那存在着阶级和阶级对立的资产阶级旧社会的，将是这样一个联合体，在那里，每个人的自由发展是一切人的自由发展的条件。但这个理想实现要有一个漫长过程，其中还有许多实践和理论问题需要解决。不过有一点是明确的，夺权靠民心，掌权也靠民心。政权之长短，是一种吸引民心的竞赛。所以，新中国成立前夕，毛泽东同志及时提出“两个务必”的忠告。新一届党中央领导集体成立不久，胡锦涛同志就提出“权为民所用，情为民所系，利为民所谋”。

掌权和夺权不一样。夺权是由无到有，天下之心，寸寸收之，日积其功，如履薄冰；掌权是江山在手，民心如海，日取一滴，不知其竭。所以，无数个政治集团和政治人物都“成也民心，败也民心”，跳不出这个圈子。只有共产党敢挑战这个怪圈。毛泽东同志在延安充满自信地对黄炎培说：我们找到了一个新办法，就是人民民主。邓小平同志说：办事之前先要看人民拥护不拥护、赞成不赞成、答应不答应、高兴不高兴。江泽民同志说：我们党的最大政治优势是密切联系群众，执政后的最大危险是脱离群众。但值得警惕的是，我们现在的干部多是接过现成江山的人，没有“寸寸收心，如履薄冰”的经历，倒易生“民为我用，用之不竭”的轻心。虽民心如海，滥取一滴，就起狂澜；纵权重于山，错施一寸，即无威信。为群众谋利益不是小事，如果损害群众利益，就更不是小事。

不为人民谋利益，不可能得到政权；掌权后不继续为民谋利，不可能巩固政权。而共产党本没有什么私利要谋，它的夺权、掌权都是为了人民的根本利益。人民群众是历史的主人，人心向背是决定一个政党和政权兴衰存亡的根本性因素。这个规律谁也改变不了，我们只能自觉地顺从它。

（《人民日报》2003 年 10 月 14 日）

理　论　　人民日报　　2003年10月14日 星期二 第九版

论『三个代表』重要思想的科学内涵

"三个代表"重要思想是一个完整的科学体系

"三个代表"重要思想深化了对中国特色社会主义的认识

"三个代表"重要思想是建设中国特色社会主义的根本指针

有感于"群众利益无小事"

思想汇报

执政党的根本任务

新高潮　新高度　新成效

碑不自立　名由人传

据《人民日报》4 月 7 日报道，陕西某贫困县，县委领导竭诚尽力为群众办了不少好事，受到群众好评。但遗憾的是，每完成一件工程，领导即要立碑以记，并亲拟碑文。由此引出群言纷纷，石碑虽起，口碑却降。由是想到碑的本意，试略为一辩。

碑者从石从卑，取坚用谦。本意是以坚石刻记要事，以期久远，所以立碑之时总是思之又思，酌之再三，心也惴惴，手也颤颤，不知后人将会作何评点。碑即是“备”，既已上碑，就为历史所备案。宠辱底定，不由人易。何敢草率，何敢张扬。在盛行立碑的封建时代，若行此事，往往也要廷议公论，焚香沐浴，毕恭毕敬。当年新中国成立，中国人民政治协商会议念及近百年来无数英烈为国捐躯，特决定于天安门广场立人民英雄纪念碑一座，并议请周恩来总理亲题碑文。周恩来受命之后，诚惶诚恐，闭门三日，潜心练字，抄写多遍，才完成现在碑上的这通文字，但他却坚辞不题名落款。这是何等的胸怀和品德。

碑者背也。一背，指所书之事已背人而去，属事后之论。碑，最早是古人在下葬之时立于墓坑两侧的系绳引棺之石。后来就顺便将死者的事迹刻于其上，后逐渐演变为专门的记事之碑。可见其本意是盖棺定论，后而书之。二背，指所言为他人、他事，是背对背，不是面对面，更不是自说自。现在某些地方官忙于为自己树形象，争虚名。工程甫定，碑身即起，水泥未干，墨色已干，行匆匆，急慌慌，如赶早集。争立石碑之外，又有争出书者，争登报者，花样翻新，不厌其烦。唐时白居易知杭州，为民修堤，后人感其功，立碑曰白堤；宋时苏东坡又知杭州，再修一堤，后人又念其功，立碑曰苏堤。假如当年白居易、苏东坡都自磨一石，曰白曰苏，立之湖畔，也许早已被埋于污泥，没于尘埋。数十年前大寨因大修梯田而名扬全国，老英雄贾进才一生垒坝无数，满手老茧如铁锈铜斑。别人说，老贾，大寨该给你立一座碑。老人说：“要碑做啥？这满沟的石坝不就是碑。”说得好，碑本天成，何必人立。试想，如果老人也像某县领导那样，往每块坝石上刻一个“贾”字，那参观者该有何感？正因这坝上无字，所以如今大寨展览馆里这位老英雄的形象更加灿烂。

大功无碑，大道无形。你看历史上有多少功德碑、记功铭都已湮没荒草，踩入泥土，而那些为民族为人民做了好事的人，虽无碑无铭，甚至无墓无灰，却永存青史，长在人间。历史老人很怪，有自鸣得意者，就捂住他的嘴；有桃李不言者，偏扬他的德。从来都是碑不自立，名由人传。我们现在提倡科学发展观，提倡干部要有正确的政绩观。有立碑嗜好者当引以为戒。

（《人民日报》2004 年 4 月 9 日）

让法律来保护阳光

中国高度重视开发利用可再生资源，把可再生能源开发利用作为推动经济社会发展的重大举措。2006 年 1 月 1 日，中国将正式实施《可再生能源法》。

——摘自国家主席胡锦涛 11 月 7 日在国际可再生能源大会上的致辞

什么是可再生能源？太阳能、风能、水能、生物质能、地热能、海洋能等，相对于越挖越少的煤、越采越少的石油，这些能源可谓循环往复取之不竭。既然这样丰富，这样方便，为什么还要专门立一部法来保护它的开发呢？原来这阳光、这风、这些生物等并不自由。当我们歌颂阳光的美丽，羡慕风的来去，欣赏生物的活泼多姿时，其实它们正在受着许多的束缚，已经是满肚子的委屈。阳光不远万里来到地球，不只是为了照明，不只是为了红几朵花，绿几棵树。它还能发电、供热，能让汽车跑，能让电灯亮。科学家说，晴天时太阳所照着的每一平方米内就蕴藏着 1 千瓦时左右的能量。可是请想想，当夏天烈日烤着焦躁的柏油路，冬天寒风掠过冰凉的城镇时，面对温暖的阳光我们得到了什么？只有无奈的叹息。风儿在地球上飘荡，也不只是为了来一点凉爽、送几片白帆。它还有更大的力量，但它无用武之地，所以就恼怒、就狂躁，你看那台风、飓风、龙卷风是怎样地拍胸怒吼。还有，地球上除我们人以外还有多种多样的生物，不过它们只是无奈地独处，兰在幽谷无人问，花自飘零水自流。还有谁知道它们那娇嫩的躯体内居然蕴藏着能源呢？

阳光、水、风、生物、地热、海洋等，既有这么多的本事为什么不使出来呢？这有两个原因。一是人们的认识所限，有眼不识金镶玉，轻慢了它，它当然就不出力。这好办，随着科学的进步，观念的转变，会纠正的。二是人们的固执，明知可用就是不用，甚至不许别人用。

原来这能量一族也和人类社会一样，新旧之间会明争暗斗，抢位置、争高低，先来的见不得后到的，强势者挤兑着弱小的。新能源的开发当然要投资，旧能源说，何苦呢，照旧用我不更省事？新能源的开发要成本投入，旧能源说，你看，得不偿失！房顶上装一个太阳能光伏发电系统和供热系统可以供全楼的照明、热水，建筑商说还得改图纸，施工队说太麻烦，物业说不美观。山坡上竖一个风力发电塔就可送电到万家，但是先要征地，又要修路、进设备、培训技术人员，主持者一想，算了吧，还是到热电厂买电去。玉米的传统用途是食用或者当饲料，现在突然说可以造酒精，这酒精还能开汽车，玉米秆可以发电。但是将这些理论变为现实有许多的风险，谁去第一个吃螃蟹？总之，新事头绪多，旧轨最好循。至于这新事物的前景一般人管不了那么多。一般人管不了，谁来管？国家来管。国家是公众推举出来管理众人之事的机构，代表人民和社会的根本利益、长远利益。国家用什么办法来管？用法律，只有法律才能平等地规范所有人的行为，保护全社会的根本利益、长远利益。于是就有了《可再生能源法》，全国人大常委会于 2005 年 2 月隆重推出，2006 年 1 月 1 日正式实施。

170 多年前的 1831 年，当整个欧洲还在靠油灯、蜡烛照明，靠煤炭取暖时，法拉第把一块磁铁投入线圈，电流计上的指针轻轻摆动了一下。他给人表演时，有绅士问："这有什么用？"法拉第说："先生，不用多久，它就会给您交税的。"现在全世界靠电力生产的财富和税收早已多得难以统计。为推广新能源，各国都制定了相关法律。现在阳光、风、生物等新能源才崭露头角，就像当年法拉第手中的磁铁和线圈，亟盼人理解，盼社会支持，盼法律保护。打个比喻，《可再生能源法》就像《未成年人保护法》一样，它是专门保护弱者、保护新生物、保护未来、保护人类的长远利益的。千百年来我们都将阳光、空气当作人类自由的象征，现在突然发现，我们并没有给阳光、空气自由，发现我们亟须用一部专门的法律来保护阳光、空气的自由。当年有人问恩格斯说，你和马克思为之奋斗的理想社会是什么样子？恩格斯回答：每个人的自由发展是一切人的自由发展的条件。自有阶级社会以来，人类就在为自己争自由，为社会秩序立法，现在我们又懂得为自然争自由，为保护利用自然立法。人类的自由发展应该成为自然的自由发展的条件，反之，自然的自由也是人类自由发展的条件。当阳光、空气、各种生物还有地热、海洋都自由地迸发它所有的能量时，人类自己也就获得了最大的自由。这将是一个怎样美好的社会！我们终于学会了与自然的和谐相处。这是唯物辩证法的胜利，是科学发展的胜利。大自然定会在这种和谐中给我们更丰厚的回报。

（《人民日报》2005 年 11 月 30 日）

两类出版　两种阅读

“世界读书日”前后，不由地逛了逛书店，发现一个较为普遍的现象：课本、消闲、快餐式的消费型读物大都摆在显眼位置，占据了主要书架，而严肃的图书多放在偏僻处，数量也极少。一个老问题又回到了心头：一个社会该出版什么样的书、读什么样的书？

书籍有多种功能和分类，但是简而言之，可以分为两类。一类是消费型的图书，它们是为了满足当时的、短期的需要，服务于某一暂时的目的，如菜谱、旅游指南、礼仪和社交技巧等实用型读物；一类是积累型的图书，如政治理论、文学艺术、学术专著及各种专业图书，主要功能不是为了人们眼前的需要，而是为读者提供思想，为社会积累文化。这两种书籍都是我们生活中必需的，但应有个适当的比例。

两种出版物的一热一冷，让人担忧。积累型图书的出版对于文明的传承、人格的养成、人的全面发展至关重要，应引起足够重视。这种积累又可分为两种：一种是事后积累，即对实践的成果进行总结，筑成新的台阶，让后人从这里起步。高尔基说“书籍是人类进步的阶梯”，讲的就是这个意思。例如，李时珍的《本草纲目》，是在总结前人草药方面的实践后积累成书的，司马光的《资治通鉴》是总结前朝的兴替之后成书的。还有一种是超前的积累，主要是指思想理论、学术上的成果，特别是基础理论研究。以科学史为例，爱因斯坦 1905 年提出相对论，1945 年第一颗原子弹爆炸，超前了 40 年。李四光《中国地质学》一书 1952 年在国内出版，提出了构造体系地质力学新概念，10 多年后，在其指导下发现了大庆、胜利等油田。马克思、恩格斯的科学社会主义理论也是这样。这些理论的提出，必须以书籍作为载体，积累下来，承载下去，才能指导当时和后来的实践。人们已经注意到“把科研成果转化为生产力”。其实，还有一个更重要的“二次转化”，就是把实践成果提炼、转化为文化成果，传给后人。书籍就是这个转化的载体。我们常说，如果没有先哲的思想，我们不知道还要在黑暗中摸索多少年。但如果没有图书来承载，先哲的思想光辉就很难流传。

与两类出版物相对应的，是读者的两种阅读。一种是消费型阅读，满足人们对日常生活知识的需求。一种是积累型阅读，它培养人的世界观、审美能力和创新能力，这对一个人的全面发展必不可缺，特别是对青少年成长，更为重要。两类出版物的冷热不均，折射出积累型阅读的不足，无论对个人还是对整个社会，将严重影响文化"后劲"，没有足够的"蓄势"，影响创新，影响国家的创新能力和国际竞争力。

经济学上有个术语，叫"恩格尔系数"，指人们用于食品的最基本消费在消费总支出中所占的比例，反映人们的物质生活水平。一个国家或家庭生活越贫困，恩格尔系数就越大，反之，恩格尔系数就越小。一般说来，恩格尔系数 59%以上为贫困。作为精神产品的图书消费，也应该有这样一个系数。根据消费型图书占整体图书的消费比例，可以看出社会文化的发达程度，比重过高，则说明社会的文化水平、创新能力较低。现在很多基层新华书店的销售收入绝大部分来自消闲、娱乐和其他消费型畅销书。这个系数恐怕早已不是 59%能打住的。

岁岁年年花相似，年年岁岁花不同。年年读书日，希望每年的阅读都能有一个新进步。

（《人民日报》2006 年 4 月 26 日）

匠人与大师

在社会上常听到叫某人为“大师”，有时是尊敬，有时是吹捧。又常不满于某件作品，说有“匠气”。匠人与大师到底有何区别?

匠人在重复，大师在创造。一个匠人比如木匠，他总在重复做着一种式样的家具，高下之分只在他的熟练程度和技术精度。比如一般木匠每天做一把椅子，好木匠一天做三把、五把，再加上刨面更光，合缝更严等等。但就算一天做到 100 把也还是一个木匠。大师则绝不重复，他设计了一种家具，下一个肯定又是一种新样子。判断他的高下是有没有突破和创新。匠人总在想怎么把手里的玩意儿做得更多、更快、更绝；大师则早就不稀罕这玩意，而在不断构思新东西。

匠人在实践层面，大师在理论层面。匠人从事具体操作水平的上限是经验丰富，但还没从经验上升到理论。虽然这些经验体现和验证了规律，但还不是规律本身。大师则站在理论的层面上，靠规律运作。面对一片瓜地，匠人忙着一个一个去摘瓜，大师只提起一根瓜藤；面对一大堆数学题，匠人满头大汗，一道接一道地去算，大师只需轻轻给出一个公式。匠人常自持一技，自炫于一艺，偶有一得，守之为本；大师视鲜花掌声为过眼烟云，进取不竭，心犹难宁。居里夫人把诺贝尔奖章送给小女儿当玩具，但是接着她又得了一个诺贝尔奖。

匠人较单一，大师善综合。我们常说一技之长，一招鲜，吃遍天，这是指匠人。大师则不靠这，他纵横捭阖，运筹帷幄，触类旁通，举一反三。因为凡创新、创造，都是在引进、吸收、对比、杂交、重构等大综合之后才出现的。当匠人靠一技之长，享一得之利，拿人一把，压人一筹时；大师则把这一技收来只作恒河一沙，再佐以其他沙、砖、瓦、土、石、泥，起一座高楼。牛顿、爱因斯坦成为物理大师并不只因物理，还有更重要的数学、哲学等。一个画家，当他成为绘画大师时，他艺术生命中起关键作用的早已不是绘画，而是音乐、文学、科学、政治、哲学等。而一个社会科学方面的大师要求更高，马克思、恩格斯是一部他们那个时代的百科全书，毛泽东则是当时中国政治、军事、文学的宝典。

这就是大师与匠人的区别。研究这个区别毫无贬损匠人之意，大师是辉煌的里程碑，匠人是可贵的铺路石。世界是五光十色的，需要大师也需要匠人，正如需要将军也需要士兵。但是我们必须承认这个世界需要人们有一个较高的追求目标。拿破仑说不想当将军的士兵不是好士兵。将军总是在优秀的士兵中成长起来的。当他不满足于打枪、投弹的重复而由单一到综合，由经验到理性，有了战役、战略的水平时他就成了将军。鲁班最初也是一名普通木匠，当他在技术层面已经纯熟，不满足于斧锯的重复，而进军建筑设计、构造原理时，就成了建筑大师。虽然从匠人而成为大师的总是少数，但这种进取精神是人类进步、社会发展的动力。古语说：法乎其上，得乎其中；法乎其中，得乎其下。要是人人都法乎其下呢？这个社会就不堪设想。

我们可能在实际业绩上达不到大师水平，但至少在思想方法上要循大师的思路，比如力求创新，不要重复，不要窃喜于小巧小技，沾沾自喜。对事物要有识别、有目标、有追求。力虽不逮，心向往之。在个人有了这样一种心理，就会有所上进；在民族有了这样一个素质，就会生机勃勃；在社会有了这样一个氛围，就是一个创新的社会。

（《人民日报》2006 年 5 月 19 日）

大干部最要戒小私

干部是公家的人，是公务员，是为国家办事，不能有私。大贪大贿自有党纪国法管着，这里且说一说百姓眼中最无奈却又最鄙视的小私小弊。

人皆有私，但是私戏不能在公家舞台上演。就如任何人都可以在自己家的浴室一丝不挂地沐浴，可以在自己家夫妻共枕，但如果有人把此事演到大街上、舞台上，那将是怎样地难堪、发神经，怎样地不可理喻。

但许多事，换一种形式，便泾渭不分。我们有一部分干部就在干这种有违常理的事。有一位领导对下属单位说："为什么不先解决我老婆的职称?"下属面有难色，说评委不投票。他说："那我不管，你去办!"一次我在机场见某领导带团出国，各团员及送行人员早在机场恭候，他却姗姗来迟，且妻、儿、孙等前呼后拥。这位领导一不问团员是否到齐，二不问手续办得怎样，三不向送行者嘱咐公事，而是与老婆卿卿我我，说不完的家事，又抱着孙子的脸蛋亲不够。时间一到，披衣出关。众人脸上僵僵地挂着笑，心里凉凉地叹着气，好容易才看完这出"十八相送"。他们就这样穿着一件"公"字牌的皇帝新衣，大裹其私，大摇大摆地登台走步，发指令，做演说，全然不知群众在怎么看，怎么说。这是最失"人"格、失"领导"之格和"公务员"之格的。

北宋名臣富弼出使辽国，一走就是数月。有人捎来家书，富曰："徒乱人心。"不拆书信，直接放在灯上烧掉。一个封建官吏都懂得身在公位，执行公务，百分之百地勤政，不敢有一丝懈怠。而我们现在一些干公事的人却在公台上大唱私戏，私不知羞，私不觉耻。这样人格一丢，就一丑遮百俊，一丑压百能，就被人看扁了，就永无一点可用、可敬、可言之处了。可惜，许多身居要位者在这一点上，常没有一点自知之明、知私之明。

（《京华时报》2002 年 4 月 24 日）

说经典

什么是经典？常念为经，常数为典。经典就是经得起重复。常被人想起，不会忘记。常言道："话说三遍淡如水。"一般的话多说几遍人就要烦。但经典的语言人们一遍遍地说，一代代地说；经典的书，人们一遍遍地读，一代代地读。不但文字的经典这样，就是音乐、绘画等一切艺术品都是这样。一首好歌，人们会不厌其烦地唱；一首好曲子会不厌其烦地听；一幅好字画挂在墙上，天天看不够。甚至像唐太宗那样，喜欢王羲之的字，一生看不够，临死又陪葬到棺材里。许多人都在梦想自己的作品、事业成为经典，政治的、文学的、艺术的、工程的等等，好让自己被历史记住，实现永恒。但这永恒之梦，总是让可怕的重复之斧轻轻一劈就碎。修炼不够，太轻太薄，不耐用甚至经不起念叨第二遍。倒是许多不经意之说、之作，无心插柳柳成荫，一不经意间成了经典。说到"柳"，想起至今生长在河西走廊上的"左公柳"。100 多年前，左宗棠带着湘军去征讨沙俄，收复新疆。他一路边行军边栽柳，现在这些合抱之木成了历史的见证，成了活的经典，凡游人没有不去凭吊的。"统一战线、武装斗争、党的建设"，这是中国革命的三大法宝，是中国共产党打天下的经典。但它的产生是毛泽东不经意间脱口说出的。1939 年陕北公学（即后来的华北联大）的一批学生毕业要上前线，毛泽东去讲话说："《封神演义》上姜子牙下昆仑山，元始天尊赠了他杏黄旗、四不像和打神鞭三样法宝。现在你们出发上前线，我也赠给你们三样法宝，这就是统一战线、武装斗争、党的建设。"经典就这样产生了。莎士比亚有许多话，简直就是大白话，比如："生存，还是毁灭，这是一个问题。"还有托尔斯泰《安娜·卡列尼娜》的开头："幸福的家庭都是相似的，不幸的家庭各有各的不幸。"这些话被人千百次地模仿。就是《兰亭序》也是在一次普通的文人聚会上，王羲之一挥而就。当然，经典也有呕心沥血、积久而成的。像米开朗琪罗的壁画《末日的宣判》，一画就是八年。不管是妙手偶成还是苦修所得，总之，它达到了那个水平，后人承认它，就常想起它，提起它，借用它。它如铜镜愈磨愈亮，要是一只纸糊灯笼呢?用三五次就破了。

经典所以经得起重复，原因有三：一是达到了空前的高度；二是有绝后的效果；三是上升到了理性，有长远的指导意义。经典不怕后人重复，但重复前人却造不成经典。

文化的发展总是一层一层，积累而成。在这个积累过程中要有个性，能占一席之地必得有新的创造。比如教师一遍一遍讲数理化常识，如果他只教书而不从事科研，一生也不会创造出数学或物理科学方面的经典。因为只有像牛顿发现了万有引力，像伽利略发现了重力加速度，像爱因斯坦发现了相对论等才算是科学发展史上的经典；马克思创造了无产阶级专政理论，毛泽东创立了农村包围城市论，邓小平创立了中国特色社会主义理论等，这都是无产阶级革命和建设的经典。它是创新，不是先前理论的重复。唐诗、宋词、元曲，书法的欧、颜、柳、赵，王羲之的行书、宋徽宗的瘦金书都是中国文学艺术史上的经典。因为在这之前没有过，实现了“空前”，有里程碑的效果。只要写史，只要再往前走，就要回望一下这些高峰，它们是一个个永远的参照点。

经典又是绝后的，你可以重复它、超越它，但不能复制它。

后人时时地想起、品味、研究经典的目的是为了吸收借鉴它，以便去创造自己新的经典。就像爱因斯坦超越牛顿，爱翁和牛顿都不失为经典。齐白石谈到别人学他的画说：“学我者生，像我者死。”因为每一个经典都有它那个时代、环境及创造者的个性烙印。哲学家讲，人不能在同时间跨过两条河流。比如我们现在写古诗词，无论如何也不会有李白、李商隐、李清照的神韵，岂但唐宋，就是郭小川、贺敬之也无法克隆。时势异也，条件不再。你只能创造你自己的高峰。唯其这种“绝后”性，才使它彪炳青史，成为永远的经典。

我们对经典的重复不只是表面的阅读，更是一次新的挖掘。

经典所以总能让人重复、不忘，总要提起，是因为它对后人有启示和指导价值。“鸳鸯绣出从君看，莫把金针度与人。”经典不只是一双绣鸳鸯，还是一根闪闪的金针。凡经典都超出了当时实践的范围而有了理性的意义，有观点、立场、方法、思想、哲理的内涵，唯理性才可以指导以后的实践。理性之树常绿。只有理性的东西才经得起一遍一遍地挖掘、印证，而它又总能在新的条件下释放出新的能量。如天然放射性铀矿一样，有释放不完的能量。范仲淹说：“先天下之忧而忧，后天下之乐而乐。”司马迁说：“人固有一死，或重于泰山，或轻于鸿毛。”邓小平说：“不管白猫黑猫，抓住老鼠就是好猫。”这都是永远的经典，早超出了当时的具体所指而有了哲理的永恒。就是达·芬奇的《蒙娜丽莎的微笑》、朱自清《背影》中父亲饱经风霜的背影、小提琴曲《梁祝》中爱的旋律，还有毕加索油画中的哲理、张旭狂草中的张力也都远远超出自身的艺术价值而有了生命的启示。

总之，经典所以经得起重复是因为它丰富的内涵，人们每重复它一次都能从中开发出有用的东西。同样一篇文章、一幅画或一个理论，能经得起人反复咀嚼而味终不淡，这就是经典与平凡的区别。一块黄土，风一吹雨一打就碎，而一颗钻石，岁月的打磨只能使它愈见光亮。

（《京华时报》2005 年 5 月 10 日）

学问不问用不用，只说知不知

近日去看望96岁高龄的季羡林先生，谈话间我提及："您关于古代东方语言的研究对现在有什么用?"先生说："学问，不能拿有用无用来衡量，只看它是否精深。当年牛顿研究万有引力有什么用?"

一语如重锤，敲醒了我懵懂的头脑。

是的，对学者来说，做学问单单是为了有用吗？显然不是，不但牛顿研究万有引力时不这样问，就是哥白尼研究天体运动、达尔文研究生物进化、爱因斯坦研究相对论都不这样问。如果只依有用无用来衡量，许多人早就不做学问了。哥白尼直到临死前，他的《天体运行》才出版，这时他已双目失明，只用手摸了一下这本耗尽他一生精力的书便辞世了。开普勒发现了众星运动规律后说："认识这一真理已实现了我最美好的期望，也可能当代就有人读懂它，也可能后世才有人能读懂，这我就管不着了。"类似的话许多学者、科学家都说过。

他们不管，谁来管呢？自然有下一道程序，由实践层面的人——技术人员、设计师、企业家、管理者、政治家等去管。社会就这样接续发展，科学技术、学术就这样不断进步。爱因斯坦发现了相对论后，又经过了40年，这期间通过许多技术人员包括组织管理者的努力，第一颗原子弹才爆炸。社会科学与自然科学稍有区别，但也有一些看似无用的东西要人去静心研究。马克思本来身在工人运动第一线，当他深感工人运动缺少理论支持时，就退出一线去研究《资本论》等理论(当然，他还是同时关心着实践)。当时他已穷得揭不开锅，说：从来没有像我这样一个最缺少货币的人来研究货币。如果为了有用，他最应该去经商，先赚一把货币。他的经济、哲学、科社理论让后来实践层面的革命家、管理者演绎出一个轰轰烈烈的新时代。

原来知识是分上游、下游的。上游是那些最基本的原理，解决规律层面的问题；下游是执行和操作的方法，解决实践层面的问题。上游是科学，下游是技术；上游是学术，是思想，下游是方案，是行动。由于科学、学术的超前性，许多科学家、学者经常看不到自己学问的实用结果。但他们并不悲伤、并不计较，他们不管用与不用，而只管知与不知，只要不知道的事就去研究。就像煤矿的掘进队，只管掘进，而把煤留给后面的采煤人。梁启超说，做学问不为什么，就为我的兴趣，为学问而学问。他们虽说不问为什么，但他们坚信知识对人类有用。培根说："知识就是力量。"事实上，每一项新知识都对人类产生了重要作用，有的简直是惊天动地。伦琴、居里夫人、卢瑟夫等一批研究放射性、原子能的早期科学家，并没有想到后来的原子弹及和平利用原子能。就是季羡林先生也没有想到他研究的梵文、吐火罗文在40年后让他破译了一部天书、补回了一段历史。

正因为这样，我们强调尊重知识，尊重人才，包括对未知世界、对自然界、对星空、对生态的尊重。因为一切未知中都藏有真知，也许哪一棵野草就是将来打开生命大门的钥匙。而面对茫然的未知世界，那些勇敢拓荒的人才是真正的英雄。他们治学时不问有用无用，正是因为他们讲大用而不计小用，看将来而不计眼前，为人类之大公而不谋个人小利。这些以学问为乐趣，为人类不断扩充知识边界的人是最值得我们尊敬的。而他们在探知过程中所表现的淡泊名利、宁静致远的治学态度和做人准则，对后人来说比他们提供的知识还重要。

（《人民日报》2007年4月4日）

石头里有只会飞的鹰

雕塑家用一块普通的石头雕了一只鹰，栩栩如生，振翅欲飞。观者无不惊叹。问其技，曰：石头里本来就有一只鹰，我只不过将多余的部分去掉，它就飞起来了。

这个回答很有哲理。

原子弹爆炸是因为原子核里本来就有原子能；植物发芽，是因为种子里本来就有生命。它不爆炸、不发芽，是因为它有一个多余的外壳，我们去掉它，它就实现了它自己的价值。达尔文本酷爱自然，但父亲一定要他学医，他不遵父命，就成了伟大的生物学家。居里夫人25岁时还是一名家庭教师，还差一点当了小财主家的儿媳妇。她勇敢地甩掉这些羁绊，远走巴黎，终于成为一代名人。鲁迅先是选学地质，后又学医，当把这两层都剥去时，一位文学大师就出现了。就是宋徽宗、李后主也不该披那身本来就不属于他们的龙袍，他们在公务中痛苦地挣扎，还算不错，一个画家、一个词人终于浮出水面。这是历史的悲剧，但是成才的规律，也是做事的规律。物各有主，人各其用，顺之则成，逆之则败。

每当我看杂技演出时，总不由联想一个问题：人体内到底有多少种潜能？同样是人，你看，我们的腰腿硬得像个木棍，而演员却软得像块面团。因为她只要一个“软”字，把那些无用的附加统统去掉。她就是石头里飞出来的一只鹰。但谁又敢说台下的这么多的观众里，当初就没有一个身软如她的人？只是没有人发现，自己也没有敢去想。

法国作家福楼拜说：“你要描写一个动作，就要找到那个唯一的动词；你要描写一种形状，就要找到那个唯一的形容词。”那么，你要知道自己的价值，就要找到那个唯一的“我”，记住，一定是“唯一”，余皆不要。好画，是因为舍弃了多余的色彩；好歌，是因为舍弃了多余的音符；好文章，是因为舍弃了多余的废话。一个有魅力的人，是因为他超凡脱俗。超脱了什么？常人视之为宝的，他像灰尘一样地轻轻抹去。

新中国成立后，初授军衔，大家都说该给毛泽东授大元帅。毛说，穿上那身制服太难受，不要。居里夫人得了诺贝尔奖，她将金质奖章送给小女儿在地上玩。爱因斯坦是犹太人的骄傲，以色列开国，想请他当第一任总统，他赶快写信谢绝。他们都去掉了虚荣，舍弃了那些不该干的事，留下了事业，留下了人格。

可惜在现实生活中，我们总是算加法比算减法多，总要把一只鹰一层层地裹在石头里。欲孩子成才，就拼命地补课训练，结果心理逆反，成绩反差；想要快发展，就去搞“大跃进”，结果欲速不达；想建设，就去破坏环境，结果生态失衡，反遭报复。何时我们才能学会以减为加，以静制动呢？

诸葛亮说“宁静致远”。当你学会自己不干扰自己时，你就成功了。老子说“无为而治”。马克思对共产主义社会的解释是“自由人联合体”，连国家机器也将消亡。当社会能省掉一切可以省掉的东西时，理想的社会就出现了。

（《人民日报》2007 年 11 月 15 日）

地震教我们如何说话

“5·12”汶川大地震后，国内外只有一个呼声：抗震救灾。过去常不绝于耳的几种声音，如老百姓对政府的批评，西方媒体对我们的挑剔，社会上的谣言和猜测，统统没有了。大地这一发威，把舆论都震住了。

舆论是比军事的、经济的、物质的等一切硬实力还难对付的软实力。俗话说，众口难调，各人有各人的看法；又百口莫辩，任你怎样解释，人家总是不信。但有一样东西不会有争议，这就是事实。学会用事实说话，用重要的事实说话，用真诚的口吻说话。抗震救灾，检验了我们的经济实力、组织能力，也检验了我们的说话能力、把握舆论的能力。

大道无形，强不言兵，最好的说话方式是不必再说。过去群众对政府的工作有意见，如腐败、效率低等等。这次收到地震消息时，总理还在外地回京的路上，立即掉转车头直奔机场，就在飞机上发表抗灾动员。几个小时后，已落地在废墟中指挥救灾。当日就近调帐篷 5 000 顶，10 天后又在全国再增调 90 万顶。救援队水、陆、空并进，3 天内，来自数千里外不同方向的，挂着北京、广州、青岛、沈阳等不同牌子的白色救护车，已按划定分工出现在灾区各县、各镇。这时无论是灾民，还是全国人民，只有一句话：政府效率高，政府想着百姓。

什么是政治？国家、民族的全体大事就是政治，这几天救灾是最大的事，就是政治。儒家认为“民为邦本”，孙中山说政治是管理众人之事，毛泽东同志说“站在最大多数人一边”，不管哪一个时代，能给老百姓办事就站得住脚。这是人类长期积累的共同的政治文明。此时此刻，我们的政府就是最好的政府，最得人心的政府。全国人民高高举起的双手既是对灾区的支援，也是对政府的致敬。哪里还会有什么牢骚？

信息公开是现代政治文明的表现。最好的工作形式就是无形式，这次救灾工作及其报道，最大的特点就是透明。地震突发后，相关部门每天都召开新闻发布会，电视台 24 小时滚动报道，各媒体都有记者深入灾区的每一个角落和后方的每一条生产线、运输线实时播报。一时，人们的脑子里只有两个概念：一是灾难，百年不遇的大难；二是救灾，一刻不停地救灾。事实的透明带来思想的统一。这场救灾检验出了我们的两个进步。一是政治进步，政府坦诚，没有什么可保密的，欢迎监督，每一笔资金、每一项物资都可跟踪调查。二是科技进步，电话、网络提供了全程、全方位的服务和监督。捐赠救灾、寻找震后亲友、监督举报都可。在一次记者招待会上，记者问及有救灾帐篷流向市面，怎么解释。民政部立即答应查办。谣言止于信息公开。这样，小道消息还有什么市场？我们要感谢在地震前不到半个月施行的《中华人民共和国政府信息公开条例》。虽然这比美国 1976 年出台的《政府阳光法案》晚了 30 多年，但我们还是追上了世界政治文明，百年不遇的大地震遇上了这个刚刚施行 10 多天的法规，这也是天意。

过去西方媒体最喜欢做的文章就是中国的人权。我们常对他们说，最大的人权是生存权，也许他们没有什么体会。当温总理在废墟上大喊第一是救人，当连续三天，全国都为死难者下半旗志哀时，全世界都看到了中国政府怎样尊重生命。而近来在西方，无论是政府、国会还是媒体都一片声地称赞中国政府的救灾行动。谣言止于透明，偏见化于诚恳。当年朱镕基访问美国，示威者围着他下榻的宾馆闹“人权”，朱第二天讲话说，你们急什么，我们自己的事，我是总理，我比你们还急。温家宝总理访问美国，耐心地解释，中国有自己的国情，什么事一乘 13 亿太多，一除 13 亿又不够。这都是诚恳的态度。这次抗震救灾我们向全世界再次显示了这种诚恳。就在一个月前，西方还有人借“藏独”说“人权”，地震后却出奇地平静。诚恳再加事实，总会理解，总能沟通。

毛泽东同志说，战争是洗涤剂。灾难也是洗涤剂，这次地震帮我们洗掉了许多旧方法、旧作风，让我们的工作，特别是宣传工作大进了一步。我们不敢说以后有多好，但遇到困难时，听到批评时，我们就想一想这次地震。就像过去常说的想一想战争，想一想长征。

（《人民日报》2008 年 6 月 30 日）

邓小平认错

一个时代的转型和国家的进步，是以其领袖的思想转变为标志的。当我们欢呼中国改革开放 30 年的成就时，不能不追溯到 30 年前的一个思想细节。

1978 年 10 月邓小平访问新加坡。而这之前中国在极左时期一直称新为“美帝国主义的走狗”。当邓小平吃惊地看到新加坡的成就时，他承认对方实行的对外开放、引进外资的方针是对的。当谈到中国的对外方针时，李光耀说，中国必须停止革命输出。邓小平停顿片刻后突然问：“你要我怎么做?”这倒让李光耀吃了一惊。他就大胆地说：“停止帮马共和印尼共在华南设电台广播，停止对游击队的支持。”李光耀后来回忆：“我从未见过一位共产党领袖，在现实面前会愿意放弃一己之见，甚至还问我要他怎么做。尽管邓小平当时已 74 岁，但当他面对不愉快的现实时，他还是随时准备改变自己的想法。”

这次新加坡之行，邓小平以他惊人的谦虚代表中国共产党和政府承认并改正了两个错误。一是改变保守自闭，对外开放，引进外资；二是接受建议，不再搞革命输出，大大改善了中国的对外关系。这是多么难能可贵的自我批评精神啊。

人孰能无错？但并不是人人都能事后认错。普通人认错难，有光环笼罩和鲜花托举的伟人、名人认错就更难。但也正是这一点考验出一个人的品格与能力。纵观历史，名人喜功、贪功的多，自责、担责的少。像邓小平这样，大功不自喜，大德不掩错，是真伟人。平时，我们看一个人的成功，总是说他发现了什么，创造了什么。其实同样重要的另一面是他承认了什么，改正了什么。当一个人承认并改正了前一个错误时，就为他的下一个创造准备了条件，铺平了道路。而当一个伟人这样做时，他就为国家民族的复兴铺平了道路。延安时期搞“抢救运动”，伤害了革命同志，毛泽东亲自到会道歉，脱帽鞠躬。

1958年犯了“大跃进”错误，第二年在庐山会议上毛泽东认错说：“去年犯了错误，每个人都有责任，首先是我。”当然，这次认错不彻底也为以后的“文革”种下祸根。“文革”之后，邓小平主政，总结历史教训，他没有委错于人，而是代毛泽东认错，说：“讲错误，不应该只讲毛泽东同志。……‘大跃进’，毛泽东同志头脑发热，我们不发热？……在这些问题上要公正……中央犯错误，不是一个人负责，是集体负责。”（《邓小平文选》，2版，第2卷，296页，北京，人民出版社，1994）后来他又多次讲，不争论，团结一致向前看。是这种谦虚的实事求是的科学态度，保证了大转折时期的平稳过渡。一个领袖的英明，包括他的智慧、魄力，也包括他的谦虚、诚实。一个民族的幸福不只是有领袖带领他们取得了什么成就，更是带领他们绕开了什么灾难。领袖一念，国家十年，伟人多一点谦虚，国家就少一次失误，多一次复兴的机会。

认错是痛苦的，一个伟人面向全体人民和全世界认错，更要经受巨大的心灵痛苦。党犯了错误，总得有人出来担其责，重启新航；一个时代的失误，总得有人来画个句号，另开新篇。这不是喜气洋洋的剪彩，是痛定思痛，发愤图强的誓言。只有那些敢于担起世纪责任的人，才会有超时代的思考；只有那些出以公心为民造福的人，才能不图虚名，面对现实，实事求是。当我们今天沉浸在改革开放的喜悦中时，请不要忘记当年一代伟人痛苦的思考和艰难的抉择。

（《党建》2008年第10期）

谁敢极言？谁能极言？

我们平常讲到一个问题的重要，或者为引起重视，就说“极言之……”如何，如何。可见人们的思维习惯是要听要害之点，不愿听不痛不痒的套话。

我们现在纪念改革开放 30 周年，不能忘记小平同志在 1980 年 1 月的一段著名讲话：“近三十年来，经过几次波折，始终没有把我们的工作着重点转到社会主义建设这方面来……现在要横下心来，除了爆发大规模战争外，就要始终如一地、贯彻始终地搞这件事……不受任何干扰……扭着不放，‘顽固’一点，毫不动摇。”（《邓小平文选》，2 版，第 2 卷，249 页）当时为强调不受干扰，他还说了一句话：“我要买两吨棉花，把耳朵塞起来。”你看，“横下心”“不受任何干扰”“始终如一”“顽固一点”“买两吨棉花”，何等坚决，这就是“极言”，抓住问题的要点，以极其鲜明的态度，表达自己的意见。我们回首 30 年的大发展、大成功，不能不佩服邓小平这段话的精辟。什么叫振聋发聩，什么叫挽狂澜于既倒，什么叫力排众议，此言之谓也。

就像名医号脉、扎针，政治家、思想家之评事论政也是号脉扎针，不过取的是思想之穴，号的是时代之脉。回顾 28 年前邓小平这段话，又使我们想起马克思也有一句“极言之”的话，讲得更彻底：“无论哪一个社会形态，在它们所能容纳的全部生产力发挥出来以前，是决不会灭亡的；而新的更高的生产关系，在它存在的物质条件在旧社会的胎胞里成熟以前，是决不会出现的。”（《马克思恩格斯全集》，中文 1 版，第 13 卷，9 页，北京，人民出版社，1962）“无论”“决不”，其口气之坚决，不容半点商榷。实践是检验真理的唯一标准，小平那段话，经 30 年的检验足见其真，而马克思的这一段话已过去 100 多年，我们是在栽了几个跟斗，吃了许多亏后才深刻理解的。

能极言，敢极言，除了深刻的洞察力，还要有坚持己见的勇气，自信自己是站在真理一边。彭德怀在庐山遭批判后六年不认输，1965年毛泽东给他分配工作时说："也许真理在你一边。"近读到一则史料。当年袁世凯要复辟称帝，大造舆论。梁启超毅然站出来写文章反对，其中有一段可谓极言，掷地有声："由此行之，就令全国四万万人中，三万万九千九百九十九万九千九百九十九人赞成，而梁某一人断不能赞成也。"当年马寅初因为提倡节制生育受到批判，他也是这种勇敢："我虽年近八十，明知寡不敌众，自当单身匹马，出来应战，直至战死为止。决不向专以力压服不以理说服的那种批判者们投降。"(《重申我的请求》)

极言，是指极准确、极深刻、极彻底，绝不是我们平时说的意气用事，故走极端。逞一时之快决不算什么英雄。敢极言之人恰恰是深思熟虑，敢当大事、能为大事之人。当年，中英香港遗留问题是个难题。1982年9月英国首相撒切尔夫人来华想再拖延交还香港。外交谈判一般讲究方式、方法，甚至用语还要圆滑一点。但邓小平却以一席直白的铁板钉钉、力不可撼的极言，敲定了香港回归的大局。他说："主权问题不是一个可以讨论的问题。""如果中国在一九九七年，也就是中华人民共和国成立四十八年后还不把香港收回，任何一个中国领导人和政府都不能向中国人民交代……如果不收回，就意味着中国政府是晚清政府，中国领导人是李鸿章!"（《邓小平文选》，1版，第3卷，12页，北京，人民出版社，1993）就是这段态度极为明确的表态，让号称"铁娘子"的首相夫人一时头晕，走出大会堂时竟失态跌了一跤。当时我方一部长失言，说香港回归后可不驻军，邓说，无知，立即将其撤职。极言的后面必有极坚决之立场和行动为证，当年梁启超讲了那段极言之后就与他的学生蔡锷联络，策划起兵反袁了。

"极"是什么？是极点，是的思想的最深处，问题的最关键点。观察事物要能找到那个点，写文章要能说出那个点。福楼拜说："你要描写一个动作，就要找到那个唯一的动词；你要描写一种形状，就要找到那个唯一的形容词。"中国古代叫"推敲"。这是在语言层面求准确，而进一步求思想层面的准确，就是要找到那个问题的唯一的关节点，也就是极点、拐点。这样的文章才有个性，才有深度，才是一把开启人思想的钥匙，是一座照路的灯塔。

古今文章无不在追求两个极点。一是形式美的极点：字、词、音韵、格律、结构，如“落霞与孤鹜齐飞”之类；二是思想的极点，一言成名彪炳千古。我们还可举出一些著名的例子。如毛泽东在 1930 年革命低潮时讲：“中国革命高潮快要到来，决不是如有些人所谓‘有到来之可能’那样完全没有行动意义的、可望而不可即的一种空的东西。……它是立于高山之巅远看东方已见光芒四射喷薄欲出的一轮朝日，它是躁动于母腹中的快要成熟了的一个婴儿。”（《毛泽东选集》，2 版，第 1 卷，106 页，北京，人民出版社，1991）还有林则徐那道关于禁烟的著名奏折：“鸦片不禁，几十年后将无可以御敌之兵，无可以充饷之银。”并且表态：“若鸦片一日不禁，本大臣一日不回，誓与此事相始终。”还有当年左宗棠在湖南初露头角，遭人构陷，险掉脑袋。大臣潘祖荫等上书也有一句极言：“天下不可一日无湖南，湖南不可一日无左宗棠。”救了一个历史功臣。凡在历史上站得住的极言都成了思想的里程碑。可惜我们现在报章上的套话太多，有思想光芒的极言难得一见。这是学风、文风不振的表现，极言之，将是民族思想的萎缩，令人担忧。

我劝天公重抖擞，不拘一格降文章。

（人民日报社《大地》杂志 2008 年第 9 期）

用其力还是用其心

康熙时黄河泛滥，经年不治，工程上马后又众说纷纭，意见不一。治河老臣靳辅在黄河上滚了十几年，因与皇上看法不一被贬。后事实证明他的意见正确，又召他回来。他上书说："我已 70 岁，心有余而力不足了，还是请皇上另选他人吧。"康熙说："我知道你老了，我是用你的心，不用你的力。"黄河于是得治。

类似的故事还有一个。1949 年，新中国刚成立，我们没有海军。1.8 万公里海岸线，无一船一舰。毛泽东召长征老将、12 兵团兼湖南军区司令员肖劲光，要他任海军司令，组建海军。肖急了，说："我是个旱鸭子，哪懂海军。这辈子总共坐过五六次船，每次都晕得不敢动，怎么当海军司令?"主席说："就看上你这个旱鸭子。"结果在他主持下，创建了一支强大的海军。毛主席很满意，说："有肖劲光在，海军司令不易人。"他成了世界上任职最长的海军司令。

这让我们思考一个问题，用人是用其力，还是用其心。其力，当然要考虑，但前提是他的心，即他的思想、品德、意志。思想是管方向的，做什么，怎样做。品德是操守，要能把握住自己，处理好公与私、个人与事业的关系。意志是坚持力、毅力、攻坚能力。人才学研究表明，人与人之间的能力相差不多，成功与否常在意志方面。靳辅以 70 岁暮年之身，肖劲光以外行之人，结果都不负重托，卓有建树，是心在起作用。

古人有阅人之术，就是观察人。曾国藩就自信通此道。有时一个人的好坏，并不要多么复杂的考察。可管中窥豹，一叶知秋。很奇怪，近年来落马的一些干部，群众早有议论，其恶行丑闻，就是与其做邻居也要退避三舍的，却照升、照用。最近公布处理的一位副地市级干部，做县委书记时写了一本他与本县名人的书，好借机出名。封面上他挺胸叉腰，雄视河山。十几个"名人"如指甲盖大的头像，环衬在他在身后。他到中央党校学习，用“换头术”假造了一张中央领导给他发毕业证的照片，到处吹嘘。有中央领导来当地视察，他本不在现场，又如法炮制一张与领导人的合影。其父母过生日，用公款大摆宴席，请剧团唱戏。他最后翻船是因为查出贪污数百万。但如果没有这些经济问题呢？这种瞒天过海、欺世盗名的做派，就是拿一般的阅人术，一看也知是个坏人，倒退100多年，曾国藩也不敢用他。这种人格在封建社会、资本主义社会，也是被人嗤之以鼻的。但在出事前，此人还又提了一级。

用其心，用什么？用其公心，忧国忧民、不以权谋私；用其诚心，不弄虚作假、招摇撞骗；用其忠心，负责敬业、恪尽职守。这用不着多么复杂的考察，稍一了解，或谈一次话，就能阅其大概。正如一张粗劣的假币，一看就知，用不着再上什么验钞机。人格的高下，是放之四海，求之古今都一样的。君子、小人，忠臣、奸相，清官、污吏，早有定格。我们现在只要回到最低门槛，把住其心就行，也就是老百姓说的良心。有了这个良心，力不足，可以勤补拙，以诚撼天。没有这个良心，力有余，则正好以权谋私，以能售奸。用人还是用心为上。

（《人民日报》2008年10月10日）

肢体导演张艺谋

从来没有说过电影方面的事，因为是外行；更没有敢议论过张艺谋，因为他是大人物。但最近，张艺谋自己为他的《三枪拍案惊奇》（以下简称《三枪》）实在闹得动静太大，占住电视屏幕，总在你眼前晃，晃得头晕。就想说几句。并不全关电影，也不关他个人。

为了给《三枪》做广告，张艺谋表扬他的演员，特别是小沈阳。说他们的长处是肢体表演，比如要表现“恐怖”，一般电影演员是用面部的心理表情，十几秒钟。而小沈阳他们能用全身的肢体，摔倒、爬滚、哆嗦、抽搐、歪眉斜眼、屁滚尿流。十秒的表演可以扩到十分钟。他自以为这种表演和导演手法是新的艺术高峰，其实是掉进了黑洞。张的这段自白可以看作是解读他的电影的钥匙。这几天电视上不断展览《三枪》的拍摄花絮，张亲自演示怎样踢屁股，要求像足球射门那样踢，把腿抡圆，一次不行，两次，直踢了七次。于是银幕上就满是横飞的肢体、鼻涕眼泪的脸、忽斜忽圆的眼、黑白的阴阳头、变形的胳膊腿……猛看就像毕加索的那幅《格尔尼卡》的扭曲画面。

从表情走向肢体动作，这是进步吗？是退步。“二人转”作为一种底层民间艺术，原来的缺点有二。一是粗了一些，主要是动作的夸张粗野。二是脏了一些，互相调骂的太多，行话叫“脏口”。约 20 年前，我曾专门到吉林，在一个地下表演厅看了一台原始的“二人转”，要硬着头皮看。赵本山的功劳正是对这两方面进行了改革，救活了“二人转”，加进了审美。张艺谋不吸收现在的阳光，反而去挖掘过去的裹脚布。张也曾有过好作品，如《秋菊打官司》《一个都不能少》等，记得他当时说过一句话：自己叙述的功力不够，拍《秋菊打官司》是为补课。新闻和电影本来是不搭界的，但我当时很为他的这种艺术追求所感动，就到处给青年记者讲，写新闻也要学张艺谋这种苦练叙述的基本功。可惜，我们认真学了，他却浅尝辄止。再一细想，他恐怕始终也没有走出“肢体热”的怪圈。他后来热心搞大型的《印象》，动辄百人、千人，真山水，声、光、电，那就是一种多人运动的大肢体戏。记得在桂林看《刘三姐印象》，气势虽大，但怎么也找不回当年歌剧和影片的美感，而现场倒是催生出了一个怪产业：卖望远镜。观者都传，远处船上的女演员是裸体。不管怎么样，在肢体上做文章，恐怕不是艺术的出路。前几年，作家中曾出现过所谓身体写作的美女作家，网上有木子美、芙蓉姐姐之类，虽有点噱头，但并没有什么大成。当然，张艺谋不会走这么远，但也难说。因为《三枪》炒作的关键词是票房！票房！为了票房价值什么不敢牺牲？况且，玩庸俗本身也会上瘾，就像吸毒、赌博一样。

张艺谋说拍这个戏是为搞笑。搞笑是艺术吗？就算是，也是艺术中的皮毛。说到底，艺术要给人以美感。人除了物质需求之外，其精神文化需求有六个档次，由低到高分别是：刺激、休闲、信息、知识、思想、审美。搞笑属于刺激这一档，是最低档。刺激是一个巨大的精神需求黑洞，它甚至超过了其他五个档次，因为人由动物变来，有原始性、粗野性。如果不加限制，刺激性的精神产品就有无边的可怕的市场。这就是为什么我们总在“扫黄”，却不可能完全扫净，但又还得不停地扫。在《三枪》的宣传推介中，出品人居然在电视上大声喊，不管评价多么不同，只要有人看，能卖钱就行。我们关于精神产品的管理不是一直坚持“两个效果”的标准吗？即市场效果和社会效果。现在怎么自打嘴巴了？这时就不讲政治了？如果要更刺激、更赚钱、更市场一点，把赌场和妓院也开放了岂不痛快？黑格尔的《美学》，比较艰深难读，但他说出一个简单的道理：人与外部世界的关系，有两种，一种是狭窄的庸俗的欲望关系，另一种是对艺术品的审美关系。“人们常爱说：人应与自然契合为一体。但是就它的抽象意义来说，这种契合一体只是粗野性和野蛮性，而艺术替人把这契合一体拆开，这样，它就用慈祥的手替人解去自然的束缚。”（黑格尔：《美学》，第 1 卷，61 页，北京，商务印书馆，1979）社会为什么敬重艺术家？是因为他们那慈祥的手。张艺谋的手似乎并不慈祥，他的作品中总是留恋原始、粗野和野蛮，乐此不疲。总喜欢把戏往下半身导。在高粱地里做爱，给烧酒锅里尿尿，打架斗殴踢屁股。就是秋菊男人被村长一脚踢伤，踢的部位也必须是生殖器。这次的《三枪》又是仔细展示怎么偷情，再加凶杀。这些当然刺激，如黑格尔说的也能“起欲望”，也搞笑。但作为一种艺术方向，总这样搞笑下去，这个民族还有什么希望？如果当初我们的唐诗、宋词、元曲也这样一路搞笑过来，现在我们的文化会是什么样子？不是说艺术不能搞笑，但艺术的方向和本质不是搞笑，尤其它的代表人物不能以搞笑为旗、为业。我们所有的作家、音乐家、画家、演员、导演等艺术家，都应该有一双慈祥的手，为社会、为观众慈航普度，而不是玩弄和亵渎他们。艺术家啊，听听黑格尔老人的劝告吧，看看你的手，是慈祥的，无力的，抑或是罪恶的？

一个有修养的艺术家惜名如金，珍惜自己的艺术生命，绝不推出水准线以下的作品。米开朗琪罗从不让人看他还没有成功的作品，一次朋友来访，只看了一眼旁边正创作中的雕塑，他就假装失手，油灯落地，周围一片黑暗。吴冠中怕自己不满意的作品流传于世，竟自己点火烧了一大批画。孙红雷刚在《潜伏》中有了一点好名声，竟去接这样的烂片。童子无知，导演欺人。看来一个演员要修到不让导演误导，不被人倒着演，还真不容易。导演这个名分是随便就敢担当的吗？他不只是导戏，他还导人，导社会的审美趋向、价值观念、道德风尚，导民族精神，导青少年的未来。所以我们一向把为社会做出贡献的文化人与救亡图存的民族英雄一样看待，如鲁迅、老舍、巴金等。现在，社会捧红了一个大导演，他却不知自爱，对自己不负责，对演员不负责，对观众不负责，怎能叫人不伤心？或者他原来就没有读几本书，现在又忙于搞笑，不读书，认识水平实在上不去，但文艺研究部门谁来导一下这个导演？不妨到电影学院去看一看，除了“肢体表演”，有没有开美学课、政治课？我奇怪，每年贺岁片一出，总是说“票房、票房”，“当日票房”，却没有人出来讲一点艺术的规矩。也许是因为出不起广告钱，媒体不给他们话语权。于是只剩下写博客了。尽管电视上不断地“老王卖瓜”，网上一位“80 后”作家还是说他只能给《三枪》打一分。这一点认识倒是“老少咸一”，看来艺术还不会绝种。

[人民网博客 2009 年 12 月 17 日，
《人民日报》（海外版）2009 年 12 月 24 日]

有八种人不幸福

最近关于什么是幸福的话题突然热了起来，特别是正当“两会”之际，名人荟萃，代表、委员，包括高官、明星都纷纷在镜头前表达自己的幸福公式。但是那些还不够幸福的人却不见有什么公式。我静听静看了几天，虽没有公式，却有一点想法。

幸福的主体是公民个人，要靠自己感受，不能“被幸福”，也不能“贴牌”，更不要“秀幸福”。构成幸福的内容有三个方面：物质、精神、情感。情感也属精神，但又有区别，特别是对个体的人来说精神偏重于理想、信念，情感更重在人与人之间的关系。恩格斯在马克思墓前的讲话里说，马克思的贡献是发现人先得生存，解决吃穿住（物质），然后才是宗教、政治（精神）活动。他还说过，人是各种社会关系的总和。这“总和”除政治、经济关系外，很大一块是情感关系，是和谐。总之，人要幸福，离不开物质享受、精神追求和情感支持。这三个方面又依时代、环境不同随时都有个最低标准，比如恩格尔系数、最低工资规定等等。但在特殊情况下，可此消彼长，如为追求理想，短期内牺牲物质利益，亦觉幸福。我们这里讨论的是正常情况，所以三方面都要顾及。

幸福虽然是主观的体验，但是要有外部条件，国家的责任就是为公民创造幸福的条件。“幸福热”的话题，折射着民众对新幸福的追求。从改革开放一开始我们就强调共同富裕，近年来又强调多方统筹，科学发展。所以当我们大谈幸福时，要看一看还有哪些人不幸福。大致来说，我觉得有八种人。(1) 全国还有贫困人口 1.5 亿，工薪族收入偏低，穷人在物质上不幸福；(2) 社会就业难，找不到工作的大学生等，无固定职业不幸福；(3) 贫富差距加大，部分人虽已脱贫，但仍感种种之不公，情感上不幸福；(4) 学生负担过重，两亿中小学生一想起考试就不幸福；(5) 已进入老龄社会，空巢老人门倚黄昏，精神上不幸福；（6）腐败不治，国财私用，纳税人心中有气，不幸福；（7）改革尚有许多未竟课程，忧国之士情急心切，不敢幸福；（8）民意表达不畅，多年上访者，心中有冤、有怨、有话而不得说或说而无人听者，不幸福。

举出这八种人的不幸福，不是把社会说得一塌糊涂，只是承认前进中的矛盾，也正是“两会”要议的民生话题。从上面所举的不幸福也可看出，主要是精神和情感层面的，这说明我们在物质方面已经有很大的改善。改革 30 多年，我们已经收获了太多的幸福，如社会低保、免除农业税、义务教育、改善住房等等。但幸福不说跑不掉，不幸福不说不得了，这是矛盾，是隐患，会影响民心，影响科学决策。治国者要长怀天下忧。上面举的不幸福还是从社会角度就大的人群而言，如果从每个人内心的幸福而言问题就更多了，涉及更深的政治、思想、道德、文化方面的建设。治大国如烹小鲜，需要更精心、更高明的施政和管理。恩格斯说：“我们的目的是要建立社会主义制度，这种制度将给所有的人提供健康而有益的工作，给所有的人提供充裕的物质生活和闲暇的时间，给所有的人提供真正的充分的自由。”这里他三次强调所有的人都要物质充裕、精神自由。我们的“共同富裕”和“两个文明”也有其意。那是个理想的社会、人人幸福的社会，太遥远了。我们就先说当前吧，如果五年之后，能让上面的八种人都感到了幸福，那真是国家之大幸，人民之大幸。当然那时又会有新的矛盾，我们还会再去追求更高更新的幸福。

（《人民日报》2011 年 3 月 15 日）

用文学诠释政治

时值建党 90 周年，散文集《红色经典》再版，编辑约谈一点创作体会。

我一直认为文章写作主要有两个目的：为思想而写，为美而写。文章最后作用于读者的或是思想的启发，或是美的享受，可以此多彼少，当然两者俱佳更好。文章的题材可以是多样的，有的便于表现美感，如山水；有的便于表达思想，如政治。但政治天生枯燥、抽象，离普通人太远。其中虽含有许多大事、大情、大理，却不与人“亲和”，难免令人敬而远之。要想既取其思想之大，又能生美感，让人愉快地接受，就得把政治“翻译”为文学——发扬其思想，强化其美感。文学是艺术，如同绘画、音乐一样，专门给人美的享受，但它又不像绘画、音乐那样是纯形式艺术，它有内容，有灵魂，内容美加形式美，有更强的震撼力。

写政治题材的文章，不怕缺思想，因为那些经典的思想早已存在，它比作家自己苦想出来的不知要高出多少倍。怕的是“翻译”不好，转换不出文学的美感。而一般读者首先是为了审美而阅读，如果只是为了思想，宁可去看政治或学术读物。这种“翻译”是一个复杂的系统工程。其主要体会如下。

第一，选择适合的典型。用文学翻译政治就是借政治人物、事件的光芒来照亮文学领地，照亮读者的心。文学是典型艺术，红色经典虽然足够宏大，但并不是所有的政治素材都能入文学，它还是要符合文学的典型性。选材时我力求找到每一个人物或事件的最亮之点。如写毛泽东就选他延安时期最实事求是的那一段（《这思考的窑洞》），写周恩来就写他最感人的无私的品德（《大无大有周恩来》），写瞿秋白就写他坦诚的人格（《觅渡，觅渡，渡何处?》）。对人物又选其命运中矛盾冲突最尖锐的那一刻，而这多是悲剧的一瞬，却最易看到其生命的价值。如庐山会议上的彭德怀，“文革”中在江西被管制劳动的邓小平。历史从来都是现实的镜子，典型性包含针对性，这些以往的红色经典移入文学作品要能满足三个条件：一是已为实践证明其正确；二是针对现在的问题仍有批判、指导、启发作用；三是为读者心中所想所思，有受众。我严格遵守这三个条件，这也是为什么作品一发表就反响较大，以后又被连连转载和再版的原因。

第二，还神为人。政治是治国管人的学问，高高在上；文学是人学，有血有肉。文学所说的“人学”主要是指人的情感、性格和人格。曾经高高在上的“管人者”一下成了作家笔下解剖的对象，这好像很难接受。而我们过去又曾有过一段造神运动，把最高管理者，即领袖人物神化，作家不敢写，读者不爱看。从文学的视角来看政治人物就要还神为人，要写出他们的情感、人格。一旦突破这一点，转过这个弯子，政治就贴近了读者。怎么转？一是淡化其政治身份，集中剖析他的人格；二是摆脱旧有形象，聚焦其真实的情感。

写人格，如瞿秋白：“他觉得自己实在藐小，实在愧对党的领袖这个称号，于是用解剖刀，将自己的灵魂仔仔细细地剖析了一遍。别人看到的他是一个光明的结论，他在这里却非要说一说光明之前的暗淡，或者光明后面的阴影。这又是一种惊人的平静。……项羽面对生的希望却举起了一把自刎的剑，秋白在将要英名流芳时却举起了一把解剖刀，他们都把行将定格的生命的价值又向上推了一层。哲人者，宁肯舍其事而成其心。”

写情感，如小平落难时为受株连而身残的儿子洗澡：“多么壮实的儿子啊，现在却只能躺在床上了。他给儿子翻身，背儿子到外面去晒太阳。他将澡盆里倒满热水，为儿子一把一把地搓澡。热气和着泪水一起模糊了老父的双眼，水滴顺着颤抖的手指轻轻滑落，父爱在指间轻轻地流淌，隐痛却在他的心间阵阵发作。这时他抚着的不只是儿子摔坏的脊梁，他摸到了国家民族的伤口，他心痛欲绝，老泪纵横。”

写周总理在毛泽东批评后被迫写检查：“从成都回京后，一个静静的夜晚，西花厅夜凉如水，周恩来把秘书叫来说：‘我要给主席写份检查，我讲一句，你记一句。’但是他枯对孤灯，常常五六分钟说不出一个字。……天亮时，秘书终于整理成一篇文字，其中加了这样一句：‘我与主席多年风雨同舟，朝夕与共，还是跟不上主席的思想。’总理指着‘风雨同舟，朝夕与共’八个字说，怎么能这样提呢？你太不懂党史，不懂党史。说时眼眶里已泪水盈盈了。秘书不知总理苦，为文犹用昨日辞。”政治人物原来也有自己的酸甜苦辣。

第三，“顺瓜摸藤”，还原形象。政治讲究结论，文学注重形象。用文学“翻译”政治就是还原结论之前的过程，你要告诉读者这“瓜”是怎么结出来的，描绘出它的藤和叶，这就是形象。是讲政治内容，但必须有文学形象。比如写毛泽东转战陕北。“胡宗南进犯，他搬出了曾工作九年的延安窑洞，到米脂县的另一孔窑洞里设了一个沙家店战役指挥部。古今中外有哪一孔窑洞配得上这份殊荣啊，土墙上挂满地图，缸盖上摊着电报，土炕上几包烟、一个大茶缸，地上一把水壶，还有一把夜壶。中外军事史上哪有这样的司令部，哪有这样的统帅？毛泽东三天两夜不出屋，不睡觉，不停地抽烟、喝茶、吃茶叶、撒尿、签发电报，一仗俘敌六千余。他是有神助啊，这神就是默默的黄土，就是拱起高高的穹庐、瞪着眼睛思考的窑洞。大胜之后他别无奢求，推开窑门对警卫说，只要吃一碗红烧肉。”毛泽东在延安窑洞里，一面指导战争，签发电报，一面还要从事理论研究，写文章。这种双重身份是用这样一个形象来表达的：“他只能将自己分身为二，用右手批文件，左手写文章。他是一个中国式的民族英雄，像古小说里的那种武林高手，挥刀逼住对面的敌人，又侧耳辨听着背后射来的飞箭，再准备着下一步怎么出手。当我们与对手扭打在一起，急得用手去撕，用脚去踢，用嘴去咬时，他却暗暗凝神，调动内功，然后轻轻吹一口气，就把对手卷到九霄云外。他是比一般人更深一层，更早一步的人。”

第四，含蓄表达，留出想象的空间。政治要明确，文学却要含蓄。政治是方针政策、法律，甚至可以是口号，但文学不行，它是艺术。相对来说，小说还可以直白一点，大篇幅地铺排，散文不行。散文精短，要求含蓄，诗歌更短，就更要含蓄。这时反而要把直白明了的政治理念翻译成含蓄的文学意境，本来可以一步到达，偏要曲径通幽，人的思维就这么怪，朦胧和距离产生美感，这是美学规律。散文创作就是要找到“意象”。意象是最能体现文章立意的形象，是一种象征，是诗化了的典型，是文章意境的定格。作家动笔之前，诗人先找韵脚，小说家先找故事，散文家先找意象。

政治题材天生宏大，找意象不易，可是一旦找见就顿生奇效。比如，用瞿秋白故居前的觅渡桥，来写瞿寻觅人生渡口而终不得的悲剧（《觅渡，觅渡，渡何处?》）；用红毛线、蓝毛线来写西柏坡时期党的战略转移（《红毛线，蓝毛线》）；用一条小船来写共产党 80 年的历程（《一个大党和一条小船》）等。《小船》一文 2 000 多字，却有 40 多处提到船。文章发表后，“觅渡桥”“红毛线、蓝毛线”等，已经成了纪念馆新的重要内容，而被赋予崭新的含义。参观者在举头敬仰之时，心中又多了许多美好的联想。意象在文章中的使用，一是天然性，可遇不可求；二是要有“象”，即具体的形象；三是要有“意”，即有象征性；四是要“意”大“象”小；五是“意”“象”之间要有较大反差，以收奇险之美；六是唯一性，既要空前，也要绝后，收个性之美。这是散文与其他文学形式的不同之处，也是政治散文最难写之处。

第五，善用修辞。政治严肃，用消极修辞，以内容的准确表达为度；文学浪漫，用积极修辞，不仅准确，更求生动。生动的文学碰上严肃的政治，全靠语言的转换。不但修辞方面的十八般武艺都要用上，古典、口语、诗句、长短句等各种风格都要灵活运用，以尽显语言的形式美。有时吸收口语所长，句式或整或散。如：“红毛线、蓝毛线、二尺小桌、石头会场、小石磨、旧伙房，谁能想到在两个政权最后大决战的时刻，共产党就是祭起这些法宝，横扫江北，问鼎北平的。真是撒豆成兵，指木成阵，怎么打怎么顺了。”（《红毛线，蓝毛线》）有时整齐严谨，暗用旧典，求古朴深沉的韵味。如：“当周恩来去世时，无论东方西方，同声悲泣，整个地球都载不动这许多遗憾，许多愁。”（《大无大有周恩来》）（化用李清照之“只恐双溪舴艋舟，载不动，许多愁”）对重大理论思想也可用幽默来表达：“可是我们急于对号入座，急于过渡，硬要马克思给我们说下个长短，强捉住幽灵要显灵。现在回想我们的心急和天真实在让人脸红，这就像一个刚会走路说话的毛孩子嚷嚷着说：‘我要成家娶媳妇。’马克思老人慈祥地摸着他的头说：‘孩子，你先得吃饭，先得长大。’”（《特利尔的幽灵》）

（《人民日报》2011 年 6 月 14 日）

百年革命　三封家书

今年是辛亥革命100周年，中国共产党成立90周年。纪念活动少不了拜谒故地，披览文物。

3月，我有事去福州，公余又去拜谒了一次林觉民故居。林觉民的《与妻书》是辛亥革命的重要文物。“黄花岗七十二烈士”，其事迹大多湮灭，幸有这篇美文让我们能窥见他们的心灵。广州黄花岗烈士碑上72人名单（随着后来的发掘，实际上已超过72人）中，林觉民三字人们抚摸最多，色亦最重。《与妻书》早已选入中学课本和各种文学的、政治的读本，我亦不知读了多少遍。印象最深的是“即此爱汝一念，使吾勇就死也”，“当亦乐牺牲吾身与汝身之福利，为天下人谋永福”。他反复给妻子解释，我很愿与你相守到老，但今日中国，百姓水深火热，我能眼睁睁看他们受苦、等死吗？我要把对你的爱扩展到对所有人的爱，所以才敢去你而死。林家福州故居我过去也是去过的。这次去，新增的印象有二。一是书信的原物。在广州起义前三天，1911年4月24日，林知自己必死，就着随手扯来的一方白布，给妻子陈意映写下这封信，竖书，29行。其笔墨酣畅淋漓，点划如电闪雷劈，走笔时有偏移，可知其时“泪珠和笔墨齐下”，心情激动，不能自已。其挥墨泣血之境，完全可与颜真卿的《祭侄稿》相媲美。二是牺牲前后之事。起义失败，林受伤被捕。审讯时，林痛斥清廷腐败，慷慨陈词，宣传革命，说到激动处撕去上衣，挺胸赴死。审讯官都不由叹道：“好一个伟岸的美男子。”某日晨，家人在门缝里发现有人塞进来的《与妻书》，同时还有给父亲的一封信，只有几十个字：“不孝儿叩禀父亲大人：儿死矣，惟累大人吃苦，弟妹缺衣食耳，然大有补于全国同胞也。大罪乞恕之。”其壮烈而平静之举概如此。

福州之后又两月，有事去重庆之江津，才知道这是聂荣臻元帅的家乡，便去拜谒纪念馆并故居。聂帅抗日时主持晋察冀根据地建设，被中央称为“模范根据地”，新中国成立后主持“两弹一星”研究，为国防建设立了大功。综其一生都是在默默地干大事。他在 20 岁那年离开家乡去法国勤工俭学，开始了探求真理、苦学报国的革命生涯。与周恩来、朱德、邓小平、陈毅等同为我党领导集体中的早期留欧人员。聂帅留法时期的家书保存完好，现在收书出版的就有 13 封，且都有手迹原件，从中可以看到这批革命家的少年胸怀（去法国时聂 20 岁，周 22 岁，邓 16 岁）。现在故居前庭的正墙上有一封放大的家书手迹，是聂荣臻 1922 年 6 月 3 日写给父母的：

父母亲大人膝下：

不得手谕久矣。海外游子，悬念何如？又闻川战复起，兵自增而匪复狂！水深火热之家乡，父老之苦困也何堪？狼毒野心之列强无故侵占我国土。二十一条之否认被拒绝，而租地期满又故意不肯交还。私位饱囊之政府，只知自争地盘，拥数十万之雄兵，无非残杀同胞。热血男儿何堪睹此？男也，虽不敢以天下为己任，而拯父老出诸水火，争国权以救危亡，是青年男儿之有责！况男远出留学，所学何为？决非一衣一食自为计，而在四万万同胞之有衣有食也。亦非自安自乐以自足，而在四万万同胞之均能享安乐也。此男素抱之志，亦即男视为终身之事业也！……

叩禀

金玉安

男荣臻跪禀

六月三号

我拜读这封 89 年前海外游子的家书，不觉肃然起敬。那个时代的有为青年留学到底为了什么？“决非一衣一食自为计，而在四万万同胞之均有衣食也。亦非自安自乐以自足，而在四万万同胞之均能享安乐也。”这与林觉民“当亦乐牺牲吾身与汝身之福利，为天下人谋永福”何其相通。

要考察一个人的思想，家书大概是最可靠的。因为对亲人可以说真话，而且他也想不到日后会发表这信件。看了林、聂的两封家书又使我联想到五年前在河北涉县参观八路军 129 师师部旧址时见到的另一封家书。那是一个不知名的普通八路军战士（或是干部）在大战前夕写给妻子的一封短信，是一个共产党员的《与妻书》。从重庆回来我就赶快翻检所存资料，终于找出那张发黄的照片，但手迹还清晰可辨，全信大致如下：

喜如妹：

我俩要短期之分开了。这是我们的敌人给我们的分开之痛苦，只有消灭了我们的敌人，才能消除这个痛苦。

我的病暂时也没有什么要谨（紧），因病得的很长，一时亦难完全除根。我很高兴在党和上级爱护之下给我这五个月的时间休养很不错。我这此（次）决心到前方要与我们当前的敌人搏斗，拿出最大决心和牺牲精神与人民立功。

我第二个高兴是你很好，特别是对我尽到一切的关心和爱护。同时我有两个很天真活泼的小孩，又有男又有女。你想这一切都使我很满足，永远是我高兴的地方。

战斗是比不得唱戏，不是开完（玩）笑，是有牺牲的精神才能打垮和消灭敌人。趟（倘）我这次到前方或负伤牺牲都不要难过，谨记我如下之言：

无产阶级的革命一定是会成功的，只是时间之长短，但也不是很长的。家人一定要翻身。要求民主与独立，这是全世界劳苦大众都走革命这条道路，苏联革命成功是我们的好榜样。

就是我牺牲了也是很光荣的，是为革命而牺牲，是有价值。在任何情况下我是不屈不挠，坚决□□□部队与敌人战斗到底。一直把敌人消灭尽尽为止。

望你好好保重身体，多吃饭，不生病，我就死前方放心。同时希你好好抚养丰丰小儿、小女雪雪，长大完成我未完之事。一直完成社会主义革命到共产主义社会。谨记谨记。

我生于一九一九年十月（即民国八年十二月二十四日）家居安徽省霍山县石家河保瓦嘴□。

茂德

一九四七·四·二·□于魏□

临别之写

这封信写得很镇静、乐观又有几分悲壮。作者和林觉民一样也是抱定必死的决心，但其悲剧气氛要少些，更多的是充满胜利的信心。刘、邓领导的129师1940年6月进驻涉县时不足9 000人，到1945年12月挥师南下时已发展到30万正规军，40万地方部队。这个署名“茂德”的作者，就是这支大军中的普通一员。也许他真的已经在战火中牺牲，那一双可爱的小儿女丰丰、雪雪现在也该是古稀老人。这封上战场前匆匆写给妻子的信，让我们看到了那个时代的人的真实生活。

我把三封家书的手稿影印件放在案头，轻抚其面，细辨字迹，目既往还，心亦吐纳，感慨良多。这三件文物，都是用毛笔书写，所书之物，一件是临时扯的一块白布，一件是异国他乡的信纸，一件是随手撕下来的五小张笔记本纸页，皆默默地昭示着其人、其地、其时的特定背景。论时间，从第一封信算起已经整整100年，恰是辛亥革命百年祭；第二封已经89年，与共产党党龄相仿；第三封也已64年，比共和国还长两岁。而写信者当时都是热血青年，都是为自己的理想而奋斗、准备牺牲的普通的战士。其结果，一个成了名垂青史的烈士，一个成了共和国的元帅，一个没入历史的烟尘，代表着无数的无名英雄。细看就会发现，这三封跨越百年、不同时代的家书中有一条红线一以贯之，就是牺牲个人，献身革命，为国家、为民族不计自己并家庭的得失。林信说：当牺牲吾身与汝身之福利，为天下人谋永福；聂信说：决非一衣一食自为计，而为四万万同胞之有衣有食；茂信说：我或负伤牺牲你都不要难过，是为革命而牺牲，是光荣的，有价值。百年革命，三封家书，一条红线，舍己为国。我们还可由此上推1 000

年，政治家范仲淹说：“先天下之忧而忧，后天下之乐而乐”；再上推2 000年，思想家司马迁说：“人固有一死。或重于泰山，或轻于鸿毛，用之所趋异也。”其一脉相承的都是这种牺牲精神——为理想、为事业、为进步而牺牲。国歌唱道：“把我们的血肉筑成我们新的长城……”还有一首歌唱道：“为什么战旗美如画，英雄的鲜血染红了她；为什么大地春常在，英雄的生命开鲜花。”正是这一代代的前赴后继、不计牺牲才铸就我们这个民族，铸就中华文明。这是一种伟大的民族精神、历史精神，而它在革命，特别是战争时期更见光辉，又由代表人物所表现。唯此，历史才进步，人类才进步。

我从百年历史的烟尘中检出这三封革命家书，束为一札，献给祖国，并祭先烈。这是一束永不凋谢的历史之花。

（《人民日报》2011年6月23日）

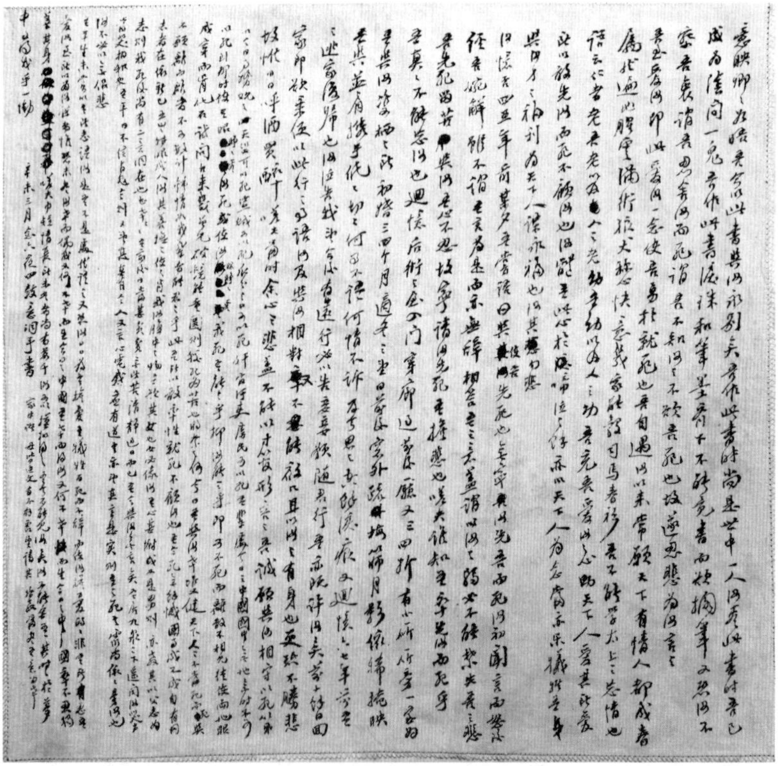

林觉民《与妻书》

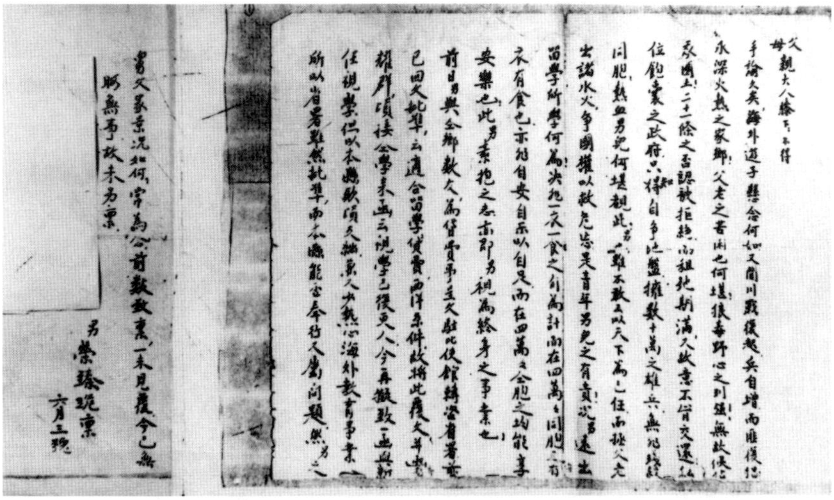

聂荣臻给父母的信

一个八路军战士给妻子的信

西柏坡赋

西柏坡乃冀中一普通山村。然其声沸海内，名传八方；瞻者益众，研者益广。天降大任，托国运于僻壤；小村何幸，成历史之拐点。

1948年春，中国北方大地正寒凝将消，阳气初升，国共两党还胜负未分。时毛泽东方战罢陕北，过黄河，进太行，一路西来；刘少奇正经略华北，闹土改，分田地，发动群众。中央五大书记，自一年前延安分手，重又际会于此，设立中国革命之最后一个农村指挥部，将要夺取大城市，问鼎北平。

是时也，日寇甫败，蒋介石心气正盛，仍欲圆“剿匪”旧梦。于是设指挥部于南京，乃六朝古都，纸醉金迷之城。共产党则选定这个山沟，穷乡僻壤，无名无姓之村。当是时，势虽必胜，党却还穷。战事紧，参谋竟无标图之笔，而以红蓝毛线推盘演兵；文电急，领袖苦无办公之所，只就炕桌马灯草拟电文。借得民房一室三桌，是为情报、作战、资料三部；假小院石碾一盘，以供毛、周、朱选将、发令、点兵。虽军情火急，院门吱呀，不废房东荷锄归；指挥若定，读罢战报，还听窗外磨面声。谈笑间，一战而取辽沈，二战而收淮海，三战而下平津。全国解放，大局已定。

当此乾坤逆转，将开国定都之时，中共高层却格外之冷静。一间大伙房里正在开党的中央全会，静悄悄，审时度势，析未来；言切切，防微杜渐，议党风。斯是陋室，无彩旗之张挂，无水茶之递送；甚而上无主席台之摆设，下无出席者之席尊。主持者唯一把旧藤椅，代表席即老乡家的几十个小柴凳。通过的决议却是不祝寿、不敬酒、不命名。务必艰苦朴素，务必谦虚谨慎。其心之诚，直叫拒者降、望者归，大江南北，传檄而定；其风之严，令贪者收、贿者敛，军政上下，两袖清风。孟子言，先贤而后王；哲人曰：先忧而后乐；共产党人，未曾掌权，先受戒骄之洗礼；五大领袖，进京之前，相约不做李自成。

中国革命乃土地革命，政权之争实民心之争。仰观自陈胜吴广至太平天国，起起灭灭，热血空洒黄土旧，悲歌唱罢王朝新。只有共产党，地契旧约照天烧，彻底解放工与农。党无己利，人无私心，决心走出人亡政息周期律；言也为民，行也为民，载舟覆舟如履薄冰。西柏坡，一块丰碑，一面铜镜，一声警钟；二中全会，两个务必，两个预言，再三提醒。自古成由艰辛败由奢，谦则受益满招损。正西风烈，柏松翠，坡草青，精神在，长久存。

（《人民日报》2011 年 6 月 29 日）

居官无官官之事

魏晋风度崇尚隐逸。东晋时的大官刘惔是晋明帝的女婿，皇亲国戚，身份显赫，但他为政清静，死后人赞之曰：“居官无官官之事，处事无事事之心。”用现在的话说就是不作秀，不太把做官当回事，而保持人格的独立和人性的率真。最典型的就是陶渊明不为五斗米折腰。“无官官之事”不是让你玩忽职守，掉以轻心，而是实事求是，实实在在地去干事。这句话类似“好读书不求甚解”，不是囫囵吞枣，而是把握主旨，不一味地抠词掰句。又类似“君子之交淡如水”，不是说交情淡，而是说交往的形式简单，更见真情。

近来中央召开扶贫工作会议，令我想起一件亲历的扶贫小事，可为“官官之事”作注。那年秋风乍起，我所在的单位赶紧向对口扶贫的某县送去六大卡车棉衣、棉被，正好由我负责带队送达。三个月后，元旦已过，彼县长来京，我问：“棉衣发下去没有？”答曰：“没有，等春节前‘送温暖’时再发。”我大怒：“现在春节还未到，你身上怎么已经穿上棉衣？”可知他们整天就是这样做着些“送温暖”之类的“官官之事”，还又时时端着一颗唯恐人不知的“事事之心”。就像一只老母鸡，下不下蛋无所谓，但只要下一颗蛋必定叫得咯咯响。这哪里还有一点官责和官德？用这样的官去治理地方，只能贫上加贫。还有某地矿难，经几日抢险总算打通了生命通道，危困井下的工人终于可以升井了。但且慢，还有一件“官官之事”不能少，领导还没有来到井口，明天报上没有他与升井工人现场拥抱的镜头怎么行？工人与自己的亲人拥抱、流泪都不算。于是宁可让他们在井下再忍一会儿。“官官之事”已经演化为官场的“官官之规”。

一个人不做官也罢，他只要做了官，身上就同时有了三层含义。一是为官之责。政治学上讲，老百姓把自己的权力出让给公共机构，委托它来管理社会。所以官员手里的权力不是天生的，也不是谁赐予的，而是老百姓给的，官的本质是为民办事，为人民服务。二是为官之德。它的底线是怎么做人，官做到多大也逃不出人格与人性。可惜，官场的人性扭曲往往比民间严重得多。三是为官之形。任何事物总有个方式，施政之官权在手，其行事的方式自然与普通百姓不同。如讲究成就、荣誉、排场、权威、效果等，即所谓的“官官之事”。明白这三层意思，就知道“坐官”（坐在官的位置上）时最重要的是“为官之责”和“为官之德”，为百姓、国家、民族办事，做一个真正的、实在的人。至于“官官之事”不是一点不要，但毕竟是形式上的次一级的“官元素”。可惜不少官员常忘了“官责”与“官德”，倒把“官官之事”看得比天还重。

这“官官之事”在古代也就是骑马、坐轿、宴请、写奏折之类，现在“与时俱进”了，闹得更大更新。如：求政绩，大搞短期行为；多应酬，巧于上下打点；泡会议，镜头来，版面去；造假势，汇报预演，视察排练；讲排场，警车开道，前呼后拥；等等。官场成了剧场，官员成了演员，演得很是过瘾。把这些“官官之事”办好了，虽然表面上还是官照“坐”，权照掌，但民心已失。水可载舟亦可覆舟，恐去官之日不远矣！慎之，慎之。

（《人民日报》2012 年 1 月 13 日）

砍的不如旋的圆

“砍的不如旋的圆”，这是我家乡的农民常说的一句俗话。意即你办事要开窍，不要用死力气。用现在的话说，要减少盲目性，跳出误区。比如你要做一个木球，可以用斧子慢慢地去砍，但总不如在旋刀下飞快地一旋，便又光又圆。我在孩童时就听到这句话，现已过花甲之年还常常想起，可见真理总是颠扑不破，历久弥新。

过去我当记者时经常碰到一些热心写稿的通讯员，他们几十年如一日地写稿、投稿，甚至不远千里来报社送稿，但命中率极低。有的虽已白发苍苍，还是乐此不疲。后来又碰到一些多少有点权力的干部将自己的讲话、随感、日记，甚至文件汇集，一本一本地出书，以为这样就有政绩，有名气。这正是用斧子砍制一个木球。

砍和旋到底有什么不同？其实就是跳出自我，敢于革新。就隔一层窗户纸，捅破之后就是质的飞跃。

由砍到旋首先是方法的革命。成语“绳锯木断，水滴石穿”，这是讲意志、恒心，你真的用绳锯木、水穿石，这要等到何年何月？方法不变，隔靴搔痒。往大的说，工具和方法是生产力，推动着社会的进步。马克思说：“手推磨产生的是封建主的社会，蒸汽磨产生的是工业资本家的社会。”往小的说，工具和方法是一个人取得成功的助推器，是他的生存力。

其次，由砍到旋是知识的跃升。你为什么只知道闷头砍，是因为你没有新知识，抱残守缺，还自鸣得意。如计算一道天文数字的大题，人家用计算机算，你却用手算、珠算，因为你根本就没有这方面的知识，只能这样。在别人看来很无聊的文字你却在津津有味地写，因为你没有这方面的审美知识，不知道什么叫好，总在一个低标准上重复。

第三，由砍到旋是规律的掌握，是从实践到理论的飞跃。一个掌握了规律和理论的人一下子就能从根本上判断出这件事该干还是不该干。历史上不知有多少人痴迷着制造永动机，而科学家只需用“能量守恒”四个字就将此事判了死刑。

“砍”与“旋”，这是两个截然不同的阶段，如要跨越必得有“惊险的一跳”。

我们曾有过因“砍”而败的惨痛教训。“大跃进”的失败是用战争的方法，来“砍”经济建设；“文化大革命”的失败就是用革命党的理论来“砍”执政。就是现在也有许多事还沉湎于这种“砍”的盲目和自豪之中。据统计，我国每年拍 1.4 万集电视剧，而能播出的不到四分之一，每年出版 4 300 部小说，人们能记住的又有几何？再说到每年的会议、报告、文件就更是一个天文数字。废品之多、废话之多，群众早已经看得很厌烦了，但有人还是乐此不疲，继续耐心地“砍”制一件件皇帝的新衣。

为什么总是跳不出保守、封闭的误区？原来除方法、知识、理论之外还有一个更严重的障碍，就是太追求功利，自欺欺人。这样说来，砍与旋又不只是一个方法问题，这背后又有价值观、人生观在起作用了。

人，最难的是跳出自我。

（《人民日报》2012 年 9 月 4 日）

文章大家毛泽东

今年是毛泽东诞辰120周年，他离开这个世界也已37年。政声人去后，尘埃落定，对他的功过已有评说，以后也许还会争论下去。但对作为文章家的他还研究不够，这笔财富有待挖掘。毛说革命夺权靠枪杆子和笔杆子，但他自己却从没有拿过枪杆子。他手下有十元帅、十大将，一千多个将军（1955年第一次授衔），从井冈山起兵到定都北京，抗日、驱蒋、抗美，谈笑间强敌灰飞烟灭，何等潇洒。打仗，他靠的是指挥之能，驭将用兵之能。但笔杆子倒是一辈子须臾不离手，毛笔、钢笔、铅笔，笔走龙蛇惊风雨，白纸黑字写春秋。虽然他身边也有几个秀才，但也只是伺候笔墨，实在不能为之捉刀。他那种风格，那种语言，那种做派，是浸到骨子里，溢于字表，穿透纸背的，只有他才会有。中国是个文章的国度，青史不绝，文章不绝。向来说文章有汉司马、唐韩柳、宋东坡、清康梁，群峰逶迤，连绵不绝。毛泽东算得一个，也是文章群山中一座巍峨的险峰。

思想与气势

毛文的特点首在磅礴凌厉的气势。毛是政治家、思想家，不同于文人雕虫画景，对月说愁，他是将政见、思想发之于文章，又借文章来平天下的。

陆游说："汝果欲学诗，功夫在诗外。"文章之势是文章之外的功夫，是作者的胸中之气、行事之势。势是不能强造假为的，得有大思想、真城府。古今文章家大致可分为两种，一是纯文人，一是政治家。纯文人之文情胜于理，政治家之文理胜于情。理者，思想也。写文章，说到底是在拼思想。只有政治家才能总结社会规律，借历史交替，风云际会，群雄逐鹿之势，纳雷霆于文字，排山倒海，摧枯拉朽，宣扬自己的政见。毛文属这一类。这种文字不是用笔写出来的，是作者全身心社会实践的结晶。劳其心，履其险，砺其志，成其业，然后发之为文。文章只是他事业的一部分，如冰山之一角，是虎之须、凤之尾。我们可以随便举出一些段落来看毛文的气势：

> 我们中华民族原有伟大的能力！压迫愈深，反动愈大，蓄之既久，其发必速。我敢说一怪话，他日中华民族的改革，将较任何民族为彻底。中华民族的社会，将较任何民族为光明。中华民族的大联合，将较任何地域任何民族而先告成功。诸君！诸君！我们总要努力！我们总要拼命的向前！我们黄金的世界，光华灿烂的世界，就在前面！（《民众的大联合》）

这还是他在中国共产党成立前五四时期刚要踏入“江湖”的文章，真是鸿鹄一飞便有千里之志。明显看出，这里有梁启超《少年中国说》的影子。文章的气势来源于对时代的把握，毛在新中国成立前的每个历史时期都能高瞻远瞩，甚至力排众议地发出振聋发聩之声。

当党内外对农民运动有动摇和微词时，他大声说：“革命不是请客吃饭，不是做文章，不是绘画绣花，不能那样雅致，那样从容不迫，文质彬彬，那样温良恭俭让。革命是暴动，是一个阶级推翻一个阶级的暴烈的行动。”（《湖南农民运动考察报告》）

井冈山时期，革命处于低潮时，他甚至用诗一样的浪漫语言预言革命高潮的到来：“它是站在海岸遥望海中已经看得见桅杆尖头了的一只航船，它是立于高山之巅远看东方已见光芒四射喷薄欲出的一轮朝日，它是躁动于母腹中的快要成熟了的一个婴儿。”（《星星之火，可以燎原》）

当抗日战争处在最艰苦的相持阶段，许多人苦闷、动摇时他发表了著名的《论持久战》指出：“武器是战争的重要的因素，但不是决定的因素，决定的因素是人不是物。力量对比不但是军力和经济力的对比，而且是人力和人心的对比。”“抗日战争是持久战，最后胜利是中国的——这就是我们的结论。”

你再看解放战争中他为新华社写的新闻稿：

> 英勇的人民解放军二十一日已有大约三十万人渡过长江。渡江战斗于二十日午夜开始，地点在芜湖、安庆之间。国民党反动派经营了三个半月的长江防线，遇着人民解放军好似摧枯拉朽，军无斗志，纷纷溃退。长江风平浪静，我军万船齐放，直取对岸，不到二十四小时，三十万人民解放军即已突破敌阵，占领南岸广大地区，现正向繁昌、铜陵、青阳、荻港、鲁港诸城进击中。人民解放军正以自己的英雄式的战斗，坚决地执行毛主席朱总司令的命令。(《我三十万大军胜利南渡长江》)

我军“摧枯拉朽”，敌军“纷纷溃退”，“长江风平浪静”。你看这气势，是不是有《过秦论》中秦王振四海、制六合的味道？

再看他在 1949 年第一届政协会议上的致词：

> 诸位代表先生们，我们有一个共同的感觉，这就是我们的工作将写在人类的历史上，它将表明：占人类总数四分之一的中国人从此站立起来了。……让那些内外反动派在我们面前发抖吧，让他们去说我们这也不行那也不行吧，中国人民的不屈不挠的努力必将稳步地达到自己的目的。

这是一个胜利者的口吻，时代巨人的口吻。新中国成立后美国搞核讹诈，他说：“帝国主义和一切反动派都是纸老虎。”古今哪一个文章家有这样的气势！

从上面所举毛泽东不同时期的文章中能看出他对自己的事业充满信心。为文要有丹田之气，不可装腔作势。古人论文，讲气，气贯长虹，力透纸背。韩愈搞古文运动，就是要恢复汉文章的质朴之气，他每为文前先读一遍司马迁的文章，为的是借一口气。以后人们又推崇韩文，再后又推崇苏东坡文，都有雄浑、汪洋之势。苏东坡说：“吾文如万斛泉涌，不择地而出。在平地，滔滔汩汩，虽一日千里无难。及其与山石曲折，随物赋形，而不可知也。”他们的文章之所以有气势，是因为有思想，有个性的思想。毛泽东的文章也有思想，而且是时代的思想，是一个先进的政党、一支战无不胜的队伍的思想。毛泽东也论文，他不以泉比，而是以黄河来比："文章须蓄势。河出龙门，一泻至潼关。东屈，又一泻至铜瓦。再东北屈，一泻斯入海。……行文亦然。"毛在《讲堂录》中说："才不胜今人，不足以为才；学不胜古人，不足以为学。"无论才学，他都是立志要超今人和古人的。如果说苏文如泉之涌，他的文章就是海之波涛了。

说理与用典

毛文的第二个特点是知识渊博，用典丰富。

中国传统的治学方法重在继承，从小孩子入私塾那一天起就背书，先背了一车经典，宝贝入库，以后用时再一件一件拿出来。毛泽东正当五四前后，新旧之交，是受过这种训练的。他自述其学问，从孔夫子、梁启超到拿破仑，什么都读。作为党的领袖，他的使命是从外国借来马克思主义领导中国人民推翻一个旧中国。要让中国的民众和他领导的干部懂得他的思想，就需要用中国人熟悉的旧知识和人民的新实践去注解，就是他常说的马克思主义中国化。这是一件真本事、大本事，要革命理论、传统知识和革命实践三样皆通，缺一不可。特别要对中国的传统典籍烂熟于心，还能翻新改造，结合当前的实际。在毛泽东的书中我们几乎随处可见他恰到好处的用典。

这有三种情况。一是从典籍中找根据，证目前之理，比如在《为人民服务》中引司马迁的话：

> 人总是要死的，但死的意义有不同。中国古时候有个文学家叫做司马迁的说过："人固有一死，或重于泰山，或轻于鸿毛。"为人民利益而死，就比泰山还重；替法西斯卖力，替剥削人民和压迫人民的人去死，就比鸿毛还轻。张思德同志是为人民利益而死的，他的死是比泰山还要重的。

这是在一个战士的追悼会上的讲话，作为领袖，除表示哀悼之外，还要阐明当时为民族大业牺牲的意义。他一下拉回两千年前，解释我们这个民族怎样看待生死。你看，司马公有言，自古如此，你不能不信，一下增加了文章的厚重感。司马迁的这句话也因毛的引用而被赋予了新的含义，更广为流传。忠、孝、仁、义是中国传统的道德观。毛引用它却这样给以新的解释：

> 要特别忠于大多数人民，孝于大多数人民，而不是忠孝于少数人。对大多数人有益处的，叫做仁；对大多数人利益有关的事情处理得当，叫义。对农民的土地问题、工人的吃饭问题处理得当，就是真正的行仁义。（《关于国民精神总动员的号召》）

这就是政治领袖和文章大家的功力：能借力发力，翻新经典，为己所用；既弘扬了民族文化，又普及了经典知识。

二是到经典中找方法，以之来比喻阐述一种道理。

毛的文章大部分是论说文，是说给中国的老百姓或中低层干部听的。所以搬出中国人熟悉的故事，以典证理成了他常用的方法。这个典不一定客观存在，但它的故事家喻户晓，蕴含的道理颠扑不破。如七大闭幕词这样重要的文章，不但行文简短，只有千数字，而且还讲了一个《愚公移山》的寓言故事，真是一典扛千斤。毛将《水浒传》《西游记》《三国演义》这些文学故事当哲学、军事教材来用，深入浅出，生动活泼。他在《中国革命战争的战略问题》中这样来阐述战争中的战略战术：

> 谁人不知，两个拳师放对，聪明的拳师往往退让一步，而蠢人则其势汹汹，辟头就使出全副本领，结果却往往被退让者打倒。《水浒传》上的洪教头，在柴进家中要打林冲，连唤几个“来”“来”“来”，结果是退让的林冲看出洪教头的破绽，一脚踢翻了洪教头。

孙悟空在他笔下，一会儿比作智慧化身，钻入铁扇公主的肚子里；一会儿比作敌人，跑不出人民这个如来佛的手心。1938 年 4 月在对抗大的一次讲话中，他甚至还从唐僧的坚定、八戒的吃苦、孙悟空的灵活中概括出了八路军、新四军的“三大作风”。像这样重要的命题，这样大的方针他都能从典故中轻松地顺手拈来，从容化出。所以他的报

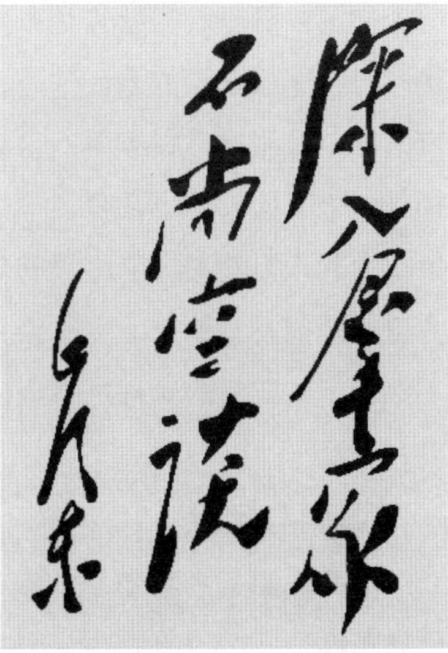

毛泽东题词："深入群众，不尚空谈"

告总是听者云集，欢声笑语，毫无理论的枯涩感。他是真正把古典融于现实，把实践融进了理论。

三是为了增加文章的渲染效果，随手拿来一典，妙趣横生。

在《别了，司徒雷登》中他这样来写美国对华政策的破产："总之是没有人去理他，使得他'茕茕孑立，形影相吊'，没有什么事做了，只好挟起皮包走路。"这里用了中国古典散文名篇《陈情表》里的句子。司徒雷登那个孤立、无奈、可怜的样子，永远定格在中国人的记忆中了。就司氏本人来说，他对中国还是很有感情的，也为中国特别是中国的教育事业做了不少好事，但阴差阳错，他在历史变革的关键时刻扮演了一个特殊角色，也就只好背上了这个形象。

毛的用典是出于行文之必需，绝不卖弄，不故作高深地掉书袋。他是认真地研究并消化了经典的，甚至认真到考据癖的程度。如 1958 年刘少奇谈到贺知章的诗《回乡偶书》："少小离家老大回，乡音无改鬓毛衰。儿童相见不相识，笑问客从何处来。"以此来说明唐代在外为官不带家眷。毛为此翻了《旧唐书》《全唐诗话》，然后给刘写信说：

> 唐朝未闻官吏禁带眷属事，整个历史也未闻此事。所以不可以"少小离家"一诗便作为断定古代官吏禁带眷属的充分证明。自从听了那次你谈到此事以后，总觉不甚妥当。请你再考一考，可能你是对的，我的想法不对。睡不着觉，偶触及此事，故写了这些，以供参考。

现在庐山图书馆还保存有毛在庐山会议期间的借书单，从《庐山志》《昭明文选》《鲁迅全集》到《安徒生童话》，内容极广。这里引出一个问题：领袖应当首先是一个读书人，一个读了很多书的人，一个熟悉自己民族典籍的人。他应该是一个博学的杂家，只是一方面的专家不行；只读自然科学不行，要读社会科学，读历史，读哲学。因为领导一个集团、一场斗争、一个时代靠的是战略思维、历史案例、斗争魄力和人格魅力。这些只有到历史典籍中去找，在数理化中和单一专科中是找不到的。一个不会自己母语的公民不是合格的公民，一个不熟悉祖国典籍的领袖是不合格的领袖。

讽刺与幽默

毛文的第三个特点是充满辛辣的讽刺和轻松的幽默。不装不假，见真人性。

人一当官就易假，就要端个架子，这是官场的通病。越是大官，架子越大，越不会说话。毛是在党政军都当过一把手的，仍然嬉笑怒骂，这不容易。当然他的身份让他有权这样，但许多人就是洒脱不起来。权力不等于才华。毛的文章虽然都是严肃重要的指示、讲话、决定、社论等，又都是在残酷的战争环境中生成的，但是并不死板，并不压抑。透过硝烟，我们随处可见文章中对敌辛辣的讽刺和对自己人幽默的谈吐。讽刺和幽默都是轻松的表现，是举重若轻。我可以用十二分的力打倒你，但我不用，我只用一根银针轻刺你的穴道，你就酸痛难忍，哭笑不得，扑身倒地，这是讽刺；我可以用长篇大论来阐述明白一个问题，但我不用，我只用一个笑话就妙解其理，让你在轻松愉快中茅塞顿开，这是幽默。总之是四两拨千斤。这是一个领袖对自己的事业、力量和韬略有充分信心的表现。毛曾自信地说："我们的事业是正义的。正义的事业是任何敌人也攻不破的。"

我们先看他的讽刺。对国民党不敢发动群众抗战，毛在新闻稿中说：

> 可是国民党先生们啊，这些大好河山，并不是你们的，它是中国人民生于斯、长于斯、聚族处于斯的可爱的家乡。你们国民

党人把人民手足紧紧捆住，敌人来了，不让人民自己起来保卫，而你们却总是“虚晃一枪，回马便走”。（《衡阳失守后国民党将如何？》）

辽沈战役敌军大败，毛这样为新华社写消息：

从十五日至二十五日十一天内，蒋介石三至沈阳，救锦州，救长春，救廖兵团，并且决定了所谓“总退却”，自己住在北平，每天睁起眼睛向东北看着。他看着失锦州，他看着失长春，现在他又看着廖兵团覆灭。总之一条规则，蒋介石到什么地方，就是他的可耻事业的灭亡。（《东北解放军正举行全线进攻》）

他讽刺党八股像“懒婆娘的裹脚，又长又臭”，是“只有死板板的几条筋，像瘪三一样，瘦得难看，不像一个健康的人”。真是个漫画高手。

我们再看他的幽默。毛一生担军国之重任，不知经历了多少危急关头、艰难局面，但在他的笔下常常是付之一笑，用太极推手轻松化开，这不容易。长征是人类史上少有的苦难历程，毛却乐观地说：“长征是宣言书，长征是宣传队，长征是播种机。自从盘古开天地，三皇五帝到于今，历史上曾经有过我们这样的长征吗？”在延安文艺座谈会上，讲到文化的重要时他说：我们有两支军队，一支是朱（德）总司令的，一支是鲁（迅）总司令的（正式发表时改为“拿枪的军队”和“文化的军队”）。他在对斯诺讲到自己的童年时风趣地说：“我家分成两‘党’。一个就是我的父亲，是‘执政党’。‘反对党’由我、我母亲和弟弟组成。”斯诺听得哈哈大笑。

关于社会主义经济这样大的理论问题，他说：

搞社会主义不能使羊肉不好吃，也不能使南京板鸭、云南火腿不好吃，不能使物质的花样少了，布匹少了，羊肉不一定照马克思主义做，在社会主义社会里，羊肉、鸭子应该更好吃，更进步，这才体现出社会主义比资本主义进步，否则我们在羊肉面前就没有威信了。社会主义一定要比资本主义还要好，还要进步。

（1956年在知识分子会议上的讲话）

1939年7月9日，他对即将上前线的陕北公学（即后来的华北联合大学）师生讲话，以《封神演义》故事作比：

> 姜子牙下昆仑山，元始天尊赠了他杏黄旗、四不像和打神鞭三样法宝。现在你们出发上前线，我也赠给你们三样法宝，这就是统一战线、武装斗争、党的建设。

这是比兴手法，只借“三样法宝”的字面同一性。1957年他在对我留苏学生讲话时说：“现在的世界形势是东风压倒西风。”这也是借《红楼梦》里林黛玉的话，与原意无关，只借“东风”“西风”这个字意。文章有意荡开去，显得开阔、轻松，好似从远处往眼前要说的这个问题上搭了一座引桥。鲁迅先生也曾有这样的用法：

> 还有一种特别的丸药：败鼓皮丸。这“败鼓皮丸”就是用打破的旧鼓皮做成；水肿一名鼓胀，一用打破的鼓皮自然就可以克伏他。清朝的刚毅因为憎恨“洋鬼子”，预备打他们，练了些兵称作“虎神营”，取虎能食羊，神能伏鬼的意思，也就是这道理。（《父亲的病》）

毛是很推崇鲁迅的，他深得其笔法。

尖锐的讽刺，见棱见角，说明他眼光不凡，总是能看到要害；轻松幽默的谈吐，不慌不忙，说明他的肚量和睿智，肚子里有货。中共早期的领袖有此才，二战时的国际领袖也有此才，如丘吉尔就以幽默闻名。战后英国国会通过提案，拟塑一尊丘吉尔的铜像，置于公园。丘吉尔回绝道：“多谢大家的好意，我怕鸟儿会在我的头上拉屎，还是请免。”新中国成立后全国人大拟决议给毛泽东授大元帅衔，毛说：“我穿上你那个元帅服怎么下基层，免了吧。”毛之后中国的掌舵人邓小平也是幽默的。1978年10月邓访问日本，这是一次打破僵局、恢复邦交、学习先进的破冰之旅，任务很重。邓说，我来目的有三，一是互换条约，二是看看老朋友，三是像徐福一样，来寻“仙草”的。

日本人听得笑了起来。他们给邓最好的接待，给他看最先进的技术和管理。苦难出人才，时势造英雄，这是一种多么拿得起、放得下的潇洒。我们常说，领袖也是人，但领袖必须是一个有个性、有魅力的真实的人，照葫芦画瓢是当不了领袖的。

通俗与典雅

毛文的第四个特点是通俗与典雅完美地结合。记得我第一次接触毛的文章，是在中学的历史课堂上，没耐心听课，就去翻书上的插图，看到《新民主主义论》的影印件，如蚂蚁那么小的字，一下就被它的开头几句所吸引："抗战以来，全国人民有一种欣欣向荣的气象，大家以为有了出路，愁眉锁眼的姿态为之一扫。但是近来的妥协空气，反共声浪，忽又甚嚣尘上，又把全国人民打入闷葫芦里了。"我不觉眼前一亮，一种莫名的兴奋，这是一种从未见过的文字，说不清是雅，是俗，只觉得新鲜，很美。放学后就回家找来大人的《毛泽东选集》读。我就是这样沿着山花烂漫的曲径小路，一步一步直到政治大山的深处。

毛泽东是乡间成长起来的知识分子，又是战火中锻炼出来的领袖。他在学生时期就受过严格的古文训练，后来在长期的斗争生涯中，一方面和工农兵厮磨在一起，学习他们的语言；一方面又手不释卷，和各种书，如文学书籍，小说、诗词、曲赋、笔记缠裹在一起，须臾不离。他写诗、写词、写赋、作对、写新闻稿和各种报告、电稿。如果抛开他的军事、政治活动不说，他完全够得上一个文人，就像中共的早期领袖李大钊、陈独秀、瞿秋白一样。毛与他们的不同是又多了与工农更密切的接触。所以毛的文章典雅与通俗共存，朴实与浪漫互见。时常既有乡间农民的口语，又能见到唐诗、宋词里的句子。忽如老者炕头说古，娓娓道来；又如诗人江边行吟，感天动地。

我们先看一段他早期的文字，这是他 1916 年在游学的路上写给友人的信：

今朝九钟抵岸，行七十里，宿银田市。……一路景色，弥望青碧，池水清涟，田苗秀蔚，日隐烟斜之际，清露下洒，暖气上蒸，岚采舒发，云霞掩映，极目遐迩，有如画图。今夕书此，明日发邮……欲以取一笑为快，少慰关垂也。（《致萧子升信》）

这封手书与王维的《山中与裴秀才迪书》、徐霞客的《三峡》相比如何？其文字清秀不分伯仲。我们再看他在抗战时期的《祭黄帝陵》：

赫赫始祖，吾华肇造；胄衍祀绵，岳峨河浩。聪明睿智，光被遐荒；建此伟业，雄立东方。世变沧桑，中更蹉跌；越数千年，强邻蔑德。琉台不守，三韩为墟；辽海燕冀，汉奸何多。以地事敌，敌欲岂足；人执笞绳，我为奴辱。懿维我祖，命世之英；涿鹿奋战，区宇以宁。岂其苗裔，不武如斯；泱泱大国，让其沦胥。东等不才，剑屦俱奋；万里崎岖，为国效命。频年苦斗，备历险夷；匈奴未灭，何以家为？各党各界，团结坚固；不论军民，不分贫富。民族阵线，救国良方；四万万众，坚决抵抗。民主共和，改革内政；亿兆一心，战则必胜。还我河山，卫我国权；此物此志，永矢勿谖。经武整军，昭告列祖；实鉴临之，皇天后土。尚飨！

从此文我们可以看出他深厚的古文根底。毛在延安接受斯诺采访时说，他学习韩愈文章是下过苦功的，如果需要他还可以写出一手好古文。我们看他早期的文字何等典雅。但是为了斗争的需要、时代的需要，他放弃了自己熟悉的文体，学会了使用最通俗的文字。他说讲话要让人懂，反对使用“霓裳”之类的生僻词。请看这一段：

我们都是来自五湖四海，为了一个共同的革命目标，走到一起来了。我们还要和全国大多数人民走这一条路。我们今天已经领导着有九千一百万人口的根据地，但是还不够，还要更大些，才能取得全民族的解放。（《为人民服务》）

再看这一段：

此间首长们指示地方各界切勿惊慌，只要大家事前有充分准备，就有办法避开其破坏，诱敌深入，聚而歼之。今春敌扰河间，因我方事前毫无准备，受到部分损失，敌部亦被其逃去。此次务须全体动员对敌，不使敢于冒险的敌人有一兵一卒跑回其老巢。（《华北各首长号召保石沿线人民准备迎击蒋傅军进扰》）

你看“走到一起”“还不够”“切勿惊慌”“就有办法”等等，这完全是老百姓的语言，是一种面对面的告诫、谈心。虽是大会讲话、新闻电稿却通俗到明白如话。但是典雅并没有丢掉，他也有许多文字端庄、严谨，气贯长虹的文章，如：

夺取全国胜利，这只是万里长征走完了第一步。如果这一步也值得骄傲，那是比较渺小的，更值得骄傲的还在后头。在过了几十年之后来看中国人民民主革命的胜利，就会使人们感觉那好像只是一出长剧的一个短小的序幕。剧是必须从序幕开始的，但序幕还不是高潮。中国的革命是伟大的，但革命以后的路程更长，工作更伟大，更艰苦。这一点现在就必须向党内讲明白，务必使同志们继续地保持谦虚、谨慎、不骄、不躁的作风，务必使同志们继续地保持艰苦奋斗的作风。我们有批评和自我批评这个马克思列宁主义的武器。我们能够去掉不良作风，保持优良作风。我们能够学会我们原来不懂的东西。我们不但善于破坏一个旧世界，我们还将善于建设一个新世界。中国人民不但可以不要向帝国主义者讨乞也能活下去，而且还将活得比帝国主义国家要好些。（《在中国共产党第七届中央委员会第二次全体会议上的报告》）

而更多的时候却是“既上得厅堂，又下得厨房”，亦庄亦谐，轻松自如。如：

若说：何以对付敌人的庞大机构呢？那就有孙行者对付铁扇公主为例。铁扇公主虽然是一个厉害的妖精，孙行者却化为一个小虫钻进铁扇公主的心脏里去把她战败了。柳宗元曾经描写过的“黔驴之技”，也是一个很好的教训。一个庞然大物的驴子跑进贵州去了，贵州的小老虎见了很有些害怕。但到后来，大驴子还是被小老虎吃掉了。我们八路军新四军是孙行者和小老虎，是很有办法对付这个日本妖精或日本驴子的。目前我们须得变一变，把我们的身体变得小些，但是变得更加扎实些，我们就会变成无敌的了。（《一个极其重要的政策》）

“文章五诀”形、事、情、理、典，毛文是最好的典范。不管论文、讲话、电稿等何种文体，他都能随手抓来一个形象，借典说理或借事言情，深入浅出。毛文开创了政论文从未有的生动局面，工人农民看了不觉为深，专家教授读了不觉为浅。他之前这样的人物不多，他之后这样的领袖也还没有出现。

毛泽东是有大志的人，他永远有追求不完的目标。其中一个目标就是放下身段，当一个行吟的诗人，当一个作家。他多次说过要学徐霞客，要顺着长江、黄河把祖国大地丈量一遍。他又是一个好斗争的人，他有一句名言：“与天奋斗，其乐无穷！与地奋斗，其乐无穷！与人奋斗，其乐无穷！”其实除了天、地、人，他的革命生涯中还有一个斗争对象，就是：文风。他对群众语言、古典语言是那样地热爱，对教条主义的语言、官僚主义的语言是那样地憎恨。延安“整风运动”中，他把文风与学风、党风并提，讨伐“党八股”，给它列了八大罪状，说它是对五四运动的反动，是不良党风的最后一个“防空洞”。新中国成立之初《人民日报》发表长篇社论，号召正确使用祖国语言，他在改稿时特别加了一句：“我们的同志中，我们的党政军组织和人民团体的工作人员中，我们的文学家教育家和新闻记者中，有许多是精通语法、会写文章、会写报告的。这些人既然能够做到这一步，为什么我们大家不能做到呢？当然是能够的。”（《人民日报》1951 年 6 月 6 日）后来我们渐渐机关化了，文件假、大、空的语言多了，毛对此极为反感，甚至是愤怒，他严厉要求领导干部亲自写文章，不要秘书代劳，他批评那些空洞的官样文字：“讲了一万次了，依然纹风不动，灵台如花岗之岩，笔下若玄冰之冻。哪一年稍稍松动一点，使读者感觉有些春意，因而免于早上天堂，略为延长一年两年寿命呢?”(1958 年 9 月 2 日的一封信) 他是一辈子都在和“党八股”的坏文风做斗争的。

功过与才艺

毛泽东是一个伟大的人物，又是一个有错、有过的人物。这在官方已有党中央的《关于建国以来党的若干历史问题的决议》。从文章方面说，毛也是成也文章，败也文章。他以大气魄写过许多好文章，但也写了气势不小的《炮打司令部》，发动了“文革”。他相信文章能指挥全党，调动天下。1959 年，庐山会议时，“人民公社”“大跃进”的败象已露，他仍大声宣布要亲自写一篇一万字的《人民公社万岁》。他辛辣幽默，痛斥反动与落后，但后来却以自己的错误来讽刺别的同志的正确，如挖苦反冒进的周恩来写不出“跃进”文章，说不愿加快合作化的邓子恢是“小脚女人”；他善用典故，却在庐山会议上借枚乘的《七发》来嘲笑反对“大跃进”的张闻天是发疟疾病，等等。这些都白纸黑字地给后人留下了话柄。历史很有意思，总是把一个大人物推到最高的位置，让他最大限度地发挥他的才智，建功立业，却又给他权力，让他有条件去犯错误。

毛的功过自有评说，我们这里要说的是勿让功过掩盖了他的才艺，勿因情感好恶忽略了他的文章。比如他的书法，大多数人都能认同。因为书法更偏重于形式艺术，离内容较远。其实文章写作也是一门艺术，也有许多形式方面的规律和技巧。毛泽东是职业政治家，但是去世后的毛泽东并不全靠政治扬名。“文章千古事，纱帽一时新。君看青史上，官身有几人?”不像我们现在的许多干部，退休后一没有会开，就坐卧不宁，无所适从。其实这也不是个新问题，就是古代的皇帝、宰相（他们也是职业政治家）也分两种，有的人亡政息，有的死后还活在他的业余生活中或者艺术王国里。这与他们的政绩没有多大关系。如魏武帝的诗、李后主的词、宋徽宗的画，还有范仲淹的《岳阳楼记》。艺术就是艺术。当年骆宾王曾起草了《为李敬业讨武曌檄》，武则天看后鼻子都气歪了，但还是忍不住夸奖是好文章。文章的最后一句“请看今日之域中，竟是谁家之天下”名传后世，抗战时毛泽东还将它作了社论的标题。骆、武之争，人们早已忘记，而这篇文章却成了檄文的样板。可见文章是一门独立的学问。

毛泽东的文章，特别是他的独特的语言风格，足可自立为一门一派，只可惜常被政治所掩盖。今年是毛泽东诞辰 120 年，红尘过后，斯人远去，还有必要静下心来研究一下他的文章。这至少有两个用处。一是专门搞写作的人可从中汲取一点营养，特别是注意补充一点文章外的功夫，好直起文章的腰杆；二是身在高位的人向他学一点写作，这也是工作的一部分，能增加领导的魅力。打天下靠笔杆子，治天下更要靠笔杆子。

[2013 年 1 月 21 日写毕，2 月 10 日（正月初一）改定，
《人民日报》2013 年 2 月 28 日整版刊发]

人民日报　理　论　2013年2月28日 星期四　7

文章大家毛泽东

梁衡

思想与气势

1938年，毛泽东在延安窑洞内撰写《论持久战》。

说理与用典

《忆秦娥·娄山关》手迹

讽刺与幽默

通俗与典雅

1954年9月15日，毛泽东在一届全国人大一次会议开幕会上。

学术

电子信箱：lilunbu@people.cn

普京独行在空旷的大街上

网上视频播出，普京参加完自己柔道启蒙教练的葬礼后，拒绝记者、警卫的跟随，一个人行走在圣彼得堡空旷的大街上。

他紧贴着临街的窗户，走在窄窄的有点老旧的人行道上，一会儿又跨过一条马路，跃上对面的人行道，偶有行人看他一眼，也各行其道。

普京参加完柔道教练的葬礼后独行在大街上

以我们的习惯思维，这首先有安全问题，其次还有老百姓的围观。我老觉得那临街的窗户里会随时伸出一把手枪，或者路边会有人下跪上访，给一个难堪。但是没有，普京只是自顾自地走着，别的行人也没有大惊小怪。官不觉官，民自为民，这是一种多么平静的政治生态。微风吹起普京西服的下摆，他扬起头，甩着一副摔跤手的臂膀，目光向前。我不知道他在想什么。是想安静一会儿，还是想看看这片他治下的土地？他难道就不怕安全不保，不怕有人来纠缠？但从画面看，他一身胆气，淡定自然。这不只是因为他柔道出身，有一身好武艺，还因为他别有一种政治上的自信。

这场面又令我联想起几个镜头。毛泽东当年也常这样一个人走在延安的大街上，不时和迎面而来的农民打招呼。这有斯诺的《西行漫记》为证，也曾有一张他双手叉腰与人说话的照片。周恩来喜好话剧，20 世纪 50 年代他常去看“人艺”的戏，夜戏散后就和回家的演员一起，同行在北京后半夜空旷的大街上，热烈地讨论着剧情和演技。德国女总理默克尔下班后就到超市买菜，还排队交钱。法国总统希拉克是个大个子，也爱一人漫步巴黎街头。一天他发现一个小孩紧随其后，便回身问：“是要签名吗？”孩子说：“不，不需要签名。天热，我走在你的影子里凉快些。”童言无忌，他大惭，人民不看重他的虚名，而是要他给民以实惠。当晚，他写了一篇《我愿给你们带来阴凉》的讲稿，后来引入他的施政纲领。

这里引出了一个问题：政治家或者我们的干部，与群众应该是一种什么样的关系，他自己应该是一种什么样的常态心理？中国人经历了“文化大革命”的特殊岁月后，深刻地懂得了一个真理：领袖是人不是神。不但一般人从政治现实中深切地明白了这一点，党也将此作为一种政治经验总结成文件。1980 年 7 月 30 日中央通过少宣传个人的五条规定，同年 10 月 20 日又通过决定，二三十年内不挂现任中央领导人像，防止个人迷信。可惜，中央带头了，基层却很“牛”。有些人经常表现为无事忙，有事慌；对下欺，对上瞒；对内硬，对外软；无事拿架子，有事扶不起。我出差就不止一次地遇到“清街”“闭景区”等。共产党本来是为人民服务的，一个服务员去服务的时候怎么能让被服务者回避呢？当然更不能敲锣打鼓，像刘邦还乡那样。正常地生活在人民群众中，这不仅仅是对共产党政治家的要求，一些进步的资产阶级政治家，甚至封建政治家也能做得到。但现在我们却还是不得不从最基本的说起，时时提醒干部不要脱离群众，不要害怕群众，不要画地为牢，不要“作秀”，也不要哗众取宠。要学会先自自然然地做人，再兢兢业业地做事。

但政治家毕竟不是一个普通的人，他要有特殊的机敏和坚定的信念，虽不“作秀”，却必须做事。几乎与这个独步街头的画面同时，电视台还有一个画面是普京怒斥日本记者的挑衅。日本首相安倍与普京会谈后共同举行记者招待会。这应是一个严肃的场合，安倍在喋喋不休地讲话，普京在一旁无聊地玩着手中的一支笔。我立即想起奥巴马对普京的印象："他很随便，就像一个坐在后排的懒散的学生。"但是，当一个日本记者问普京"为什么俄在'北方四岛'（俄称"南千岛群岛"）继续修建地热发电站？这是日本绝不接受的举动。俄什么时候能停止推行这一十分令人气愤的政策？"时，普京，这个打盹的老虎，立即犀利地回答："我发现您是在认真地读写在小纸条上的问题。我想请您向指示您提问的人转达以下内容：这些领土问题不是我们制造出来的，这是100年前就有的历史遗留问题。如果您想捣乱，继续直接提出强硬的问题，那您也一定会直接得到强硬的答案。"这是打狗给主人看，在一旁的安倍如坐针毡，但也无可奈何。普京是无事散，有事强；对内柔，对外刚。这又使我想起当年毛泽东在中国还不得不依赖苏联的情况下在谈判桌上痛斥赫鲁晓夫："是不是想把我们的沿海都拿去？"还有，邓小平在人民大会堂对为香港问题来访的英国首相撒切尔夫人说："主权问题绝不能谈判。"震得"铁娘子"出门就跌了一跤。还有陈毅那段有名的外交逸事。有外国记者问及陈毅"中国是否好战"，陈毅拍着桌子怒道："我们等候美帝国主义打进来，已经等了16年。我的头发都等白了。或许我没有这种幸运能看到美帝国主义打进中国，我的儿子会看到，他们也会坚决打下去。"

我曾有诗言："宠而不惊，弃而不伤。丈夫立世，独对八荒。"政治人物算得上是有作为的大丈夫了，切不要自宠、自伤。他要独对的是各种复杂的问题，是整个国家、整个世界，是一片空旷的未来。为了对得起这个职位、这个局面，他首先内心得自然坦诚，宁静致远。古人言"居官无官官之事"，就是说不要走路坐卧总把自己当个官。无论是毛泽东在延安的街头，周恩来同演员谈戏，还是希拉克与儿童对话，普京逛街，默克尔买菜，他们都有一个坦诚的我，不是总拿自己当个官。然而，他们又随时不忘自己的责任，该变脸时就变脸，敢变脸。无论是普京怒骂记者还是邓小平斥"铁娘子"，都是为国家利益而担当，这时又没有了自我，只有官身、官责。这大概就是毛泽东评价自己时说的“一半猴气、一半虎气”。能公能私，能我能国，或猴或虎，是为真男子。他脚下踩着一片坚实的土地，行走在一条空旷的大街上，任我行，不“作秀”，不回头。

（《人民日报》2013年8月18日）

让形式不再只是形式

中央提出反形式主义，很得民心。我们要干工作自然会诉诸某种形式。但如果总是重复形式而无实效，就招人烦。最近到陕北府谷县采访，却意外地收获一点惊喜，聊慰烦心。

评“百强”是一种形式，全国各种“百强”已不知几多。府谷是全国“百强”县之一，但他们没有借此形式来招摇，反倒自找其弱，自补其虚。全县还有 3 万贫困人口，他们决心 3 年解决“富中贫”问题，类似城市消灭“城中村”“棚户区”。而且高标准，全国农村贫困线是2 300元，他们提到 3 000 元，以缩小差距，共同富裕。

“领导送温暖”是一种形式，最常见的是春节慰问。在府谷，腊月三十、正月初一，干部不去“骚扰”群众过年，而是等春节过后，就入村落实当年的生产规划。他们不叫“送温暖”，叫送项目和措施到村、到户、到人“三到位”。而且从书记、县长到乡、镇干部，扶贫“三到位”发文公布，年底验收。

人民代表大会、政治协商会议、党代会，是我国政权建设和党的建设的一种形式。代表、委员应切实参政、议政。可惜基层的代表、委员经常被“形式”为一种空头荣誉，开会才露脸，平时找不见。在当地我也惊喜地看到了其内容的回归。全县的“两代表、一委员”必须对自己所代表的群众履行扶贫之责，人人有联系点、帮扶对象，并与党政干部同在一张表上向全县下文公布。

移民建新村也是这几年常用的扶贫形式。但常常进了新村，丢了老根，无法生存。他们吸取教训，除坚持群众自愿外，还有几条“留老根，扎新根”的硬规定：每户留一亩口粮田；离原村 5 公里到 8 公里（农民与旧村还有许多割不断的联系），离集镇不超过 10 公里，可享受集镇公共配套服务；有新的收入来源（务工、“三产”、政策补贴）等。真正移得动，留得住，贫变富。类似还内容于形式的还有很多。

事物总有形式和内容两个方面。但是形式可以独立存在，而且往往有摆脱内容去顽强表现自身的价值取向。如诗词的格律、语言的修辞、音乐的旋律等都有独立的美学价值。于是就有了绕口令、风景画、无标题音乐等艺术形式。但我们的干部是为人民服务的，不是表演艺术家，不能陶醉于自己的工作形式，专门“作秀”。不能总是在那里画风景画，奏无标题音乐，说绕口令。大凡一个政党、一个团体，在革命、改革的上升阶段，总是借新内容打破旧形式；而当有了成绩、有了权力时，就开始保守、骄傲、自恋，借形式来粉饰工作，自欺欺人。形式主义是一个团体僵化、老化的表现。所以中央在“八条”之后又提出反形式主义。反形式主义就是回归内容，让形式不再只是形式，是“革自己的命”，像一棵树，不断退掉身上的老皮，抽出新枝。共产党人能够做到这一点，因为马克思主义是开放的哲学，总在寻求革新和自我革新。延安整风反过形式主义，改革开放之初邓小平带领我们反过形式主义，现在党中央又提出反形式主义，我们的事业在波浪式前进。

（《人民日报》2013 年 10 月 10 日）

享受岂能是头衔

有一件事想了很久，不吐不快。

常见报刊上或会议上介绍某人时，或在名片上印头衔时称：享受国务院特殊津贴。甚至追悼会上也不忘加这一条。这个“津贴”首施行于刚打倒“四人帮”后，改革之初。那时知识分子长期受压，待遇很低，生活拮据，于是为一部分精英人才发津贴，有重视知识、重视人才之意，后延续下来。不想这倒使一些人用来做了终身夸耀的资本。动不动就“我享受国务院津贴”（类似提法还有“享受正部级医疗待遇”之类）。事情虽小，却关乎价值观和社会风气。

津贴是什么？就是生活补助。正常情况下一个有自尊心的人很少要人补助，如果真拿了别人或政府给的补助也会心怀愧疚，低调处事，加倍工作。现在反过来了，把“津贴”挂在嘴边，印之于名片，显于报章，足见其浅。此现象文科多于理科，而犹以书画界为最。媒体也无知，跟着捧。就像某一级首长，在单位吃小灶，出门坐小车，这本是一种生活、工作待遇。如果每开会或印名片都要称“享受小灶、小车者某”，这成何体统，他还算个首长吗？记得前些年，有某大学教授写了一书稿，投给某出版社，数月无回音，便写信去催问。内容只一句话：某日寄去某稿，不知下文如何？下面的落款倒有 20 多个头衔，包括“享受津贴”，占了大半页纸。那个编辑也有水平，先用大半页纸照抄了这 20 多个头衔，再呼某某先生，正文也只有一句话：“水平不够，恕不能用。”想来这编辑回信的当时内心一定荡起一种强烈的厌恶与轻蔑，他指的水平绝不只是文稿的水平 。

记得当年我在基层当记者，跑乡村学校。那些最基层的乡间知识分子生活困难，身贱人轻，当然轮不到国务院给津贴。县里重才，就特批一些老教师每逢重大节日可享受二斤猪肉的供应。但我从未听到过哪个教师自我介绍：享受猪肉二斤。居里夫人是唯一得过两次诺贝尔奖的女科学家，但她从不拿这个奖说事，还把金质奖章送给小女儿，由她在地上踢着玩。无论大的还是小的知识分子，无论做事还是做学问，一个最基本的素质就是脚踏实地，不欺世盗名。

我们常说，知识分子是国家和社会的精英。精英者，思想之精，品德之英，然后又学有所专，能沉下心来做事情，做学问，为社会之脊梁，公民之师范。区区津贴，念念不忘，也要挪作虚名，非知识精英之所为。国要强，先强国民；国民要强，先强精英；精英尚如此，泡沫何其多，国事实堪忧！我担心，如果有人出国去也印一张“享受”字头的名片，一是外国人看不懂，二是真看懂了就更糟，要大丢国格。我们常批评世风浮躁，怨青年人不成熟，文艺圈太浮浅，干部无学，等等，殊不知精英之浮，才真正是社会的危机。况时过境迁，时下知识层早已无冻馁之虞，那个津贴之法不要也罢，徒乱人心。

（《人民日报》2014 年 12 月 8 日）

人民日报

人民论坛

享受岂能是头衔？

对话 A15

“把特殊津贴改一下　直接授奖或荣誉”

对话

[附]

“有作为的人不能躺在虚荣里”
梁衡谈社会浮躁之风，曾著文批评把津贴当头衔

新京报讯（记者王梦遥） 近日，一篇发表于2014年《人民日报》的旧文在网络上再次走红，该文的作者是梁衡，文章批评将“享受国务院特殊津贴”当头衔的现象。

梁衡先生曾任新闻出版署副署长、《人民日报》副总编、全国人大代表、中国人民大学博士生导师。他是一位知名散文作家、学者，有多篇作品入选大、中、小学课本，文字优美，思想犀利。除了这篇在社会上引起热议的《享受岂能是头衔》，近年来作者曾发表过多篇批评官场怪象、匡正社会风气的文章，亦引起很大反响，被一再转载。如《碑不自立，名由人传》《老百姓怎么看政治》《居官无官官之事》《普京行走在空旷的大街上》《为什么不能用诗做报告》等。后一篇还获首届鲁迅杂文奖金奖。

昨日，《新京报》记者专访了作者梁衡。

既然是一种褒奖，我主张把有经济色彩的“特殊津贴”这个词改一下。

新京报：在批评把“享受国务院特殊津贴”当头衔的这篇文章中，开头说“有一件事想了很久，不吐不快”。为什么想了很久才决定谈这件事？

梁衡：第一次有人给递张名片，上面写着“享受国务院特殊津贴”。因为名片是一种自我介绍，第一人称，老王卖瓜，我会反感一下。后来发现这不是个别现象，就开始思考这个问题。

新京报：这篇文章最初发表于2014年12月，将近2年过去，您观察到的情况有变化吗？

梁衡：可能变化不大，要不为什么读者又想起这篇文章，反复转发。要马上改变得有政府行为，但这是道德而不是法律问题，不可以

强制。时过境迁，知识分子的主要困难不再是生活问题。既然是一种国家级的褒奖，我倒是主张把有经济色彩的“特殊津贴”这个词改一下，直接授予什么奖项或荣誉。

一个官员老想着自己的官帽，肯定不会出政绩；一个知识分子，总在意头衔，一定不是真学者。

新京报：国务院特殊津贴是国家重视人才的一种表现，把它当作一种荣誉展示，这有什么问题吗？

梁衡：当年施行之时也未必料到会有这样滑稽的事。我们暂且不论津贴与正规奖项的不同，就算把它当作荣誉，也不能当头衔使呀。这涉及一个人的荣誉观、人生观。国家、人民可以给你荣誉，但接受者不该总拿这个来炫耀、说事儿。荣誉是再进步的台阶，不是背上的包袱。谦虚，是中华民族传统的美德，也是进步、成功的前提。诸葛亮有一句名言：“非淡泊无以明志，非宁静无以致远。”不论做官、做事，都要有淡泊、宁静的心态。

古人讲“居官无官官之事”，如果一个官员老想着自己的官帽，肯定不会出政绩；一个知识分子，总在意头衔，一定不是真学者。有一件事我印象很深。在副署长任上时，有所谓画家、书法家、作家来拜访我，先翻开随身带的一个小相册说，你看，我跟哪一位领导照过相。这领导当然比我级别高，他才炫耀。但这能说明什么呢？说明你的作品水平高吗？

当然，他这样做也不犯法、不违规，甚至别人也不好意思当面批评他。但社会道德总有一个标准尺度，在社会这个大天平上会量出你的真假、深浅。媒体是“大众传媒”，当然应该用大众的、社会的标准来说话。

邪念一动，恶果万种。为官好虚荣，则窃官买官；为学好虚荣，则欺世盗名。

新京报：文章里提到这种现象关系到社会风气和价值导向，有这么严重吗？

梁衡：说它严重到什么程度？肯定不会到犯罪的程度，与贪污、腐败、奢侈、浪费还是不一样的。它属于虚荣、浮躁、虚假、自夸一类，但也是负能量。邪念一动，恶果万种。为官好虚荣，则窃官买官；为学好虚荣，则欺世盗名。常会结出这样的恶果：捏造数字、制造政绩、剽窃论文、争抢署名、伪造学历等等。潜移默化地影响社会和年轻一代。事实上这种现象已经遍布社会，见怪不怪了。

当年鲁迅写了那么多杂文批评中国人的劣根性，如阿Q精神，这些劣根性也没到犯罪的程度，但是潜意识里会形成一种低级劣质的民族素质。

新京报：社会和官场上的风气，还有什么类似的行为？

梁衡：好虚名的现象还可以举出很多例子来。12年前报上就登过，一个县委书记不管修桥、修路，每干完一件事就立一块碑，而且都要刻上自己的名字，不到10里路立了8块碑。前几年领导干部秀才艺成风，一个县委书记与交响乐团同台合作拉二胡，嘶哑走调，在网上传为笑话。一个市人大常委会主任大秀才艺，连续两年的工作报告，竟是一韵到底的五言长诗，削足适履，买椟弃珠。读者问：一律五言，碰到问题、数字，怎么表达？他根本就没想表达。

我们都知道毛泽东当年曾转战陕北，与老百姓一起看过一场戏。时隔五六十年了，一位省级干部就以“我听说过这件事”为由，在看戏处立了一块碑，却借机落上他的大名。我从那个景点回来，看到游人都对此嗤之以鼻。宋代秦桧有臭名昭著的“莫须有”给他人定罪法，现在的官员却发明了“听说有”给自己立碑法。其他诸如出书立传，借回忆别人表扬自己，争兼虚职，等等。有一个省书法协会竟有几十个兼职副主席，大都是官员。吓得正主席提出辞职。

官风影响民风。

新京报：您觉得现在官场和社会的风气在好转吗？

梁衡：十八大之后在明显地好转，最明显的是在惩治贪腐方面。

虚荣、浮夸、形式主义这样的风气也在改变，但是这需要一个更长的过程。道德层面的东西要说服、倡导，更要领导带头。冰冻三尺非一日之寒，想一朝改变不可能。只有坚持去做。

新京报：是什么原因造成了这种浮躁、虚假的风气？

梁衡：首先是上层的责任。中国古代讲“以吏为师”，官风影响民风。有一段时间官场虚荣、作秀、奢靡成风，幸亏十八大后习总书记带头，坚决刹住这股歪风。其次是舆论引导不好，电视上只见歌星一夜成名，不见英模勤勤恳恳。我这篇文章并不是新稿，两年前就在《人民日报》上发表过，现在又被挖出来在网上传，说明“革命尚未成功，同志仍须努力”。也说明无论官媒还是民间都在关注这件事。

作家要说真话，写美文。

新京报：您在文章里提到知识分子是社会的精英，精英应该是什么样的？

梁衡：说知识分子身处思想界、知识界的前沿，应该有独立思维，看得更远、更深、更淡定，甚至比我们在职的党政官员、领导干部还要看得远。因为他是超脱的，没有具体的事务、利益掣肘。各国都有自己的智库，注意听取知识分子的意见。精英们的思想素质即是这个社会的素质。如果精英都被名利所俘虏，社会就成了一团泡沫。

现在我们提倡工匠精神，就是因为少有人踏踏实实干活儿。我们的游客到日本去买电饭煲、马桶盖。人家把一件小事都能做到极致，这种精神渗透到每个人思想里，落实到行动上，就是一种国力。

新京报：您这篇文章犀利而不乏幽默，举例生动，如二斤猪肉、教授写信等细节让人笑中带泪，这也可能是网上一再转读的原因。

梁衡：人有荣誉心，甚至有一些虚荣心都很正常，但不能膨胀。比如幼儿园奖励小孩子一朵小红花，他就会高兴地举在头顶上，那叫“萌”。如果成人也这样，就有点“二”了。讽刺和揭露虚荣、虚伪，倡导谦虚、诚实，一直是文学写作的主题之一。皇帝新衣的故事，大家都知道。元朝散曲家睢景臣有一首讽刺刘邦当皇帝后回乡的散曲《高祖还乡》，在文学史上很有名，搞文学的人都知道。刘邦的丑态就有点像今人把玩自己的身份头衔的样子。我一直主张“文章两为”：为思想而写，为美而写。作家要说真话，写美文。

为什么不能用诗做报告

报载某地开人民代表大会，所做的报告却是一首五言顺口溜长诗，凡 6 000 字，一韵到底。这到底是工作创新还是亵渎职守？媒体议论纷纷。深究其理，值得玩味。

我们先分析一下“形式”。形式与内容本是对立统一，合作共事的。但是人们常记住了“统一”，忘了“对立”。原来形式本身有独立存在的价值，比如诗歌这个形式，就有句式、节奏、音韵的美，这是形式的资本，所以它总时时想逃离内容，闹独立。就像一个美女，不想与穷汉厮守，总想换一个大款过日子，她有这个本钱。这就是为什么年年反形式主义，却总是反不掉，就如年年扫黄，总是扫不尽，本性使然，规律所在。

形式爱表现，但它自己不能实现，必须借助于使用形式的人。天下的人可分两类。一类主要是干实事的，虽也会用到形式，但内容第一。如经商、从政、军事等等。另一类主要是玩形式的，专门开发形式的审美价值，如音乐、美术、语言等艺术家，形式第一。人各有好，术有专攻，本无可厚非，最怕的是乱了阵营。你是要干事还是要从艺，鱼和熊掌不可兼得。比如，宋徽宗、李后主，本是当皇帝的，但坐在龙椅上不办公，一个爱画画，一个爱写词，虽也出了名，但都成了亡国之君，当了俘虏。还有那个爱作曲、会编舞的唐明皇，也招来了天下大乱，自毁江山。我们有些干部总是分不清自己的身份和责任，想要两头沾，既当有才的宋徽宗又当有为的唐太宗，既要政界的光环，又要艺人的光彩。无数事实证明，于公，这是亡国之象；于私，这是身败之症。只有放弃一头，才能保住一头。共产党第一代领导人中，有大才艺的人很多，但他们都知道孰轻孰重，毅然割爱才艺，献身革命。陈毅参加革命前先参加了文学研究会，曾与徐志摩论诗；张闻天是第一个发表长文把诗人歌德介绍到中国的人；周恩来的话剧才能更是尽人皆知。但他们都不敢“以才害政”，也从不借政坛炫艺。

再说形式与内容相搭档也是有一定之规的，就像穿衣服要讲场合。或可称之为“形式伦理”。如果是纯玩形式，有艺术界的行规；但要做事，特别是政事，就有政界的规矩：以事为主，选取适当形式。什么叫“适当”？突出内容，淡化形式。比如穿“三点式”是健美比赛的形式，为突出肌肉的美；穿古装，是演古装戏的形式，为突出古典氛围。人大工作报告重在时政阐述，要严肃、鲜明、直白、缜密，用长于浪漫、抒情、吟唱、夸张的诗歌形式去表现，就像参加晚宴时穿着古装或“三点式”，那是怎样的一种尴尬！就是单从语言表现来说，诗歌有格律管着，也不能尽达政治之意。闻一多说写诗是“戴着镣铐跳舞”，用诗去做工作报告则是镣铐之外又加了一层面具。比如，这篇 6 000 字的报告，一色五言，一韵到底，你就是想“此处有掌声”也会受到一层限制。历史上曾有人以诗写论文，唐代的司空图用四言诗写了一本《二十四诗品》，是学术名著，但也没有超出以诗说诗的范围。现在以诗来写工作报告，这确如马克思所说，是“惊险的一跳”，如果跳跃不成功，那摔坏的一定不是形式，而是形式的拥有者。

形式是有逃离内容的本性，其实还是因为背后有一双看不见的腿，有一个不专心正业的人。奇怪，在其他行业，如商业，就没有人敢用诗歌来签合同，军界也没有人敢用诗歌来下命令。因为，一是他的权力有限，二是立即就会碰钉子。而政界却能出这种怪事。这也从一个侧面说明我们政治的不成熟。

（《人民日报》2015 年 2 月 26 日）

不患贫困，而患不问

刚刚闭幕的十八届五中全会响亮地提出，坚持共享发展，保障基本民生，实施精准扶贫、精准脱贫，分类扶持贫困家庭。在“十三五”的蓝图里，实现农村贫困人口脱贫，已经成为全面建成小康社会的一个基本标志。

这几年国家发展了，人民富了，但事物发展总是不平衡的。不可否认，现在仍有相当数量的人没有脱贫。作为个人和家庭，一时受困，可能一筹莫展，作为一级党委、政府，不能放任不管。

前些日子，在山西霍州市听到这样一件事。几年前一个农村学生忽患大病，医院要20万元住院治疗费，家长无奈，到市委求救。书记立即召集民政、教育、红十字会等方面开会筹钱。这时有人递上一张纸条：“这个举动不可，只我知道的，现周围就有患白血病的孩子五六个，如果都找上门来怎么办？望慎重。”现场立即引起一阵争论，救还是不救？书记说：“党和政府是靠山，群众有难才来找你。一个市领导却不能解决一个市民的困难，还要我们干什么？”当场筹足善款15万元，先行住院。但这事和这场争论也引发了他们对扶贫救困责任及制度的思考。市里随即出台了一个《城乡居民临时困难救助办法》，规定四类家庭：父母双亡、单亲亡故、父母一方卧病、本人重残，可享受固定救助，遇有急危困难另有爱心捐助机制保证。县财政设了专项预算。

近年来媒体上常讨论一个问题，街道上有人跌倒该不该扶？顺着这个思路我们也可以问一下，所辖范围内如有人遇困，地区负责人该不该管？而经常碰到的回答是，太多，管不过来。这好像成了一个合理的挡箭牌。其实见路人倒而不扶顶多会受道德谴责，而政府见百姓困而不救，则是失职，是不作为。

从原理上讲，“无产阶级只有解放全人类，才能最后解放自己”；

从党的传统上讲，《为人民服务》里说："我们这个队伍完全是为着解放人民的，是彻底地为人民的利益工作的"；而在新形势下，十八届五中全会公报就要求得更具体："注重机会公平，保障基本民生，实现全体人民共同迈入全面小康社会。"再从行政道理上讲，政府是用纳税人的钱来管理社会，服务百姓，怎么能见危不救呢？封建政治家都懂得"老吾老以及人之老，幼吾幼以及人之幼""先天下之忧而忧，后天下之乐而乐"，何况我们共产党人呢。

到 2020 年全面建成小康社会，扶贫开发是最大"短板"。办法总比困难多，组织总比个人能。事实上，一个重危病人、特困家庭之类的事，绝不可能难倒手中掌握着公共资源、财力、物力和权力的一级党委、政府。社会发展不平衡，天灾人祸、特困个案难免发生，关键是用什么立场和感情来处理。不患贫困，而患麻木不仁、不闻不问。只要有春风，就能破坚冰。

（《人民日报》2015 年 11 月 03 日）

方志敏生命的最后七个月

今年是红军长征胜利八十周年。纪念胜利，我们不应该忘记那些留在苏区未能长征或虽已踏上征途，却未能走到陕北的先烈。这其中最让我难忘的是中共早期领袖瞿秋白和方志敏。红军长征胜利八十周年，也是他们牺牲八十一周年。长征的队伍一走，他们即死于敌人的屠刀下。

在八十周年这个特殊的日子里，我有缘采访了方志敏当年战斗过的地方。江西的上饶、弋阳、横峰，又重读了《方志敏全集》，特别是他狱中的文稿。感触最深的是他在生命的最后时刻怎样对待生与死。

方志敏是一个有思想、有能力的领袖。他独自创立了一支红军，一块跨 4 省边区近五十个县、一百万人口的赣东北根据地。中央称这块根据地为模范根据地，并授予方志敏红旗勋章一枚。根据地内经济繁荣，教育免费，“隔日有肉吃”，还发行了股票。但是，由于当时中央的“左”倾错误，第五次反“围剿”失败，红军厄运降临。中央红军西去前，他被命率孤军北上，全军覆亡已成定势。

兵败后，他本来是可以不死的。1935 年 1 月 15 日，他已与参谋长粟裕带八百人冲出重围。但他说，作为领导人，我不能丢下后面的部队，便又返身回去。后队被打散后他又有一次生机，“本来我是可以到白区暂避一下，但念着已有一部分部队回到赣东北，中央给我们的任务又刻不容缓地要执行，所以决心冒险转回赣东北，一方面接受中央的批评和处分，开会总结皖南行动，做出结论，同时整顿队伍，准备再出”。这样，他最终被捕。他知必死，为免与敌啰唆，遂索一纸，写下：“革命必能取得最后胜利，我愿牺牲一切，贡献于苏维埃和革命。”便再不多言。敌押他到上饶、南昌等地示众，他戴镣铐，昂首立于台上，凛然不可撼。当时一美国记者报道：“（在场的人）个个沉默不语，连蒋介石总部的军官也如此。这种沉默表示了对昂首挺立于高台之上的毫无畏惧神色之人的尊敬和同情。”

方志敏自 1 月 29 日被捕，到 8 月 6 日就义，在狱中共七个月。开始，他只求速死。但敌想以高官厚禄诱降他，就将他移至优待牢房。于是他便改变主意，尽量拖延时间，做两件事。一是争取越狱；二是以笔代枪，写文章。越狱需要外应，可是他接不上关系，眼见，每天都有一批批的战友被拉出去枪毙，他由孤军更又变成了孤身。他只好一人背水作战，去做狱吏和高级囚犯中国民党人的工作，居然小有成功。虽不能越狱，但这些人帮他传送出了珍贵的手稿。他在狱中写了《可爱的中国》《狱中纪实》等十二篇文章、著述，共十三万六千字。我们可以算一下，他 1 月底被捕，先是被来回转移示众，3 月中旬才相对安定下来，到 8 月 6 日就义，大约一百三十天。这期间仍要不断应付敌人的提审，要做团结动员难友的工作，做争取狱吏的工作。他无任何资料，又要防敌突然搜查（有几篇化为小说，他化名祥松）。他戴着脚镣手铐，又有十多年的痔疮，流血化脓，不能平坐。每天平均要完成一千多字。这是何等的意志力。

这些手稿到他死后五年才辗转送到党在重庆的机关。叶剑英含泪读罢即赋诗道：“血染东南半壁红，忍将奇迹作奇功。文山去后南朝月，又照秦淮一叶枫。”文山是文天祥的号，叶帅将方比之文天祥，实不为过。

现在我们重读他的狱中文稿，提到最多的是“死”，随时准备死，怎样死，死前再抓紧为革命做点什么。当然，和死相对应的还有“生”。为谁而活，怎样活。这是抢分夺秒，在敌人的屠刀下书写的一部生死书，一篇人生解读录。

读狱中稿，我们首先看到的是他坦然面对死亡。同室中还有独臂将军刘畴西等三个红军高级干部，他们吃饭、下棋、谈天、写文章。“死是无疑的了，我们为革命而生，更愿为革命而死。砰的一枪，或啪的一刀。我们常是这样说笑着。”他们准备好了临刑前呼的口号，每天牢门一响，就等敌人上来打开脚镣，拉去枪毙。但是，他们没有想到敌之残忍，居然懒得打开脚镣，推出枪毙后连镣同埋。多年后，人们就是凭着脚镣上的号记，才确认了烈士的身份。

读狱中稿，我们明白了他在死亡面前，为什么这样从容。原来他是在为民族赎难，明知是死，也要飞蛾扑火，以身殉国。文稿中有一大部分是分析当时中国社会的矛盾，揭示民族的苦难。“佃户向地主租田，一般都四六分，地主坐得六成。土地日益集中在少数地主手里。佃户受饥挨冻，甚至不能生存。每到年关，被逼租逼债，卖妻鬻子，吊颈投水一类的悲惨事不断发生。”他以自己出生的村子为例：“共有八十余户，其中欠债欠租，朝夕不能自给的就有七十余户。比较富的只有两户。”他家是一个中农，还要租种地主的地才能维持生活。男孩子只能勉强读个私塾。他少年时印象最深的是父母为他读书举债的愁容。“中国农村的衰败、黑暗、污秽，到了惊人的地步。”所以农民造反是必然的，到年关时，常主动催促地下党举行暴动。读着这些文字，我们很容易联想到林觉民在《与妻书》里说的“遍地腥云，满街狼犬”，国难当头，何惧一死。

读狱中稿，我们还看到，黑暗的监狱不但没能夺走他的志向，反而成了他冷静思考问题的地方。“这次因为我们政治领导的错误和军事指挥的无能（客观的困难是有的，但都可以克服的）致红十军遭受怀玉山的失败，我亦之被俘，囚禁于法西斯蒂的军法处，历时已五个来月了。何时枪毙，明天或者后天，上午或者下午，全不知道，也不必去管。在没有枪毙以前，我应将赣东北苏维埃的建设，写一整篇出来。我在这炎暑天气下，汗流如雨，一面构思在写，一面却要防备敌人进房来。我下了决心，要在一个月内，写好这篇文字。”他在临死前两个月写成了一万五千字的《赣东北苏维埃创立的历史》，为党史研究留下了珍贵的资料。

读狱中稿最让人落泪的地方，是他自知生之无望，但对事业仍不改初心。他的《在狱致全体同志书》自叹再也不能为党工作，沉痛自责。“（最后一战）没有下决心硬冲过去，……这就决定了我们的死命。”“我们虽在狱中，总是祈祷着你们的胜利和成功！”在《可爱的中国》一书的结尾，他甚至用诗一般的语言来写自己的身后事，充满了浪漫、憧憬，而无一丝的悲哀：“假如我不能生存，死了，我流血的地方，或者我瘗（yì，埋）骨的地方，或许会长出一朵可爱的花来。这朵花你们就看作我的精神在向寄托吧！在微风的吹拂中，如果那朵花是上下点头，那就可视为我对于为中国民族解放奋斗的爱国志士们致以热忱的敬礼；如果那朵花是左右摇摆，那就可视为我在提劲唱着革命之歌，鼓励战士们前进啦！”

我们看四十万字的《方志敏全集》，诗、文、小说、剧本、公文、信札，文采飞扬。我们看到的是有血有肉，有情有义，有才有貌的精英。他们既不缺智商，也不缺情商，任选一行，都能有大成。只是为了革命，为了民族解放他们甘愿献身。方志敏十六岁时就发豪言：“心有三爱，奇书、骏马、佳山水；园栽四物，青松、翠竹、洁梅兰。”他愤于上海租界公园的牌子“华人与狗不得入内”，一创立根据地就为农民修了一个公园。内有游泳池，每年还举办运动会。在公园内他亲植一株梭椤树（传说，这就是月亮里吴刚永远砍不倒的桂花树），现已有两抱之粗。树旁有一六角亭。闲时，方就在亭子里看书。他才华横溢，仪表堂堂，常有妇女暗恋之，无以表达，就偷偷往其身后放一双亲手做的布鞋。据说，看一上午书走后，工作人员能收好几双鞋。这事我有点半信半疑，但县里的人说确有其事，他们还能讲出许多类似的故事。

那天擦黑时，我们去看苏区政府旧址，一老人听说是采访方志敏事迹，主动上来搭话，又返身回家捧了几个红薯一定要塞到我们怀里。我们婉言谢绝，直到走出七八步后，他在后面说了一句：“我们家有三个烈士。”我们都为之一怔，顿脚回首，一时不知该说什么。心事浩茫，繁星在天，这大山深处不知藏着多少红色故事。陪同的人说，现在还有一位活着的在方身边工作过的老人。已经晚上十点了，我们摸黑找到枫林村的一座小寺庙，沉沉的夜色中，空寂苍凉。九十七岁的周桂兰，已出家五十年，平时有一个弟子陪伴，今天弟子外出，就她一人独守孤庙。我们就在佛殿前的台阶上摆了几个小凳，听她谈八十年前的往事。她印象最深的是方的和蔼可亲，发动妇女剪发、放开裹脚、扫盲识字。我说："你现在怎么还记得这些事？"她说："好人啊！我现在还供着他的灵位呢，每天还给他念经上香。"这一句话把我们一行人都惊呆了，不敢相信自己的耳朵。我抬头扫一眼堂上的佛祖和沉沉的夜色，大家都不说话，空气凝固了几秒钟。座中有女士轻轻地问："在哪里？能看一下吗？""在三楼上。"于是我们扶着这个近百岁的老人，打着手电，颤颤巍巍地爬上三层楼。这是一个专给人做佛事超度亡灵的小佛堂，墙上供着超度人的名单。在三排名单之上单用稍大一点的字写着一个名字：方志敏。她每天念经超度，已五十年。她说："好人啊，死得太惨！我一闭眼，就见他戴着脚镣，浑身是血的样子。"她，一直在为他招魂。八十年了，也许在喧闹的都市里，在匆忙的官场上，人们早已淡忘了一个叫方志敏的人。但是在赣东北的青山绿水间，在老区人民的心里，甚至在这座乡间古寺里，还有人没有忘记他。

方志敏确实是大志未展，大业未成，死不瞑目。他死时才只有三十六岁。他的英魂还一直在身后留下的文稿中游走。

读方志敏的文稿，让人联想起许多狱中文章。这是在特殊年代、特定背景下的作品。是时代、人格、事业、生命相撞击的火花。中国史上最有名的狱中文章是文天祥的《正气歌》。共产党领袖中，有瞿秋白狱中《多余的话》，胸怀坦荡，明月清风；有张闻天"文革"羁押于肇庆期间的《肇庆文稿》，明经析理，忧国忧民；有彭德怀在"文革"关押中形成的《我的自述》，堂堂正正，掷地有声（张、彭都是经过长征的）。这些文字，不但内容高洁，而且仅是成稿过程之艰难曲折，也足够为一部传奇。其时他们都是以命相押，以死相抵，只愿留下事实，留下思想，"留取丹心照汗青"的。这意义远超于我们纪念某一个具体的事件。因为一个人总会死去，一些事总会过去。就是当年对立的国共两党，也已经几分几合。而现在我们读史，看到的只是各种不同的灵魂，只有人格和精神不死。

人类永在进行寻找文明的新长征，这些文稿是征途上一盏永不熄灭的灯。

（《人民日报》2016 年 9 月 21 日）

我们为什么要阅读?

先讲一个真实的故事。周日无事，一个大人带着十多岁的孩子在宿舍大院里散步。看到一个迎亲的车队，一群人围在接新娘的头车前急得团团转。上前一看，一个轮胎瘪了。新娘马上就要下楼，宝马失前蹄，要误大事。正当大人无解时，这个孩子上前说："没事，你使劲用脚踹它。"司机半信半疑，大家顾不了许多，一顿乱脚。奇迹出现，轮胎渐渐饱满。人们齐问："这是怎么回事?"孩子慢慢道来："这款车的车胎被扎后有自充气功能，只要用脚踹踹就行，还可延长行驶很多公里，确保你能开到维修地点。"父亲大奇，"你怎么知道?""家里不是订有《汽车族》杂志吗? 没事闲看来的。"这是阅读的作用。阅读让你长知识，让你聪明。

其实，要问我们为什么要阅读，不如先问一下为什么要吃饭。人是由物质和精神组成的，不吃饭不能长身体，会肉体死亡；不阅读不会有思想，要精神死亡。正如营养不良，会造成身体发育的缺陷：面黄肌瘦、腿细脖长、鸡胸龟背等等，不读书也会造成精神方面的缺陷，如自私、狭隘、孤独、浮躁、虚荣、骄傲、多疑、胆怯等等，生活得不阳光、不自信、不幸福。有什么样的阅读，就有什么样的收获。它决定着人的知识、思想、意志、审美、情趣。这是从人自我丰富的一面来说。

如果你不只是为"美食"，又从阅读而进入了创造，比如写作，就更知阅读的重要。熟读唐诗 300 首，不会写诗也会"偷"。背得美文 200 篇，不会作文也会"搬"。偷什么? 从经典中偷来火种，点亮自己。搬什么? 搬来救兵，充实自己的文章。偷得仙桃能成仙，搬来救兵也称王。古人有集句写诗之法，全用别人旧句。那是一种在阅读基础上的积木式训练，常有佳作。作文虽不能全篇集句，但借词、借句、借典、借气、借方法，还是需要的。这一切都要通过阅读来解决。当你超越阅读而进入写作，发表了作品时，别人又开始了对你作品的阅读。人类精神产品的生产就是这样螺旋式前进。

当然，这只是以写作为例。三百六十行，不管干哪一行都得先从阅读入手。因为阅读是启蒙，是积累，是钥匙，是开关。那个十多岁男孩如果对汽车一直阅读研究下去，也许会成为汽车发明家、汽车大王，正如伽利略、达尔文、歌德小时就分别开始对物理、生物、文学的阅读。如果你说老了，已胸无大志，那么，阅读至少可以疏通头脑，不至于让你提前痴呆，输在了终点线上。再者就算你无所谓了，也该为下一代装出一个阅读的样子，别让他们输在起跑线上。

忽然想到一个故事。第二次世界大战期间，美国为克服军营的枯燥冷寂，提高士气，向军队提供了1.2亿本“军供版”图书。战争打赢了，这些图书功劳不小。一个战士，配发枪支、罐头的同时还配发图书，这再次说明，不管在和平年代，还是战争岁月，精神与物质同样不能少。

我们为什么要阅读?

为了精神生活，为了健康那一半的生命。

《人民日报》(2017年04月07日)

阅读是国家行为

进入四月，又是世界读书日到来之时。报上有一则书讯，介绍一本书《当图书进入战争：美国利用图书赢得二战的故事》。二战期间，美国为克服军营的枯燥冷寂，提高士兵士气，向军队提供了1.2亿本“军供版”图书。为方便战地生活，还特别制作成小巧、轻便的开本。战争打赢了，这些图书功劳不小。一个战士，配发枪支、罐头的同时还配发图书，这再次说明，精神与物质同样不能少。也说明阅读是一种国家行为，要由国家来具体组织实施。

这使我想起我曾经受益过的国家阅读行为。20世纪50年代，我小学读的第一套课外书是儿童版的《西游记》等四部古典名著。60年代，中学时读的是学生版的《中华活页文选》，只几分钱一页。普及版的《历史小丛书》、古典文学丛书，只一两毛钱一本。就这样把我引入知识的殿堂。大学期间到农村参加运动和劳动，又知道当时国家还有专门的农村版读物，价格低廉。这些书不知道培养了多少农村通讯员、教师、作家等农村知识分子。这都是那个时期的国家阅读行为，动用了最好的专家学者为读者编书——《历史小丛书》就是由著名历史学家吴晗主编；许多“小人书”都是名画家来画，如名画家刘继卣的《东郭先生》《武松打虎》。那是一个百废待兴、国家亟须提高劳动力和公民素质的年代。所以加紧普及知识，不玩花架子，对症下药，种瓜得瓜。就像战时给军队配书，书是要当枪使的。

现在阅读形式发展了，有两大块。一是纸媒的书报刊阅读，二是电媒的电视、网络、手机阅读。对于阅读，我们现在年年喊，但是洪水泛滥，放任阅读，没有实效把控，甚至还有误导、误读。作为纸媒近年我们也组织了一些大型出版工程，如古籍整理、马克思主义基本原理书籍的出版等。但这些工程主要是针对专业队伍的，是地标性建筑，不能解决平民百姓的住房。而孩子们的读物反而是教辅成灾。电媒更有点不知所措，见利忘义，什么抢眼播什么。打开电脑工作，总要先强跳出几条八卦，强迫你阅读。有一次主动阅读对我刺激更深。去年“九一八”纪念日，又是郎平带领中国女排拿奥运冠军的日子，我急忙打开央视频道，却看到两个经济专家的专题节目：讨论王宝强离婚，家产该怎样分？至于手机、网络就更是粉色间黄色，八卦加明星，劳模、功臣、平民靠边站。

阅读是国家行为，是国家借助国力，服务民众、引导民意、提高国力、凝聚民心的行为。不只是一般的政治号召、舆论引导，而是要有具体的调研、规划、预算、实施。这是一种软实力，与国家的交通、能源等基础建设的硬实力同等重要，应平行实施。现在的国家阅读与20世纪五六十年代又有不同。那时的背景是知识贫困，一张白纸急画图；现在是信息过剩，亟待去粗存精、去伪存真，要不浮躁、下苦功，拿出国字牌的出版物，像作战的集团军一样，组成一批够水平的文章、书、节目等作品集群。要能形成冲击波，占领阵地、守住阵地。精神文明建设也是逆水行舟。我们期待一个新的出版、阅读台阶。这将决定新一代的国民素质。

（《北京日报》2017年04月11日）

图书在版编目（CIP）数据

总编手记：版面背后的故事/梁衡著．—北京：中国人民大学出版社，2018.10
（新闻四部曲）
ISBN 978-7-300-26229-1

Ⅰ．①总…　Ⅱ．①梁…　Ⅲ．①版面-设计　Ⅳ．①TS881

中国版本图书馆 CIP 数据核字（2018）第 208932 号

新闻四部曲
总编手记
版面背后的故事
梁　衡　著
Zongbian Shouji

出版发行	中国人民大学出版社		
社　　址	北京中关村大街 31 号	**邮政编码**	100080
电　　话	010－62511242（总编室）		010－62511770（质管部）
	010－82501766（邮购部）		010－62514148（门市部）
	010－62515195（发行公司）		010－62515275（盗版举报）
网　　址	http://www.crup.com.cn		
	http://www.ttrnet.com(人大教研网)		
经　　销	新华书店		
印　　刷	涿州市星河印刷有限公司	**版　　次**	2008 年 12 月第 1 版
开　　本	720 mm×1000 mm　1/16		2018 年 10 月第 3 版
印　　张	22.5 插页 2	**印　　次**	2024 年 11 月第 2 次印刷
字　　数	300 000	**定　　价**	78.00 元